# ITURBIDE

## EL OTRO PADRE DE LA PATRIA

# PEDRO J. FERNÁNDEZ

# ITURBIDE

## EL OTRO PADRE DE LA PATRIA

**OCEANO**

ITURBIDE
El otro padre de la patria

© 2018, 2023, Pedro J. Fernández

Diseño de portada: Jorge Garnica
Fotografía del autor: Javier Escalante

D. R. © 2023, Editorial Océano de México, S.A. de C.V.
Guillermo Barroso 17-5, Col. Industrial Las Armas
Tlalnepantla de Baz, 54080, Estado de México
info@oceano.com.mx

Primera edición en Océano: 2023

ISBN: 978-607-557-807-1

Impreso en México / Printed in Mexico

*Para Andoni, y la ambigüedad que nos une,*
*dos patrias unidas por una sola vena.*

*Para la familia Escudero González,*
*y para la familia González Aceves.*

*Para Ana Belén y Paloma.*

*Si a la lid contra hueste enemiga*
*nos convoca la trompa guerrera,*
*de Iturbide la sacra bandera*
*¡mexicanos! valientes seguid.*
*Y a los fieros bridones les sirvan*
*las vencidas hazañas de alfombra;*
*los laureles del triunfo den sombra*
*a la frente del bravo Adalid.*

Estrofa VII del Himno Nacional Mexicano,
eliminada de la versión oficial

*México es el país de la desigualdad. Acaso en ninguna parte hay la más espanto-*
*sa distribución de fortunas, civilización, cultivo de la tierra y población. La capi-*
*tal y otras muchas ciudades tienen establecimientos científicos que se pueden*
*comparar con los de Europa. La arquitectura de los edificios públicos y privados,*
*la finura del ajuar de las mujeres, el aire de la sociedad; todo anuncia un extremo*
*de esmero, que se contrapone extraordinariamente a la desnudez, ignorancia y*
*rusticidad del populacho. Esta inmensa desigualdad de fortunas no sólo se obser-*
*va en la casta de los blancos (europeos o criollos), sino que igualmente se mani-*
*fiesta entre los indígenas.*

ALEXANDER VON HUMBOLDT

*Ser rey y usar una corona es algo más glorioso para aquellos que lo contemplan*
*que placentero para aquellos que ostentan el cargo.*

ISABEL I DE INGLATERRA

*No te interpongas entre el dragón y su furia.*

REY LEAR, WILLIAM SHAKESPEARE

Sin duda *Iturbide, el otro padre de la patria* es una de las novelas favoritas de mis lectores. También es una de las que más disfruté investigando, desarrollando y escribiendo.

Cuando escribí el manuscrito, aún dividía mi tiempo entre una oficina y la escritura, así que me fue difícil encontrar el tiempo para desarrollar cada uno de estos personajes, pero disfruté cada momento. Volver a esta historia fue un gozo tremendo para mí, como estoy seguro de que lo será para mis lectores. En esta nueva versión, encontrarán escenas y diálogos que se han extendido, y un epílogo que se había perdido en el manuscrito original.

Espero, que para mis lectores, sea como descubrir, de nuevo, a un viejo amigo. Así ha sido para mí.

Volvamos, pues, a descubrir la historia de aquellos hombres y mujeres por los que se logró la Independencia de México.

Pedro J. Fernández, 2023

PRIMERA PARTE

# RELIGIÓN

SEPTIEMBRE DE 1783-SEPTIEMBRE DE 1810

# Por decisión de un muerto

## 1783

LA VIEJA PARTERA dice que ella misma burlará a la muerte, lo cual no es una tarea sencilla. Deja a la madre en parto, y a su numerosa comitiva junto al crujir de la chimenea, y sale de la casona novohispana; de inmediato tiene que cubrirse la cabeza con su rebozo, pues las típicas lluvias de Valladolid caen torrenciales.

Es, por supuesto, septiembre. El cielo está cubierto de pesados nubarrones que se iluminan por rayos que parecen telarañas luminosas. Sin embargo, la luz es efímera, y los truenos evocan a los rugidos de titanes mitológicos.

Camina por el empedrado sin darse cuenta de las otras casas, en cuyas ventanas apenas brillan luces mortecinas, o de los charcos que pisa y le humedecen los huaraches y los pies. Lo más molesto es el viento frío, ora calmo, ora furioso, que la obliga a detenerse por un momento. Al pasar junto a la Catedral, sabe que en aquella masa áspera e imponente, de santos carnales tallados delicadamente en la fachada de cantera, está Dios; pero no se detiene, sino que se persigna y susurra un padrenuestro sin mover mucho los labios.

La vieja partera continúa hasta encontrar el inicio de una plaza larga, coronada en el centro por una fuente negra que sólo se descubre de piedra cuando un rayo fugaz ilumina el cielo, seguido del trueno divino, y el goteo de la lluvia, en su repique húmedo, cínico.

Ese sonido rítmico la lleva al otro extremo de la plaza, hasta el templo de San Agustín, barroco, sombrío y antiguo; a su lado, el convento del mismo nombre, al menos guarecido por gruesos tablones de madera. Ahí, hace sonar la campana con insistencia y espera paciente.

A pesar del fondo y la blusa que lleva debajo del vestido, la pobre mujer está tan empapada que es posible dibujar la curvatura de sus caderas y la forma caduca de sus senos.

Se abre una portezuela cuadrada a la altura de sus ojos, y a través de cuatro barrotes de hierro se asoma el rostro arrugado de un fraile.

—¿Quién vive? —pregunta él, con sueño.

La vieja partera aspira el incienso perfumado y amargo que viene del interior.

—Disculpe, su merced, vengo en nombre de doña Josefa de Aramburu —responde—, cuya vida peligra por los dolores de parto, que han durado ya tres días.

—¿Se ha confesado tan noble dama? La mortandad es grande en estas tierras y en estos tiempos.

—Sí, pero hoy necesito otra clase de auxilio —se apura ella.

—Entonces será mejor que busque a un médico —concluye el fraile y cierra la portezuela.

La vieja partera insiste al tocar la campana.

Un rayo retumba en la cercanía, antes de que la portezuela se abra.

—¿Qué quieres, mujer? La merienda fue hace mucho y éstas no son horas de molestar al buen cristiano.

Ella lo interrumpe:

—Pido un milagro, su merced, la salvación para mi señora. Sé que hace algunos años encontraron el cuerpo incorrupto de fray Diego de Basalenque, y eso lo hace santo. Ustedes lo tienen, el cuerpo vestido, quiero decir. Si me prestara su capa, tal vez Dios obre por intercesión de la reliquia.

El fraile gruñe y azota la portezuela, de tal suerte, que la vieja partera sabe que ha fracasado.

Respira profundo, y vuelve a ponerse el rebozo húmedo sobre la cabeza. La plaza está llena de charcos que reflejan los rayos en brillos diminutos. Ahora, ¿cómo volver al lado de su patrona? ¿Qué excusa le dará, si acaso logra superar los dolores de parto y lograr a la criatura?

Está por irse, cuando escucha el crujido de la portezuela al abrirse.

—Espera, mujer —exclama el hombre.

Al volverse, la partera se encuentra con el fraile fuera del convento. Lo reconoce por su rostro arrugado y su barba cana: en sus manos tiene un cofre de madera mediano con la cerradura rota.

—Aquí está la capa que buscas, y si tu fe es tan grande como dices, nuestro Señor hará el milagro. Te la llevas en prenda, devuélvela antes del amanecer. Sé dónde vives y podría reportarte a las más altas autoridades. ¿Me oíste?

—En nombre de María Josefa de Aramburu, y de su noble esposo, agradezco esta acción —responde ella al tomar el cofre con ambas manos.

Pesa, no tanto por la madera, sino por la responsabilidad, pues si el objeto en su interior es tan místico como dicen, la partera podrá lograr su cometido. Duda, por supuesto, porque en toda fe religiosa siempre hay incertidumbre, pero también esperanza; y con este último sentimiento en el pecho, recorre el camino de vuelta a la casona novohispana.

En la recámara principal, junto a las brasas de la chimenea y ante el claroscuro que pintan las velas grises, una mujer gime por los dolores de parto. Es tal la agonía que ha sufrido por las últimas horas, que su piel es del mismo blanco que el camisón empapado en sudor. Está rodeada por su esposo, un médico y un sacerdote, José de Arregui, el canónigo de la Catedral.

La vieja partera deja el cofre sobre una cómoda y lo abre. En su interior encuentra un pedazo largo de tela marrón, doblada sobre terciopelo granate.

—¿Qué traéis ahí? —pregunta don José Joaquín, esposo de la mujer en parto.

—Supercherías de mujeres —responde el sacerdote—, supersticiones de los indios, porque ¿puede más la capa de un muerto que el rezo del santísimo rosario?

—Sí, supercherías… hasta que hacen un milagro —interviene la partera y, la acomoda sobre los hombros de la pobre mujer en parto que respira agitada por su dolor.

—Nuestro Señor crucificado es quien hará el milagro —añade el sacerdote con desdén, mas ella lo ignora.

Ya fuera por intercesión de la dichosa capa, el rezo del rosario, la labor del médico presente o de los mismos dolores de María Josefa de Aramburu, ésta comienza a relajarse y libera su parto con tal naturalidad que siente cómo se abre su cuerpo y, en cuestión de minutos, escucha el llanto agudo del recién nacido.

Sólo entonces, los presentes suspiran con alivio, y más cuando el cuchillo esterilizado al fuego corta el cordón umbilical.

La madre se ha quedado dormida, exhausta. Su piel es similar a la de una muñeca de blanca cera, el único movimiento de su cuerpo es el pecho que se infla con lentitud al respirar.

La partera arropa al niño con un manto grueso de azul francés bordado en hilo de oro, arrullándolo con cariño para que deje de llorar; el médico revisa a doña María Josefa de Aramburu con la idea de bajarle la fiebre con compresas húmedas sobre la frente. A través de la ventana sólo se ven las gotas solitarias que caen desde el techo y los árboles de la calle, negros, con las ramas desnudas; ha dejado de llover. La luna, sin embargo, no se asoma.

José Joaquín le da unas palmadas en la espalda al cura, y arqueando las cejas hacia la puerta, lo invita a salir del cuarto sin decir una palabra. Así lo hacen, y caminan hasta la sala.

—¡Enhorabuena, don Joaquín! El cielo lo ha bendecido, al fin tiene un varón sano —exclama el sacerdote—, quiera Nuestro Señor que no muera como los otros.

Se sientan en sillones diferentes, ahí también han preparado la chimenea, que cruje ruidosa sobre ceniza impalpable. Velas largas en candelabros de plata dan luz a las paredes llenas de arte sacro, querubines con espadas largas, corazones coronados por espinas y vírgenes en tránsito a la muerte.

—¿Me acompaña con una copita de licor, su ilustrísima?

—Ni Dios lo mande —responde el cura—, el aguardiente suelta la lengua y luego el demonio se aprovecha. En cambio, y abusando de su cristiana hospitalidad, le acepto una taza de chocolate caliente.

José Joaquín hace sonar una campanita dorada que descansa en la mesita junto a él. En segundos aparece un muchacho mulato con piel de bronce; no tiene más de quince años. Viste con pantalones cortos y una camisa blanca manchada de carbón.

—Juan, preparad dos tazas de chocolate, pero con leche bronca, nada de agua, que no le falte azúcar ni le sobre nata. Queda un poco del que mandé traer del Valle de Antequera.

El mulato asiente en silencio, un tanto nervioso, y deja la sala, al tiempo que José Joaquín le grita:

—No demoréis u os vais a enterar.

18

Con los ojos bien abiertos, el sacerdote se vuelve hacia el anfitrión.

—Y dígame, ¿ha escogido ya un nombre para su vástago? Sin duda ha pensado en el suyo propio.

—¿No es, acaso, caer en el pecado de orgullo? —pregunta José Joaquín—, Dios eligió ya el nombre. ¿Qué santos aparecen hoy en el santoral?

—Cosme y Damián, don Joaquín. Santos y médicos, hermanos que ofrecieron su vida y alma para curar a los más pobres. ¿Le gustaría que su hijo siguiera esa profesión?

—Me gustaría esa taza de chocolate.

—Por supuesto, la noche invita a beber algo caliente.

El mulato tarda un poco más, después de todo es complicado prender el fogón en el aire húmedo, pero regresa con dos tazas de porcelana de chocolate humeante y dos cucharillas de plata. Luego echa otro leño a la chimenea y se retira para que don José Joaquín y el sacerdote discutan sobre la política del rey Carlos III para regular el precio del pan en España, las protestas contra el rey Luis XVI en las calles de París, y los problemas que el virrey Matías de Gálvez tiene en sus audiencias de la Ciudad de México.

El reloj de la otra esquina, una maravilla que le había comprado a un comerciante portugués en el puerto de Acapulco, emite doce campanadas.

—No es menester que esté fuera de mi casa a esta hora, será mejor que me retire —dice el cura.

—Lo acompañaré a la puerta. En unos días empezaremos a planear el bautizo de Cosme Damián —don José Joaquín exclama mientras lo despide con un apretón de manos.

Está cansado, físicamente agotado. Va hasta la habitación de su esposa y se asoma por la puerta entreabierta, ante la luz del fuego moribundo contempla a su mujer pálida, dormida, apenas cubierta por las sábanas traslúcidas, mas con los ojos de la imaginación ve su carne femenina, desnuda, desde el cuello hasta el nacimiento de los muslos. Entraría, de no ser por el médico que la cura, le siente las mejillas, y le cambia los trapos húmedos sobre la frente. Junto a la cama, la vieja partera arrulla al niño, el cual no llora, sólo mueve los brazos con lentitud.

Sonríe y cierra la puerta.

Convencido de que su otra hija ya esta está en cama, y que los criados no dormirán hasta que el médico y la partera se retiren a descansar, don José Joaquín va hasta su cuarto.

Ocasionalmente solicitaba la ayuda del mulato para desvestirse, pero no esta noche. Se despoja de los pantalones, de la chaqueta, cuyos finos adornos están bordados en hilo de plata, y de la camisa. No busca su ropa para dormir, cosa rara en él, sino que apaga todas las velas y se mete en el edredón para sentir la pesada tela contra su piel desnuda.

Recuerda de súbito el Catecismo del padre Ripalda, por lo que dibuja, con su pulgar, una cruz en su frente para evitar los malos pensamientos, en los labios para no pronunciar malas palabras, y en el pecho para no caer en las malas obras. Así, se queda dormido, al arrullo de los grillos y de los malos sueños viriles, que no puede ahuyentar con sólo santiguarse por las noches.

—Se llamará Agustín —exclama María Josefa en cuanto la vieja partera termina de contar su historia de la noche anterior.

Los criados han corrido las cortinas para que la luz blanca del amanecer inunde los rincones, el ropero, la chimenea y la estatua de san Francisco de Asís vestido de terciopelo, sobre una repisa empotrada en la pared. El aire está cargado con el aroma ácido del jardín, donde la tierra aún está humedecida por la lluvia de la noche anterior. María Josefa se desabotona el camisón, y libera su pecho.

—Y por la reliquia no debe preocuparse, la devolví a los frailes a la hora prima —añade la vieja partera.

—Me encargaré de hacerles una dádiva generosa en oro, han salvado mi vida. Creo que también le haré un regalo de plata a la Virgen, o quizás unas perlas para su efigie.

El niño succiona con suavidad de la teta hinchada de su madre, tiene los ojos pequeños y la mollera suave, además cuenta con una piel blanquísima y comienzan a salirle rulos castaños en el cráneo.

La vieja partera se deleita ante una imagen tan bíblica como dulce, madre e hijo, ajenos el mundo, sin conocer la desgracia. Se vuelve a la ventana en cuanto se posa un colibrí rojo, y recuerda aquella vieja leyenda de su pueblo maya sobre las almas de los guerreros muertos que regresan en forma de pájaro para guiar, para enseñar, y para curar.

La puerta se abre de golpe y entra don José Joaquín; un hombre ancho, con cierta musculatura que le ayuda a imponer su presencia.

María Josefa se quita al niño del pecho y, pudorosa, intenta cubrirse con la sábana, el pequeño llora.

—Podrías tocar la puerta —le recrimina ella, mientras le da el niño a la vieja partera para que lo arrulle.

—No os lo llevéis, quiero estar con el pequeño Cosme Damián un momento —pidió él.

La partera se detiene, indecisa. El niño no deja de llorar.

—Sí, llévatelo al patio —ordena María Josefa.

—¡Esperad! Quiero abrazarlo —pide él.

Ella insiste:

—Llévatelo.

Se queda quieta, con las mejillas rojas, hasta que la partera sale con el niño, Ya solos, se abotona el camisón, mientras añade:

—Y a ti, ¿quién te dijo que el niño se llamaba Cosme Damián? Dios eligió otro nombre.

—Sí, Cosme Damián, mujer. Son los santos de su día, y quienes habrán de proteger al pequeño en su vida carnal y espiritual.

María Josefa niega con la cabeza.

—Por los frailes agustinos que nos prestaron la capa de fray Diego de Basalenque, por ellos, y por san Agustín, uno de los padres de nuestra fe. El niño se llamará Agustín.

—Por decisión de un muerto, queréis decir —se burla él, de tal forma que intercala las palabras en risas socarronas, y las venas se le marcan en el cuello.

—Será como tú dices, por decisión de un muerto, pero es el nombre que yo he decidido. Agustín. Agustín… y que Dios lo guíe y procure siempre. Agustín ante el Cielo y ante el virrey de la Nueva España.

Aquello parece divertir mucho a José Joaquín:

—¡Vamos, mujer! Pensad bien las cosas. ¿Agustín de Iturbide? No habrá hombre que recuerde ese nombre, pero en justicia a vuestra inteligencia, os diré algo. Escribiré con tu nombre y el mío a don José de Arregui, y que sea él quien tome la decisión. Así será Dios quien decida. Y vos no podréis objetar.

—Lo que quieres es un hombre que te dé la razón —responde María Josefa con molestia—, la fe no es más que un hombre apoyando las locuras de otro.

Mas su esposo no la escucha, está excitado por la idea de escribirle al cura, le palpita el pecho con fuerza y se le entumen las yemas de los dedos. Aún no ha tomado su desayuno, pero considera que es más importante prestarle atención a su hijo que a su estómago. Atraviesa el patio donde la partera arrullaba al niño, y casi se tropieza con uno de los macetones al reparar en ella.

Su mente hierve con las palabras que quiere poner en la carta.

Entra en su despacho, sin prestarle mayor atención a los libreros llenos de tomos viejos, se sienta ante el gran escritorio y abre la tapa del tintero. Le tiene respeto a la página en blanco que saca de uno de los cajones.

Por fin se decide a tomar la pluma y escribe:

*Su merced, aprovecho estas líneas para encomendarme a su buen juicio y exponerle un dilema que aqueja a mi persona y a la de mi buena esposa...*

Despierta la ciudad, y con ella el bullicio propio, a lo lejos se oyen las campanadas que llaman a misa de ocho.

Ha pasado una semana, doña María Josefa quiere moverse de la cama.

—El médico dice que ya puedo ponerme en pie —dice cándidamente al sentarse en el colchón.

Dos muchachas indígenas, criadas suyas, le sirven de apoyo para que se levante de las sábanas, las cuales ya muestran manchas de sudor. María Josefa se calza con dos zapatillas que le resultan frías, y exclama:

—¡Cómo adoro la luz dorada de Nueva España! Como si Dios favoreciera nuestro reino.

La noble mujer camina hasta la habitación contigua, donde han dispuesto una tina alta de madera con agua hirviendo. Se trata del cuarto de baño, una de las últimas reformas que vienen de Europa, donde el rey Carlos III ha ordenado nuevas medidas de higiene, y sólo los más ricos las han acatado a conciencia.

Las cortinas están cerradas, la única luz venía de dos candelabros de plata que han colocado sobre una cómoda en el otro extremo. Aquel espacio no mide más de tres por tres metros, aunque es alto. María Josefa se desabotona el camisón, y sus criadas le ayudan a despojarse de él. El tufo a sudor que emana de la tela es penetrante. La mujer sonríe, pues ante aquella luz no se le notan las estrías de su vientre, ni de los muslos. Le gusta comparar su cuerpo de mujer con las imágenes de Eva que ha visto en diferentes iglesias, la forma de sus senos, su pelvis ancha, su vientre blanquísimo.

Con ayuda, se sumerge en el agua, y siente el calor entrar por cada uno de sus poros. Cierra los ojos, y echa la cabeza hacia atrás, tiene una sonrisa en sus labios. Una de las criadas toma un frasquito con esencia de nardos, y vierte un poco en el agua. El vapor se vuelve dulce, sensual.

—¿Mi esposo ya tomó su baño? —pregunta ella.

—Desde antes que saliera el sol, lo ayudó el mulato —responde una de las criadas, que ha humedecido un trapo blanco en el agua caliente, y con él talla los hombros suaves de María Josefa; la otra joven, lava el pelo enmarañado de su patrona, en el que comienzan a notarse mechones pelirrojos y blancos entre la cabellera parda.

En aquel cuarto encerrado, reina el silencio, interrumpido sólo por el movimiento del agua, y el suspiro de las criadas, que masajean con suavidad el cuello, el costado, y las pantorrillas de María Josefa, también sus formas de mujer, suaves, redondas; el área alrededor de los senos. Cuando siente que el baño ha terminado, se pone de pie, y pide ayuda para salir de la tina. Envuelven su cuerpo en una tela larga de algodón, y lo frotan para secarlo.

Ahí mismo la visten con sus calzas largas hasta los muslos, un fondo limpio y, la parte más dolorosa, un corsé rígido que le aprieta el busto y la cintura. Así, en paños menores, le abren la puerta para que regrese al cuarto principal, la envuelve el aire cobre de otoño.

Las criadas le ayudan a ponerse un vestido rosa de tafetán, con la manga francesa un poco más larga que el codo, y que deja ver el nacimiento del pecho. Sus criadas la peinan con tal chongo que es posible acomodarle una peineta de nácar detrás de la cabeza, y sobre ella colocan una mantilla de encaje negro que le llega hasta los hombros. Sólo por tratarse de un día especial pide un poco de rubor para las mejillas. Busca que le den su abanico pintado a mano, y le colocan los zapatos de tacón bajo que ha mandado hacer en la noble y leal Ciudad de México.

Al escuchar las campanadas, María Josefa sabe que ya va tarde, y se apura para llegar a la sala de su casa, donde la espera su esposo vestido con un saco largo de terciopelo añil. A su lado, el mulato y su madre negra, quien sostiene la mano de la otra hija del matrimonio Iturbide, una niña rechoncha de diez años, piel blanca y largos rulos negros que responde al nombre de Nicolasa. La vieja partera, ahora nana, tiene al bebé en brazos, quien dormita plácido.

—¡Apuraos, mujer! El cura nos espera —le recrimina José Joaquín a su mujer.

—Lo que pasa es que traes muina porque perdiste ante el cura —responde ella.

—También perdiste, no sé por qué sonreís —contesta José Joaquín.

Ella levanta los hombros, como para burlarse de su esposo en silencio, y se encamina a la puerta para darle a entender que la discusión ha terminado.

El matrimonio, con criados e hijos, se adentra en las calles de Valladolid, cubiertas de tierra. Todos se envuelven de la peste propia de las ciudades coloniales, mezcla de heces enterradas, animales de carga, tierra mojada, carbón, y agua estancada. María Josefa ve a lo lejos una mujer con medio cuerpo fuera de la ventana, que sacude el polvo de un tapete; dos casas más allá, otra hace lo propio con el agua de una palangana. La concurrencia de Valladolid es diversa en sus vestimentas, así como en sus tonalidades de piel, lo mismo la textura lechosa de los españoles peninsulares, que el negro nocturno de los esclavos africanos también es posible encontrar indígenas mixtecos camino al mercado, y mercaderes criollos con mercancías que vienen del puerto de Acapulco.

Los miembros de la familia Iturbide llegan al portón principal de la Catedral de Valladolid, ante ellos se levantan cuarenta metros de cantera rosa, coronada por dos torres; majestuosa, imponente; dedicada a la Transfiguración de Jesucristo. Dejándose llevar por la melodía seductora que viene del interior; notas altas producto del órgano tubular, la familia Iturbide y los criados entran a la iglesia apestada por encierro y humedad…

La pila bautismal es de una plata reluciente, cada color del sol es reflejado por la luz que penetra desde los vitrales. Hace poco que la han puesto en la Catedral de Valladolid, encargada por el rey de España que no olvida las grandes catedrales de América, y que las llena de regalos para servir a Dios y calmar a la gente por el alza de los impuestos.

La catedral está llena del humo de los cirios, y de dolientes que ofrecen sus oraciones por las almas del purgatorio.

El canónigo de la catedral, José de Arregui, toma al bebé con una mano, cubierto con un ropón blanco, y con la otra una concha de plata llena de agua bendita y la vierte sobre la frente del infante, mientras exclama:

—Agustín Cosme Damián de Iturbide y Aramburu, ego te baptizo in nomine Patris, et Filii, et Spiritus Sancti. Amen.

—Amén —repiten María Josefa y José Joaquín; Nicolasa se queda callada, mirando con sus ojos grandes los altares cubiertos de oro.

Entonces, el sacerdote dibuja una cruz en la frente del pequeño, sellando así para siempre el gran destino del pequeño Agustín, blanco, fino, menudito; ignorante de que su turbulento futuro pondrá fin al pasado de incienso y plata.

# CAPÍTULO 2

# Un sentimiento común entre los mexicanos

## 1824

AGUSTÍN DE ITURBIDE contempla la bruma londinense, de un frío plateado casi incorpóreo; como una barrera que lo aleja del mundo.

La tarde húmeda no le permite ver el sol, pero eso a él no le importa. Se aleja de la ventana y se sienta en su pequeño escritorio, donde una vela estática ilumina unos pliegos largos, y un tintero abierto. Hace un esfuerzo infructífero por quitarse las botas, y mira su reloj de bolsillo. Apenas son las cuatro de la tarde.

Se desabotona la camisa para ponerse más cómodo, toma la pluma con su mano derecha, y comienza a escribir para que no le ganen las ideas, ni los recuerdos de su infancia.

*Hijo mío, Agustín, quiero escribirte unas líneas para cuando ya no esté contigo, y necesites razones para ver a tu infortunado padre con el respeto que obliga nuestra fe.*

*Sirvan estas cartas como mis memorias íntimas; compártelas con tus hermanos y con tu madre, con el fin de que cada uno descubra a un Agustín más humano durante la guerra. ¿Cómo podría ser de mi conocimiento el destino turbulento que me esperaba en el campo de batalla? ¿Cómo es que México no podría ser sin mi intervención?*

*Es egoísta asegurar lo anterior, puedes decir que peco de la arrogancia que caracteriza a todos los hombres que han pasado a la historia, pero ¿no es cierto que sólo la posteridad puede juzgarnos? Mis contemporáneos* están ebrios de rumores en mi contra, no saben qué pensar de mi persona. No pueden mantenerse indiferentes, opinan y toman partido: que si Agustín de Iturbide es bueno por tal y tal cosa; que si Agustín de Iturbide es funesto por la otra. ¿Acaso he dejado de ser hombre para que me juzguen como un santo o un apátrida?

Antes de que te escriba mi historia, hijo mío, debes preguntarte, y responder con honestidad. ¿Qué sabes de mí? ¿Qué opinas de mis acciones? ¿Qué te han contado? Quiero escribir sobre el presente y no debo. Prefiero escribirte del pasado, de mi patria, de Nueva España, de Valladolid. ¡Cómo suspiro por la ciudad que me vio nacer!

En Galicia hay una palabra para el mar que te ahoga el alma cuando estás lejos de tu patria y la extrañas con el corazón, o cuando se añora un pasado al que no podrás volver. Esta palabra es: morriña (los portugueses lo llaman saudade), y es un sentimiento muy común entre los mexicanos que viajan a tierras lejanas; pero también en los españoles peninsulares que venían al continente americano a ganarse el pan de cada día.

Mi padre, don José Joaquín, sufría de este mal. Recuerdo la tristeza de sus ojos, por más que bebiera vino, sonriera en las tertulias o sacara los naipes para apostar. Este mar silencioso no le hacía olas en la mirada porque odiara Valladolid, o no amara a mi madre, o sintiera disgusto por sus hijos, sino porque cargaba con un sentimiento de orfandad. Extrañaba el pueblo en el que había nacido, Peralta, en el reino de Navarra. Siempre hablaba de su pueblo con tal pasión que hasta llegué a tener compasión de él. Yo nunca fui a Peralta, pero lo conocí por lo que escuchaba, y más de una vez lo visité en espíritu con sólo cerrar los ojos.

En pocas palabras, mi padre no se sentía ni de allá ni de acá: muchos novohispanos leales al rey no profesaban devoción a España. Yo, a pesar de ser un bastardo de la morriña como muchos criollos o españoles peninsulares, me sentía un verdadero hijo de Valladolid, un americano. No sé cómo era la España peninsular más allá de las descripciones románticas de los libros, pero sí sé cómo lucía Nueva España: un verdadero paraíso que contaba con una riqueza sublime, montes llenos de vegetación, nubes rasgadas al atardecer, catedrales barrocas, altares de oro, minas de plata, y hombres ilustrados en la religión, la política y las artes.

A diferencia de otras tierras donde la luna es de mármol, en Nueva España era de cristal, salpicada a su alrededor por plata titilante de nuestras minas sobre el mismo terciopelo que visten las vírgenes de los templos. De tal suerte, que nuestra noche mexicana (incluso desde que México recibía el nombre de Nueva España) es una catedral eterna al Creador, y por más que pasen los siglos no se le podrá arrebatar su belleza. También, hay que reconocerlo, Nueva España sufría una desigualdad imperiosa, cruel e injusta: se trataba de ignorantes a los indios, se golpeaba a los esclavos negros que venían de África, y se les daba mal trato a las diferentes castas. Que si un español y un indígena tenían un hijo había que registrarlo como mestizo, un mestizo y una española tenían un castizo, un español y un negro daban un mulato. Los nombres de las mezclas eran tan risibles como humillantes, que si "cambujo", "lobo", "tente en el aire", "no te entiendo" o "torna atrás". Uno no era novohispano así nada más, te trataban de acuerdo a cómo te veían, a tu forma de hablar, al color de tu piel, o a tu origen... la verdad es que para tratar mal a los demás los americanos éramos buenísimos, y eso lo experimenté desde niño que acompañé a mi madre al mercado y vi, en aquel alboroto caótico de verduras frescas, gallinas sin cabeza, y regateos, cómo nadie se hablaba con el mismo respeto, más bien los españoles se dirigían con un particular desdén a los indios de esta tierra. No que los indios no hicieran lo mismo, así que el rencor era mutuo.

Yo creo que a todos se les olvidó, a los españoles peninsulares, a los criollos, a los indios, a los negros, a los mulatos y al resto de las castas, que todos teníamos el mismo hogar, la misma tierra bajo la luna de cristal.

¿Qué derecho tiene un hombre sobre otro? ¿Quién decidió que un hombre podía ser amo y dueño de la vida de otro?

Cuando yo era niño, Valladolid me parecía una tierra tranquila, pues mi existencia fue diferente a la de la mayoría de estas castas, podría decir que privilegiada. Sospecho que la causa fue la Divina Providencia; o tal *vez la clase social es un accidente en la vida. No me dedicaba, como ahora se han dedicado a decir repitiendo las múltiples mentiras de un vil americano de nombre Vicente Rocafuerte, a cortarles las patas a los pollos para verlos correr con sus muñones. La crueldad, no fue parte de mis primeros años. Fui travieso, sí, porque la infancia y la juventud tienen como síntoma la más profunda rebeldía, pero nunca llegué a la crueldad.*

*Más bien recuerdo las tardes que pasaba en el patio con los soldaditos de plomo y estaño representando al ejército español, y que me permitían jugar a la guerra, con sus caballos y cañones en miniatura. Era trabajo de mi imaginación el darles vida, crear batallas, historias y romances. Medían poco más de cinco centímetros, así que podía desplegarlos de un rincón al otro del patio y sentirme, por primera vez, jefe de un ejército. O bien, imaginaba que eran espías en alguna misión secreta para el rey de España.*

*Estos juguetes eran, desde luego, un producto caro que sólo podía conseguirse en la capital, pero a mi padre le iba bien económicamente, así que nos compraba obsequios a mi hermana Nicolasa y a mí, como para compensar su ausencia de los viajes. A mi madre le traía algún collar o unos aretes que luego llevaba a las tertulias. Valladolid estaba dedicada al Sagrado Corazón de Nuestro Señor, las fiestas que se organizaban eran grandes, pero de acuerdo con cada clase social. Nosotros, los criollos y españoles, nos reuníamos en alguna casa a orar el novenario y celebrar un banquete al acompañamiento de una orquesta. Los indios, en cambio, bailaban al ritmo de la comparsa, bebían aguardiente de Oaxaca, organizaban peleas de gallos, y le cantaban a la Virgen de Guadalupe fuera de la Catedral, cosa que no era del agrado de los ministros del gobierno y de la Iglesia.*

*Las autoridades siempre vieron con desconfianza las costumbres de los indios, con frecuencia decían que ellos eran ignorantes y supersticiosos. Si en verdad lo creían, poco se hizo para mejorar su situación. Muy poco, en verdad.*

Quiero, hijo mío, contarte un poco más de mi entorno familiar. Mi padre tenía dos propiedades en la ciudad y una hacienda en Quirio, que trabajaba arduamente y que no le permitía estar en casa todo el año. El escudo de armas de su familia, o mejor dicho, de la familia Iturbide, estaba dividido en cuatro partes: la primera, arriba a la izquierda, con un azul profundo, casi cerúleo, atravesado por tres franjas plateadas. La segunda, arriba a la derecha de un rojo sangriento, con dos leones dorados, levantados en sus patas traseras, y sosteniendo un pilar de marfil con las patas delanteras. El tercero, abajo a la izquierda, otro rojo profundo, con dos leones parecidos a lobos, mirando la izquierda con actitud de defensa. Por último, el cuarto cuadro, abajo a la derecha, repite el azul, pero esta vez atravesado por dos franjas horizontales de plata.

Así, mi padre, yo, éramos reflejo de ese escudo de armas, tan propio de la familia Iturbide, un legado de valentía y fe.

Mi madre, la bella María Josefa de Aramburu, era una de las joyas de Valladolid, y descendía de uno de los fundadores de la ciudad, Juan de Villaseñor, dos siglos y medio atrás. Así que vine al mundo de una madre criolla y un padre español peninsular; eso me hacía criollo por derecho propio, y me daba libertades que no tenían otros naturales de Nueva España.

Por eso, nuestro círculo cercano de amigos, nuestras reuniones, y hasta las personas que se sentaban junto a nosotros en misa, eran españoles y criollos. Ahí fue donde conocí a un primo de mi madre, primero profesor y luego rector del Colegio de San Nicolás Obispo, y que yo siempre vi como un hombre muy sabio, hasta que sus acciones me hicieron cambiar la opinión que tenía de él. También descendía de Juan de Villaseñor y, a pesar de ser cura, era uno de los hombres más bonachones que he conocido. Su amor por la vida era casi tan grande como su desprecio a los españoles peninsulares en América. Su nombre era Miguel Gregorio Antonio Ignacio Hidalgo y Costilla Gallaga Mandarte y Villaseñor. Miguel Hidalgo, para los amigos.

Su historia, desde luego, también está ligada a este México convulso que nació de la sangre; roja, criolla, mestiza, fresca, e inocente. Sangre mexicana, al fin, igual de roja y preciosa que la tuya o la mía. Sangre es el sacrificio que pidieron los dioses antiguos para la fundación y manutención de la Nueva Tenochtitlan; sangre es lo que pidieron a cambio de la fundación de un nuevo país. Piensa en ello, y reflexiona.

Quizás todavía pidan ese sacrificio para que viva México. Tal vez sea una petición permanente para que la luna de cristal siga brillando en lo alto.

Tu padre, Agustín de Iturbide
Bury Street en Londres a 1 de marzo de 1824

# CAPÍTULO 3

# Ha nacido un dragón

## 1789

MIGUEL HIDALGO exclama que lo suyo son los juegos de azar, aunque la suerte rara vez le sonríe. Describe el sostener varios naipes en sus dedos largos como un acto erótico: acariciar el cartón, contar los números pintados y morderse los labios antes de cada jugada, con la esperanza de joderse al contrario. Menciona, además, que apostar es una de las emociones que lo hacen sentir vivo, pues le despiertan la mente, el corazón, y el alma, los une en un mismo juego, y concluye que no lo considera un pecado como otros de sus compañeros sacerdotes.

—Algo de razón debe tener usted, señor rector —responde José Joaquín sin quitarle la vista a sus cartas—. En América tenéis el dicho ese de: afortunado en el juego, desafortunado en el amor. Alguna relación debe existir entre el azar y el corazón. Si no, al menos en el sentido del humor con el que Dios influye en ambos.

—Sí, hay una relación, el interés —responde Miguel Hidalgo—, si no mire usted. ¿Con qué se gana el corazón de una joven? Demostrando interés. ¿Cómo se domina el corazón de un gobernante? Fingiendo interés. Como herramienta de manipulación es muy efectiva. Si no hubiera el mismo interés en los juegos de azar, como ahora ha demostrado el rey de España con sus reformas borbónicas, ¿usted cree que nos hubieran puesto un impuesto tan gravoso para comprar estos naipes? Claro, y así podríamos seguir con los demás tributos, pareciera que cada día hay uno nuevo, y aquello sería exagerar para nosotros, no así para los que menos tienen. Lo que sí es cierto, es que España requiere cada vez más dinero para combatir a Inglaterra, y se sirve de las minas de plata en América para obtenerlo.

José Joaquín deja una carta sobre la mesa y recoge otra, sin percatarse del atardecer rubí que sumerge a Valladolid en el crepúsculo; desaparece el calor que se ha sentido desde la mañana, reemplazado por un viento fresco que se cuela desde una ventana abierta.

—Esperad, veréis que Dios iluminará al nuevo rey Carlos IV para que sea mejor que su padre. Debe serlo, para evitar que Inglaterra vuelva a bloquear nuestros puertos, y para que Madrid no se vea influenciado por las protestas de París.

—Más guerras en Europa significan más impuestos para América. Ya se sabe que nosotros pagamos los ejércitos que combaten allá. ¿Quién más? En Nueva España hay dieciséis millones de habitantes, en España sólo seis. Europa necesita de América, esto está claro.

José Joaquín finge no escuchar esta última frase, sólo toma otra carta de la mesa y pregunta:

—¿Sabía que hace unos días la Bastilla cayó a manos de unos revoltosos que se manifestaban contra el rey de Francia? No se habla de otra cosa en Valladolid, dicen que las cosas en París están muy mal, que se saquean negocios por el hambre tan grande que tienen, que hay mucha miseria, y que la gente no está feliz.

Don Miguel lo ve de reojo, y luego desvía la mirada hacia la ventana; a lo lejos aparece la primera estrella. El cielo comienza a apagarse.

—Ustedes los gachupines ven y no ven, y los indios cada vez tienen que dar más tributo, y si no pagan los azotan. ¿Usted cree que sólo en París hay hambre y miseria? —pregunta el sacerdote.

José Joaquín responde de inmediato:

—No, también aquí, en América. ¿Podéis imaginaros lo que será de las colonias inglesas ahora que no responden a la monarquía inglesa y se hacen llamar Estados Unidos de América? Lo contrario a Nueva España. Nosotros somos fieles al rey y al papa.

Miguel Hidalgo se mantiene callado un momento en lo que da un sorbo al chinchón, un licor de anís que le han servido en una copita de cristal tallado. Observa detenidamente sus cartas y las deja boca abajo sobre la mesa.

—Señor Iturbide, como siempre usted gana la mano, pero no la discusión, es usted demasiado gachupín para mi gusto. Mire, como ya sabe que no tengo reales encima, me lo tendrá que anotar para que se lo pague la próxima vez. ¿Le parece si vengo el próximo jueves a la misma hora? Ya veremos si puedo pagar la deuda o duplicarla.

—¿No os lo había dicho ya? Mañana temprano haré un viaje, estaré fuera por dos o tres semanas, tengo que ver cómo va la administración de la hacienda. Planeo llevarme al pequeño Agustín. Su madre desea llevarlo a la escuela, pero yo quiero que se haga cargo de los negocios. Hacerlo hombrecito, usted me entiende. Ha estado demasiado tiempo en labores domésticas, y ya tiene seis años, no es un niño. Mejor que esté en el campo que con su hermana.

—Lo entiendo perfectamente, don Joaquín. Hay que disfrutar estos últimos tiempos de calma, porque con la Revolución Francesa... a ver cómo se ponen las cosas en Europa.

—Esos franchutes no tienen nada que hacer en España, mucho menos en Nueva España, bastante tenemos ya con los ingleses que siempre nos andan moliendo. Los borbones sabrán defender España de cualquier peligro, ya verá, no debéis preocuparos de nada.

Miguel Hidalgo le da un último trago a su chinchón de anís, pero es generoso, por cuanto le gusta el cosquilleo que el alcohol le produce en el paladar. Considera, por un momento, pedir que se la llenen una tercera vez, pero en lugar de eso exclama:

—Pareciera que nosotros, los criollos, y ustedes, los gachupines, viviéramos en dos reinos diferentes, como si Nueva España no fuera una, sino muchas en el mismo territorio; y sin embargo, aquí estamos, tan opuestos y sentados a la misma mesa. Usted ve prosperidad, yo abuso y tributos altos. Usted dice que la revolución de Francia no cambiará Europa, yo opino lo contrario.

—Diréis que estoy loco, pero seguiré discutiendo con usted, señor rector. Escuchadme, ¿qué os parece si le sirvo un poco más de chinchón en lo que usted barajea las cartas, señor rector? Y en la siguiente mano me contáis qué es todo eso que habla usted de las obras literarias de Molière. Yo de literatura no sé mucho, pero sé que hay quienes no ven con buenos ojos su obra. Contadme del Tántaro.

—Tartufo, don Joaquín —se burla Miguel Hidalgo—, la obra trata de Tartufo, el impostor. Usted vaya por esa botella, y déjeme las cartas. Prometo no guardarme los triunfos bajo la manga.

José Joaquín se levanta de la mesa y se acomoda la camisa.

—Sois un zorro —se mofa.

—Precisamente por eso me llaman así: Zorro —concluye Miguel Hidalgo y, acariciando los naipes con ambas manos, comienza a barajarlos.

Miguel Hidalgo también perderá esa mano, y la siguiente, pero ¡cómo disfruta la vida con todos sus matices!

Agustín sale a los campos de la hacienda de Quirio y cierra los ojos para respirar el aire limpio con aromas a pasto fresco y a la savia de los árboles, tan diferente a los hedores propios de Valladolid. Aunque el viento es un arrullo suave, este verano trae un sopor inaguantable, pues quema la piel, el verde de las hojas comienza a secarse, y el sol luce más amarillo que de costumbre. Además, el cielo está magro, hace varios días que no se ve una nube.

Se revuelve los rizos largos de su cabellera castaña y camina a las caballerizas. La emoción le recorre el cuerpo como una energía extraña que le calienta todo y lo invade con un deseo de correr, y sin embargo disimula esa intensa agitación. Le han ensillado un potrillo al que le puso el nombre de Sansón, y ha esperado toda la mañana para montarlo.

Agustín se para junto al animal, le da unas palmaditas en la testa y siente la crin entre los dedos; bajando por el cuello largo su mano continúa por el lomo suave hasta el nacimiento de la cola. Es una bestia poderosa, de muslos firmes y pecho fuerte, de musculatura y calma natural. Se siente atraído a la silla de montar, la misma que le regaló su padre José Joaquín hace un par de meses.

Con ayuda del criado mulato, Agustín monta a Sansón, mientras el sol le perla el rostro con sudor. Se acomoda en la silla, mantiene la espalda recta al encerrar los puños en las riendas. Las botas de cuero le aprietan, pero no le importa. La emoción le seca la boca. Se siente listo, y al mismo tiempo como si fuera la primera vez que monta. Usando los tobillos, da un golpe en el lomo del potrillo y suelta un grito agudo, aún de niño, pero con alma de hombre.

Agustín tira de las riendas y se deja llevar.

Sansón corre a toda velocidad por el campo verde, como si pudiera volar al convertirse en ciclón, y el joven Agustín puede sentirlo en el viento cálido que le golpea la cara y le despeina los rizos, estando encima de aquel animal se siente diferente, un príncipe de cuento,

Hernán Cortés al conquistar la Gran Tenochtitlan, y los árboles que ve a lo lejos no son sino las pirámides del último Tlatoani.

Sí, con una sonrisa silenciosa en aquel vertiginoso andar, Agustín reconoce que con Sansón puede adentrarse a cuanto mundo se imagina, incluso más que con las batallas que arma entre sus soldaditos de plomo. Agustín levanta la cabeza y mira el cielo, tiene la extraña noción de que el mismo Dios Padre lo vigila y está complacido por lo que ve.

¡Qué delicia correr, vivir, ser y sentir; y saberlo a los ocho años! Después de todo, ¿hay edad para ser feliz?

Cuando Sansón llega al límite de la propiedad, marcado por un cerco de madera, en cuyas vetas se dibuja el polvo de la tierra, el potrillo da un salto hacia afuera y vuelve a entrar; y lo hace con tal destreza que Agustín apenas tiene que hacer un esfuerzo por mantenerse en el animal, aunque de sobra sabe que es peligroso hacer esos saltos, pues más de una vez ha escuchado que en la hacienda cercana un muchacho de su edad se cayó y se rompió el cuello dando esos saltos. Agustín, sin embargo, no tiene miedo y, siendo una vez más parte de la brisa caliente propia de Michoacán, se sabe un buen jinete. Con el golpe de las botas en el lomo del potrillo logra que éste vaya más rápido, y con un jalón de las riendas consigue lo opuesto. Y ese sentimiento de poder, de maestría, y al mismo tiempo de hombría temprana, hace que Agustín, a pesar de tener ocho años, se sienta mayor. Vuelve a recorrer el campo, haciéndolo suyo con el galope, hasta que ve la figura de su padre acercarse a las caballerizas.

Agustín se aleja de nuevo como parte del viento que recorre el campo, pero sabe que no podía evitar a José Joaquín por mucho tiempo. Así que cabalga hasta él y detiene a Sansón; desmonta y se acerca a su padre. Hay un silencio largo entre ellos, como si Agustín esperara un regaño y José Joaquín que su mirada bastara para controlar a su hijo.

—No me regañe, papá. Sé que me ha repetido muchas veces que no brinque en la reja, y que no corra tanto por el campo, pero no sé qué sucedió...

—Agustín... —susurra José Joaquín con autoridad.

—Y es que de verdad, cada vez que monto en esa bestia, no sé más de mí, No sé ni qué siento. Me gusta. Sólo eso.

La mirada de su padre se torna compasiva, parece sonreír con los ojos. Le pone una mano en el hombro y vuelve a insistir.

—Agustín, ¿creéis que no lo sé? Os he visto correr en el campo todas las tardes que hemos permanecido en la hacienda. Tenéis poco interés en la cosecha, en la administración y en la fe. Descuidáis las visitas diarias a la capilla, y no has escrito a vuestra madre y hermana en días. No conocéis aún vuestro destino.

—Padre, yo... —pero Agustín calla, pues no tiene justificación alguna para los regaños de su padre.

José Joaquín lo compadece.

—Hijo, desde la primera que os vi montado en un caballo supe que erais diestro, como los soldados de mi España que van montados, y me dije: ¡Ha nacido un dragón! Puesto que así se os debe llamar a los caballeros que montan: dragones. ¿Habéis pensado en seguir la carrera de las armas?

Agustín lo piensa por un momento, no tiene que cerrar los ojos para imaginarse campos largos, manchados de sangre, nubes de pólvora, cuerpos muertos, y él, vestido con un uniforme de militar y un mosquetón largo en su mano derecha. Tiene náuseas, un miedo que queda sembrado en su corazón, y crece tan rápido que no puede hablar. Sólo sacude la cabeza para decir que no.

—¿No os interesa defender el reino o vivir vuestras propias aventuras? —insiste José Joaquín.

—Mamá quiere que aprenda a leer y escribir —responde Agustín.

En el silencio, el viento, el calor propio de la región, el mulato ya lleva a Sansón de vuelta a las caballerizas.

—Pero las armas no están peleadas con las letras.

—Mamá quiere que aprenda a leer y escribir —repite Agustín.

—Venid, Agustín, es hora de comer. Prepararon panecillos de maíz, y un estofado de carnero. Si refresca por la noche, prepararemos una de las tablillas de chocolate que mandé pedir, a ver si están mejor que las que fabrican en Valladolid. Es momento de que platiquemos sobre vuestro porvenir.

—Sí, papá —responde Agustín.

Juntos, padre e hijo caminan en silencio de vuelta a la casa, pero Agustín tiene algo en su corazón que no lo deja en paz, y no es el miedo por la guerra que se ha imaginado, sino el deseo de volver a montar a Sansón, de sentir el viento acariciando su piel, y el sol calentándole el cuello.

¡Dragón! La mera palabra no suena real, mucho menos militar, sino como sacada de un cuento de san Jorge.

La guarda en su mente y no vuelve a pensar en ella.

Por la noche, Agustín sueña que camina entre vapores de incienso, que lo rodea cual bruma nocturna bajo un cielo sin luna. Y es que en aquel incierto andar, encuentra un altar de oro con brillantes adornos de barroco esplendor: cruces, hojas, querubines, pero sin la presencia de un crucifijo, o de santos piadosos. En lugar de ello, y sobre dos columnas separadas, dos vírgenes que conoce muy bien.

A la derecha, la virgen de los Remedios, viva imagen de una adolescente con los labios carnosos, túnica larga de marrón y largos rizos castaños, su piel es similar a la leche, sus manos frágiles como las figuras de porcelana.

En la columna izquierda, la virgen de Guadalupe, con su manto verdoso lleno de estrellas sobre una cabellera lacia, negra; y su piel morena como el maíz tostado con el que se fabrican las tortillas.

Agustín ve ambas vírgenes, tan santas e inmaculadas, tan parte de Nueva España y al mismo tiempo tan opuestas. Y, sabiéndose en un sueño, teme que vaya a despertar pronto, y quiere arrodillarse ante una, pero no sabe cuál.

Y lo apremia el viento, el tiempo y la dulce figura de cada virgen. ¿No deberían ser la misma mujer, todas la madre de Jesús?

Cuando despierta a la mitad de la noche, y no escucha nada más que los grillos, se pregunta sobre el significado de su sueño, pero al no encontrar respuesta, recuesta la cabeza en su almohada y vuelve a soñar. Esta vez con Sansón corriendo en un campo abierto y con sus ejércitos de soldaditos de plomo que pelean entre sí... a Agustín le atrae la idea de aventura, pero teme al peligro.

Prefiere, ante todo, obedecer a su madre, aprender las letras, y ¿después? ¿Qué profesión estaría destinada para él?

## CAPÍTULO 4

# ¿No es mejor que sentarse a escuchar las locuras de un viejo?

### 1798

Agustín desliza su dedo por el lomo del libro de gramática, sintiendo la rugosidad de la piel entintada. Suspira mientras ve la primera luz del amanecer filtrarse por los cortinajes, lo mismo que el frío de enero empañar la brisa. Ya tiene puestos los pantalones de algodón que el mulato había planchado la tarde anterior con una plancha de hierro calentada sobre carbones encendidos.

Se oye el canto rasposo del gallo en una casa vecina. Agustín comprende que se le ha hecho tarde, se persigna con rapidez y repasa oraciones a san Lorenzo, san Vicente y san Gregorio, no por piedad, sino porque no quiere irse. Tampoco busca el auxilio de los santos, sino hacer tiempo. Se calza con unos botines sin bolear, y se abotona la camisa blanca. El reloj de la sala suena ocho veces. A lo lejos, como ondas en el agua, las campanadas de la Catedral rompen la calma, y permanecen en el aire hasta disolverse en el silencio.

Agustín corre, toma una manzana del frutero que adorna el pesado mueble del comedor, y sale de la casa. A pesar de la hora, la ciudad despierta bulliciosa. Comienzan a montarse los puestos del mercado; asnos, caballos y carretelas recorren las calles, levantando polvaredas con cada pisada; los negocios abren sus puertas, lo mismo una panadería que una veterinaria. Nueva España está llena de vida y calma, piensa; y aprieta el paso hacia el Seminario Tridentino, ubicado en el centro de Valladolid.

Cuando llega, alza la mirada. Aquel edificio gris es de corte barroco, largo, de dos pisos, varias ventanas y faroles colgados en la pared.

Finalmente, Agustín entra al seminario, acompañado de otros estudiantes, algunos de sotana negra, todos apurados por llegar a su clase. Camina en el patio interior de tamaño considerable, rodeado de columnas que forman arcos. Sube por las escaleras y busca su salón.

Al acercarse, escucha la voz grave de su profesor:

—De este modo podemos conjugar y decir correctamente *Tantum ergo sacramentum Veneremur cernui...*

El catedrático se detiene y mira hacia la puerta con desdén. Tras unos segundos exclama:

—¡Señor Iturbide! Otra vez llega tarde a su lección de gramática latina. Cualquier observador diría que no le interesa el estudio. Espero estar equivocado.

Agustín se mantiene quieto, tiembla por dentro.

—Le estoy hablando, señor Iturbide. ¿No me va a responder?

—Lo siento, se me hizo tarde, señor profesor.

—Se me hizo tarde, señor profesor —lo arremeda con un tono agudo—. Siempre tiene usted la misma excusa. Que esto sirva de lección para todos, aquel que llegue tarde tendrá que llevarse trabajo a casa. El señor Iturbide, a pesar de la hora, puede pasar a la clase, pero deberá copiar para mañana los primeros tres capítulos del Génesis. En latín, para que aprenda. El castigo será igual para todo estudiante que llegue después que yo. Solo así aprenderán a ser responsable y a que el tiempo de otros es sagrado.

Agustín arrastra los pies hasta su asiento junto a la ventana, deja a un lado su libro y abre el cuaderno. Destapa el tintero y comienza a escribir las sílabas de gis que estaban en el pizarrón. El catedrático se aclara la garganta para continuar:

—De acuerdo con lo que les acabo de explicar, si tengo la frase *Tantum ergo sacramentum Veneremur cernui*. ¿Quién puede decirme el propósito de...?

Agustín deja de prestar atención, no es que sea mal estudiante (sus calificaciones son altas), sino que le aburre estar todos los días en el mismo espacio de piedra, frente al pizarrón de siempre, con los regaños de costumbre cuando podría, tal vez... hacer algo diferente, ¡disfrutar la aventura!

Como tantas otras veces, Agustín recarga el mentón en su mano y mira hacia la ventana, está a nivel de piso, así que contempla los vestidos de las damas arrastrarse por el polvo, las patas de los caballos y los caballeros que caminan apurados de un lugar a otro. Cierra los ojos e imagina que monta a Sansón, cabalgando contra un dragón de púrpura y negro, bajo la noche más peligrosa que se ha imaginado, aunque sabe que es un escenario fantástico. ¿No es mejor que sentarse a escuchar las locuras de un viejo?

Agustín sabe que aquel catedrático de canas en la barba y manos huesudas aprovecha sus clases para dos cosas; la primera es enseñar un poco de gramática latina, utilizando como ejemplo las oraciones religiosas populares; la segunda, quejarse de cómo las reformas borbónicas del rey Carlos III (que en paz descanse) sacaron a los sacerdotes jesuitas del reino, lo que, por supuesto, había generado cierto rencor en algunos grupos de Nueva España.

Cómo le aburren esos discursos a Agustín, no porque le disguste la política, sino porque el profesor siempre se echa la misma cantaleta… quejas y quejas contra España, pero nadie se atreve a más; tal como ha sucedido en Francia, de donde se cuenta la anécdota terrible de que a Luis XVI, y a su esposa María Antonieta, les cortaron la cabeza en público.

No, las revueltas de París están lejos de Nueva España, y Agustín lo agradece, en cuanto le permite soñar cada día en sus lecciones interminables, pero ¿no hay nada más que ese salón de clases? Si sigue con sus estudios de gramática latina en el seminario, está claro que el siguiente paso será el sacerdocio, pero él no siente la vocación de servir a Dios desde los altares dorados que inundan Valladolid, Oaxaca, o Veracruz; ni tiene la necesidad de perseguir esa profesión por un sueldo. Aunque bien le gustaría a su madre, la bella María Josefa, que siguiera por ese camino. Tampoco está en planes de escuchar a su padre, quien le insiste todos los días en que siga la carrera de las armas.

Agustín piensa en aquellas posibilidades, mirando largamente por la ventana, en espera de las campanadas de la Catedral que anunciarán el fin de la clase. Ah, pero el tiempo parece tan largo y tedioso… como si no tuviera fin, y Agustín ya está cansado de eso, de la clase, de la materia que le imparten, de la ciudad, ¡de todo!

Y una idea viene a su mente…

Se oyen nuevas campanadas desde la catedral, falta mucho para que termine su clase.

41

María Josefa de Aramburu se sentó en la sala para aprovechar la luz de la tarde que fluye por el ventanal descubierto. Toma su vestido esmeralda y lo recarga en su regazo, buscando una de las mangas que sabe bien necesita un buen arreglo. Cuando encuentra la rotura se da cuenta que requiere más de un par de puntadas. Se hace de un dedal de plata que le regalaron el día de su boda, enhebra la aguja con muchísimo cuidado, y comienza a reparar la prenda. Debe tenerla lista esa misma tarde, pues se llevará a cabo la tradicional tertulia por la Epifanía del Señor.

Cose con una lentitud casi hipnótica, con una aguja que entra y sale, aparece y desaparece en un movimiento silencioso y rítmico... como los rosarios que María Josefa y José Joaquín organizan cada inicio de mes. Siempre iguales, de repeticiones musicales, y que el mismo José Joaquín reza en ese momento en otro sillón, pasando cuentas en silencio. Si en verdad reza completos los padres nuestros y aves marías, nadie lo sabe, pues siempre es el primero en terminar la oración.

En esta ocasión, él deja el rosario de plata dentro de uno de los baúles que adornan la sala.

—Voy a revisar las noticias que llegaron de Madrid, no he leído las últimas disposiciones sobre los impuestos —exclama José Joaquín.

—Si fueran buenas noticias, ya nos habríamos enterado... —su esposa bosteza y continúa reparando su vestido.

La madre del mulato pasa un trapo cerca del florero lleno de rosas que han puesto debajo de un cuadro de la Virgen de los Remedios, mientras que su hijo limpia la cubertería de plata en el comedor. Fuera de la casa se oye la voz aguda de un indígena maya, que no puede tener más de quince años, y vende costales de tierra para el jardín o las macetas.

María Josefa detiene la aguja y mira a la ventana, un golpe la hace saltar.

José Joaquín había regresado con varios libros en las manos.

—Vuestro hijo me va a volver loco.

María Josefa deja su vestido a un lado, y la aguja sobre la mesa, junto al carrete de hilo.

—¿De qué me hablas? —preguntó ella.

—Agustín, ¿de quién otro iba a hablar si no es vuestro primogénito? No sé qué tiene ese muchacho en la cabeza, anda despistado por la vida, como si sintiera el amor, pero sin estar enamorado.

—Tiene demasiado amor por la vida, querido —responde María Josefa, divertida.

Él no le presta atención.

—¿Sabéis lo que hizo? Contra mis órdenes, se metió a mi despacho, movió una de las sillas junto al librero y comenzó a sacar todos los libros que tenían que ver con la historia militar de España, y el pasado cultural de Nueva España. Mirad, mujer, los dejó así, abiertos. ¿Qué le puede interesar a Agustín lo que hacían o dejaban de hacer los mexicas o los mayas? Os digo, eran bárbaros hasta que nosotros llegamos.

—Curiosidad, querido. Agustín tiene hambre de saber.

—¡Qué hambre va a tener! Es sólo un muchacho, debería ser como los otros; jugar, luchar, escoger una profesión... ¡Yo qué sé! Cosas de hombres.

María Josefa retoma su trabajo con la aguja.

—Ah, pero nuestro Agustín es muy inteligente, quiere saber más. Tal vez Nuestro Señor lo esté llamando para seguir sus pasos.

—¡No digáis tonterías! Me cansaré de insistir, pero su futuro está en el ejército. Será soldado del rey de España.

—Será soldado de Dios —responde María Josefa, con una sonrisa, por demás amplia, pues sabe que suele tener razón en todas las discusiones del matrimonio... y que ama la terquedad de José Joaquín tanto como a él.

—Lo que me lleva a... —el reloj de la sala suena tres veces—. Eso mismo os quería decir. Ya es tarde, y el crío no llega. No comió con nosotros. ¿Será que otra vez anda por la ciudad como vagabundo? No me gusta que pierda tanto el tiempo.

—Nunca, ama demasiado la vida. ¿No te lo dije ya? —cuando María Josefa juzga que su vestido verde ha sido reparado, lo deja sobre su regazo, y la aguja junto al carrete de la mesa. En el aire se aprecia el aroma a la sopa de tomate asado y garbanzos con especias que están preparando para la cena.

—Lo que me faltaba, un hijo vago —exclama, y se deja caer en uno de los sillones.

—Papá, quiero hablar con usted de algo —se escucha la voz de Agustín a la entrada de la sala.

María Josefa y José Joaquín no saben cuánto tiempo lleva ahí parado, pero ambos vuelven la mirada hacia su hijo mayor. En la adolescencia, ya muestra el buen porte y la musculatura que habrán de caracterizarlo en su vida adulta. Y es que Agustín ya empieza a notarse en todo Valladolid por ser un buen partido, tanto por el apellido como por los rizos castaños que hacen suspirar a las chicas criollas.

José Joaquín, avergonzado por sus últimas palabras, le pide a su hijo que se acerque. María Josefa permanece muda.

—Papá… padre —corrige rápidamente Agustín, al recordar que le debe respeto—, lo he estado pensando algunos días y quiero dejar la escuela. No me gusta, no es lo que quiero.

—¿Dejar la escuela? Agustín, ¿qué vais a hacer de vuestra vida?

—No mire así, con decepción. Ya estoy cansado de los mismos latinajos, de los mínimos y mayores, de los regaños del profesor. Creo que ése no es mi lugar, ni tampoco el seminario. No podría, como quiere nuestra madre, seguir los pasos de Nuestro Señor. No creo que ése sea mi destino, ni que me haya dado la fortaleza para eso. Es una buena forma de vivir que no es para mí. Tampoco ir al Colegio Militar, y seguir por ahí. Las Sagradas Escrituras dicen que aquel que mata con la espada, morirá de la misma forma. Yo soy un hombre de paz, no de ensangrentar casacas que no llevan el mismo color que el mío. No, padre, no ponga esa cara y déjeme terminar antes de que me grite. Quiero administrar la hacienda, quiero aprender y tal vez… no lo sé. Ése es mi lugar.

María Josefa mira a su hijo con los ojos húmedos. Se levanta en silencio y sale del cuarto con su vestido en la mano.

José Joaquín, en cambio, se levanta, mira a su hijo a los ojos y suspira antes de responder:

—El trabajo te hará un hombre —pero no puede evitar decir aquellas palabras con un dejo de decepción.

Poco antes de que Agustín se mude definitivamente a la hacienda de su padre, decide recorrer Valladolid una mañana de primavera. Atrás han quedado las festividades de Semana Santa, las procesiones de luto negro, que recorren las calles con un vía crucis que parece no tener fin, a los altares de oro les han quitado las telas negras que los habían cubierto desde el miércoles de ceniza hasta el domingo de resurrección. Así que Agustín aprovecha ese momento de paz; los árboles de flores de buganvilla son firmamentos de estrellas rosas, aromáticas, que tapizan las calles.

Camina hasta el Colegio de San Agustín, donde tomó sus primeras lecciones mientras Miguel Hidalgo era el rector, pero esos tiempos han terminado. Miguel Hidalgo ha sido mandado al curato de Dolores para alejarlo de sus acusaciones de herejía que han afectado su imagen, y de las que ha salido sin cargos de la Santa Inquisición.

Agustín se queda ahí, frente al edificio de piedra, preguntándose por qué no ha disfrutado su tiempo en él, en las aulas, junto a sus compañeros de clases y, con un suspiro silencioso, le da gracias a Dios que ese tiempo escolar haya terminado. Quiere entrar, en un arrebato de nostalgia, pero se distrae por un creciente tumulto, un griterío que viene de la plaza principal de Valladolid. Gritos, insultos, mentadas de madre; todos corren en la misma dirección y Agustín hace lo mismo. La gente lo empuja tratando de llegar a la Plaza de Armas.

Se oyó un golpe, seco, rápido, doloroso, que resuena en el cielo, más allá de los gritos de indignación de todos los presentes.

Agustín quiere asomarse a ver qué pasa, pero hay mucha gente, hombres, mujeres, niños de todas las edades y castas que expresan su furia en gritos amontonados que no alcanzaban a distinguirse.

Como puede se abre paso, primero entre una señora española de vestido largo, luego empuja un poco a un hombre negro, y más tarde a un fraile que sostiene su rosario con fuerza. Como es alto para su edad, Agustín no tiene que avanzar mucho para ver lo que sucede.

Se oye otro golpe seco como el agitar de cuero, y los gritos de los presentes aumentan.

Agustín se horroriza por lo que ve. Ha escuchado en el mercado que ese tipo de situaciones se dan en toda Nueva España, pero nunca lo había presenciado.

Un indígena de piel tostada está hincado, con las manos atadas al frente, y las mejillas húmedas de lágrimas. La espalda de aquel hombre está ensangrentada, se nota, incluso a través de la camisola de algodón.

Agustín exclama:

—Por los clavos de Cristo, ¿qué es esto?

Y la mujer española que está junto a él responde:

—No pudo pagar los cinco pesos de tributo anual al rey, desde hace años que lo subieron de uno a cinco. Nadie puede pagarlo, y prefieren azotarlos que meterlos a la cárcel porque costaría más.

Otro hombre responde:

—Todo por la maldita guerra con Inglaterra. ¿Por qué tenemos que pagarla nosotros? Para eso está el rey.

—Los que vivimos en América ya no podemos pagar. Todo está muy caro —tercia una anciana.

El soldado vuelve a darle otro golpe al hombre indígena, mientras se escucha un grito, sólo uno, que resuena por primera vez en toda Valladolid.

—¡Que muera el rey!

Agustín, asqueado por la violencia, se aleja de ahí.

Esa tarde, hay más hombres y mujeres azotados en la plaza principal de la ciudad, pero Agustín no está para verlo. Deja las calles, y vuelve con sus botas lodosas a casa para no ser testigo de los castigos públicos. Sin embargo, esa noche sueña que está desnudo mientras un soldado lo azota en público por no pagar los tributos anuales al rey Carlos IV.

Para otros habitantes de Nueva España, ese sueño se hace realidad todos los días.

CAPÍTULO 5

# Obligación de todo hombre
## 1824

AGUSTÍN, HIJO MÍO, es menester que todo hombre encuentre su camino en la vida. Considera por un momento la desnudez en que se nace, ¿podrías decir, al contemplar al niño recién nacido, que en su madurez será un médico, un artesano, un pintor o un hombre al servicio de Nuestro Señor? Las decisiones que tomamos en el camino definen quiénes somos, los hombres sólo deben ser separados unos de otros de acuerdo con el vicio y la virtud, y no por las castas y las clases sociales.

Si alguien me tomara, y prenda a prenda me arrebataran desde la casaca hasta el calzón, lo mismo la espada al cinto y las botas negras, ¿sería diferente a cualquier otro español, criollo, negro, mestizo, o indígena que se encontrara en las mismas circunstancias? ¿No somos todos hijos de Adán y no fuimos redimidos por Jesucristo? De tal suerte, que soy diferente a ellos porque he tomado decisiones diferentes, al amparo de la Divina Providencia.

Por eso, en mi juventud, decidí que debía seguir mi propio camino. Alejarme del Seminario y viajar a la Hacienda de Quirio, propiedad de mi padre, y en la que aprendería administración. Quería formar parte del comercio, tan importante para la prosperidad en Nueva España, formar un oficio y forjar un porvenir. Desde luego, llevar la economía de una hacienda no es permanecer en ella, sino viajar a Valladolid, a Puebla, a Oaxaca, a la Ciudad de México. Conocí el puerto de Acapulco y el de Veracruz, entradas importantes de mercancía: telas, muebles, joyas, vestidos, zapatos, y todo lo que tu mente se pueda imaginar.

Ésta fue mi oportunidad de salir de Valladolid y de descubrir qué había más allá de la región; conocí a otras personas, montes de formas sensuales, volcanes cubiertos de nieve, personas maravillosas. Viajar por Nueva España, ahora México, es conocer diferentes sabores, colores, historias, tradiciones. Quizás fue uno de los momentos de mi vida que recuerdo con mayor felicidad, por cuanto es obligación de todo hombre descubrir las bondades de su patria para aprender a amarla.

Debo decir, sin embargo, que también fue una época de gran reflexión, pues aprovechaba mis ratos de ocio para leer las obras que mi padre tenía en la casa. Recuerdo, por ejemplo, los anales de Navarra, una breve historia de España, los viajes de Pons, las obras poéticas de Gerardo Lobo, el Semanario de Agricultura, y Don Quijote, pero sobre todo el Arte de encomendarse a Dios, y la Santa Biblia.

Recuerda, hijo mío, que la fe católica debe ser uno de los pilares de México, como otrora fue en la Nueva España, así se promoverá el respeto y amor a Dios, a la patria y a nuestros padres. Tan claros tenía yo estos preceptos que decidí, tras pensarlo varias noches, hacerle caso a mi padre e inscribirme en el regimiento de infantería de la Intendencia de Valladolid que organizó el conde de Rul. En toda la región éramos como ochocientos hombres. El propósito de dicha organización era el de defender a América de posibles ataques de Inglaterra, o hasta de Francia. Mi primer puesto fue el de alférez, aunque pronto me ofrecieron el título de oficial menor, y más tarde, gracias a mi destreza al montar a caballo, me uní a los dragones de la reina, hecho que hizo muy feliz a mi padre.

De acuerdo con los registros del reino, se constaba que yo era un joven cuya familia era conocida en todo Valladolid, de noble linaje, de salud y conducta intachable, y que además se me consideraba valiente.

Como bien sabes, la mía no fue una carrera formal en las armas. En lugar de asistir al Colegio Militar de la Ciudad de México, y adiestrarme propiamente en tácticas de guerra y en el uso de diferentes armas, por una orden real de 1790 se dispuso que debía uniformarme con una chaqueta y pantalones de color índigo, un cuello de galoncillo blanco, hombreras con galones dorados, botas altas y un casco con la insignia del regimiento. De tal suerte, que yo viajaba desde la hacienda de mi padre a Valladolid y permanecía en la ciudad no más de treinta días, en los cuales debía patrullar las calles.

Mi labor no era la de otros soldados, que aplicaban castigos a las castas que no podían o no querían pagar los tributos que pedía la corona española, sino más bien la de velar por la seguridad de los americanos, detener ladrones, y hasta de alertar de conspiraciones en contra del virrey. Mi madre decía que otros me veían como un cadete alto, atlético y orgulloso, mientras yo me sentía un poco ridículo. ¿Qué función puede tener un soldado que no va a la guerra, sino que siempre está en espera de que ésta suceda? Claro, entonces aborrecía los conflictos armados, guerras, revoluciones y cualquier otro movimiento popular que atentara contra la prosperidad del pueblo.

Al menos, dichas órdenes y visitas a Valladolid me permitían estar en casa de mis padres, y ver a mi hermana. Volver a mi habitación de la infancia, y recordar mis primeros años. Sólo entonces me daba cuenta del tiempo que había pasado en mi cuerpo, en que ya me había convertido en adulto, y que mis responsabilidades hacia Dios habían cambiado.

Tal fue esta transformación de mi mente y cuerpo, que descubrí algo en Valladolid que alteró mis sentidos profundamente. Mi vida nunca volvería a ser la misma. Es pues, menester que deje escrito este acontecimiento para otro momento, pues su importancia es muy grande.

Tu padre, Agustín de Iturbide
Bury Street en Londres a 4 de marzo de 1824

## CAPÍTULO 6
# Aparece ella
### 1804

María Josefa agita el abanico mientras camina por el mercado de Valladolid, y es que no solamente el sopor de la tarde le es intolerable, sino el aroma de las especias amargas, el de los chiles secos, la manzanilla, el epazote, y las nueces tostadas; ácidos y amargos sopores de una época barroca que está a punto de extinguirse.

La criada negra, madre del mulato que atiende en la casa Iturbide, la acompaña del brazo.

—Si usted quiere, su *mercé*, nos retornamos a la casa. A ver, ¿qué *necesidá* tiene de venir hasta acá si yo siempre hago la compra? Ya sabe que ya tengo apalabradas las mejores nueces, y las manzanas más frescas.

—Yo me encargaré de todo. Agustín viene tan pocas veces de Quirio que deseo celebrar su estancia. Figúrate, hasta mandé pedir unos dulces de leche quemada a Puebla. ¿Qué tienen las monjas que hacen tan buenos postres?

—Tienen tanto tiempo de ocio, que vaya *usté* a saber cuántas ocurrencias tengan, o tentaciones del maligno en esas noches solitarias, y luego ahí andan… ¿Sabe lo que le digo? Que el diablo sabe muy bien a quién se le aparece. Y el diablo se le aparece más a los que se dedican a la palabra de Dios que a las pecadoras como *usté* y como yo.

María Josefa se aclara la garganta para que la criada negra entienda que es momento de callarse, y ella lo hace.

—Como decía —continúa María Josefa—, esta noche tenemos que preparar una cena muy especial, hasta compramos el aguardiente de orujo con un amigo de mi esposo. ¿Recuerdas el terciopelo que compré de la Nao de China? Ya vestí a todos los santos de la casa, y hasta mandé decir una misa en Catedral para que a Agustín le vaya bien mientras esté en Valladolid.

—Lo consiente demasiado, su *mercé*. Ni siquiera a la *señito* Nicolasa le presta esas atenciones. Bueno, al menos a la *señito* Nicolasa le manda pedir a san Antonio un novio que la lleve al altar.

—Agustín es mi primogénito. ¿No hizo Dios lo mismo por su santísimo hijo? ¿No estuvo su madre al pie de la cruz? —y se persigna, al tiempo que se detiene en un puesto de jitomates brillantes, acomodados entre cebollas, chiles de distintos tonos de verde, y pequeños sacos en los que sin duda uno puede encontrar especias tan exóticas como la canela o el cardamomo.

María Josefa cierra el abanico y lo pone a un lado, se acomoda el mantón sobre los hombros y deja que oleadas de calor recorran su cuerpo y la hagan sudar bajo el corsé, entre los pechos, y sobre los muslos. Aunque nadie puede verlo por los pesados ropajes que tiene encima, siente la tela pegajosa contra la carne.

—Desde luego faltarían las setas frescas —exclama María Josefa.

—Ésas se las podemos comprar a don Diego en su mercería —responde la negra.

Las dos mujeres caminan entre los puestos, lo mismo cajas en las que viejos indígenas ofrecen los frutos del campo, que telas puestas sobre la tierra de la ciudad, y en las que disponen cucharones de madera, molinillos y cazuelas de barro de diferentes tamaños. Es en uno de los últimos puestos, que la mujer negra deja dos reales a cambio de una cazuelita que, según dijo, era del tamaño ideal para freír el arroz.

—Pues la usas por primera vez hoy —le dice María Josefa.

—Ni Dios lo mande, su *mercé*. Antes tengo que curarla, embadurnarla de aceite, ajo y cebolla y dejarla secando al sol un día enterito. Su madre, que en paz descanse, me enseñó a hacerlo. Si Dios me hubiera dado hijas también les hubiera enseñado, pero ya ve... y Nicolasa, la pobre no sabe cocinar, ahí medio le hace la lucha con la costura, pero... ay, su *mercé*, ya ve que ahora las doncellas para casarse necesitan saber un titipuchal de cosas, y Nicolasa no da una.

María Josefa suspira, levanta la cabeza, abre el abanico con un movimiento rápido, y vuelve a agitar la muñeca para darse aire.

—¿Sabe qué estaba pensando? Que a don Diego también hay que pedirle unas castañas para tostarlas en el fogón. A mi señor esposo le gustan mucho.

—Como *usté* diga, su *mercé*... —responde la mujer negra, y acompaña a su patrona hasta el final del mercado, sin percatarse, siquiera, que a unos puestos de distancia, dando zancadas largas junto a un puesto que vende hierbas de menta, hierbabuena y flores de Jamaica, camina el joven Agustín.

Con un porte digno de un criollo de buena cuna, y las manos detrás de la espalda, se hace a un lado para dejar pasar a un niño mixteco que carga con jaulas de madera, en las que guarda varias palomas. A lo lejos se oyen las doce campanadas de la Catedral de Valladolid hacer eco en el cielo, una tras otra, como estorbándose, pues no termina de morir uno de los golpes metálicos cuando ya truena el siguiente. Muchos de los presentes se santiguan, y a lo lejos se oye un débil murmullo de mujer con el Ave María en los labios. Agustín no se detiene, y hasta reprime el antojo de comprar una bolsa de pepitas fritas con sal.

La ciudad está sucia, en verdad. A través del olor de las hierbas, la leche fresca, quesos de diferentes tamaños, y el epazote; se percibe el olor a excremento, a tierra húmeda, a orines y azufre. Agustín, ahuyentado por ese olor, sale del mercado por otro lugar y camina por las calles de la ciudad. Saca un pañuelo blanco de uno de sus bolsillos y se seca la frente. ¡Cuánto ansía un vaso de agua! Es entonces que, de uno de los magníficos balcones forjados que tiene Valladolid, Agustín ve a una de las criaturas más hermosas de toda la América.

Es una forma femenina, larga, en la que se adivina una sensualidad única a pesar de un vestido negro que le cubre el cuerpo, pero que, de forma tímida, revela un escote apropiado; discreto, y al mismo tiempo notorio. Sus facciones son todavía las de una niña, suaves, un poco abultadas, y enmarcadas por unos rizos negros bien peinados que le caen hasta los hombros. Agustín, embelesado, nota los brazos rollizos de la joven, que se veían desde las mangas traslúcidas del negro con un bordado añil.

Dicha joven parece haberse asomado a causa de un grito en la calle, pero tras mirar a ambos lados de la calle, vuelve a entrar a la casa, cerrando el balcón. Eso, claro está, ha sido un tiempo diferente para Agustín, quien disfruta ese momento mordiéndose el labio inferior. Le parece tan largo el tiempo, que tiene que mirar su reloj de bolsillo para darse cuenta que han pasado unos cuantos segundos.

Pronto, se da cuenta de qué casa se trata, la calidad de la piedra, los adornos de las ventanas, los portones largos: ¡es el hogar de Isidro Huarte, uno de los empresarios más ricos de Valladolid, y de toda la intendencia de Michoacán!

Ah, pero Agustín es de la misma clase social, criollo, guapo, con dinero, y traje militar. ¿Puede llamar la atención de aquella joven? Desde luego, le causa nerviosismo, cuando el corazón palpita diferente, sólo puede ser a causa del amor o el miedo, sentimientos que se confunden en el pecho de los hombres. Agustín va hasta la puerta de la casa y da dos golpes a la aldaba.

Espera paciente a que le abran, y cuando sale una de las criadas mestizas de la casa, ésta se espanta al ver al joven vestido de militar. Se acomoda el rebozo sobre los hombros y con voz temblorosa, exclama:

—¿Lo puedo ayudar? Le puedo asegurar que el señor de la casa no debe nada a la Corona ni a la Santísima Iglesia.

Agustín responde haciendo una reverencia amable:

—Todo lo contrario, mi señora. Soy Agustín Cosme Damián de Iturbide y Aramburu. Mis padres organizan una tertulia para hoy en la noche, y me gustaría saber si la familia Huarte podría asistir. Creo que su patrón conoce bien a mis padres.

La criada cambia el rostro y se hace a un lado mientras trata de arreglarse la trenza llena de canas.

—Por favor, disculpe. Pase a la sala, y le ofrezco un vaso de agua de limón con chía para calmar este calor de los mil infiernos, perdone la blasfemia.

Agustín no hace caso de la última frase. Entra a la casa mientras exclama:

—Sólo un momento, que tengo que volver a patrullar las calles.

Como puede esperarse, Agustín entra en una casa de antiguos muebles españoles, lo mismo pesadas cómodas, que vasijas traídas directamente de China. La iconografía religiosa no puede faltar, una Virgen de los Remedios hecha de madera, y otra más de Jesucristo mostrando un corazón coronado por el fuego. La estancia es más amplia que la de casa de sus padres, y la de la hacienda de Quirio, la luz blanca inunda el espacio y hace brillar los marcos dorados de las paredes.

Agustín se sienta en el primer sillón que ve, junta los talones y espera tanto, que le duele el estómago y... aparece ella: la joven del vestido negro, la de los ojos claros, y las manos tersas. Ella, pues Agustín no sabe aún su nombre, la que impone su fragancia de jazmín con sólo entrar en un cuarto, y se lame tiernamente los labios antes de hablar.

Agustín se levanta y se presenta de la manera más educada posible.

—Mi padre atiende asuntos importantes en el ayuntamiento, me temo que no está para escuchar la invitación. Si me permite, eso es no respetar las buenas costumbres hablando de un tema que no es correcto, como la muerte. No creo que mi padre acepte su invitación. Hace no mucho tiempo que murió mi madre, y como verá usted en mi vestido, todavía estamos de luto.

Agustín palidece de golpe.

—Lo siento mucho... no quise, yo sólo quería invitarla a... verá usted, mi madre planea una tertulia para hoy en la noche, y me gustaría que usted y su familia... claro, si no están indispuestos, nos pudieran acompañar esta noche, señorita... eh...

La joven, altiva, orgullosa en su juventud, mira al soldado como si fuera poca cosa.

—Me apellido Huarte. Ana María Josefa Ramona de Huarte y Muñiz. Y a usted lo conozco bien, señor Iturbide. Su familia no es desconocida en Valladolid, y tal vez en otras circunstancias aceptaría acudir a la tertulia, pero es menester que no acudamos. Estamos de luto, se lo repito.

—Lo entiendo, señorita. Y lamento mucho su pérdida. Si me permite, volveré a patrullar.

—Sí, no vayan a pensar que desertó —se burla ella, arqueando las cejas.

Agustín le devuelve una sonrisa silenciosa, apura el vaso de limón con chía que le han servido para refrescarse, y vuelve a las calles a patrullar. La cuestión es que no puede concentrarse en el mapa de la ciudad que conocía tan bien, sino en la figura sinuosa de la joven; tan fresca, joven, tan perfumada en jazmín, y con un nombre que le parece único: Ana.

Ana Huarte.

¿Con qué fantasías románticas soñaría ella?, se pregunta con un suspiro, luego pasa el resto de la tarde imaginando respuestas para esa pregunta, pero olvida que cuando uno está enamorado, la mente no siempre funciona bien.

Claro, eso no le importa, pues prefiere estar enamorado.

María Josefa ha preparado todo cuidadosamente para la tertulia, le ha pagado a la mejor orquesta de la ciudad para que toque en un rincón de la casa, cirios nuevos se han traído para coronar los candelabros de plata, se ha prendido incienso y carbón con azúcar para ahuyentar los olores de la calle, y se les ha sacado brillo a las charolas de plata. De la bodega de la casa, José Joaquín se ha hecho de varias botellas de un excelente vino de Navarra, que toma la temperatura correcta dentro de cubetas de agua fresca. Incluso ordena que todas las alfombras y tapetes de la casa se lleven a las ventanas para sacudirlas bien.

Además, como si se hubiera planeado, desde el patio de la casa, se puede contemplar el cielo nocturno sin nubes, y contar el salpicón de estrellas sobre los cuernos de la luna. Ni siquiera se siente el frío, sólo el canto de los grillos que, desde lejos, envuelve la ciudad entera y a toda la Nueva España.

No ha pasado mucho tiempo desde que el reloj de la sala sonara ocho veces, y los invitados empiezan a llegar. Como es costumbre en ese tipo de tertulias, algunos hombres notables llegan del brazo de sus distinguidas esposas. En otras ocasiones, llegan coches de caballos desde pueblos cercanos.

José Joaquín ordena que los violines empiecen a tocar, y María Josefa se mantiene cerca de la entrada, saludando a todos los que entran. Nicolasa, como buena solterona, ha tomado asiento en un sillón y acompaña la música moviendo las manos en el aire, como si quisiera dirigir una orquesta. Desde luego, a Agustín le molesta esta actitud de su hermana, pues la considera infantil. Si no la quisiera tanto, le ordenaría a uno de los criados que se la llevaran a su habitación y la encerraran ahí.

Vestido con una chaqueta larga, una camisa blanca y botas de montar recién lustradas, Agustín camina entre los invitados con una

55

pequeña copa de vino en la mano. A algunos de ellos los conoce por nombre; a otros, solamente de cara. La clase alta de Valladolid es pequeña, selecta, compuesta por algunas de las mejores familias de todo el reino, muchos de ellos hijos o nietos de españoles nacidos en la península ibérica.

Entre las pláticas que alcanza a escuchar en los diferentes círculos que se forman por la sala y el comedor, hay un tema que se repite constantemente: la reciente proclamación de Napoleón Bonaparte como emperador de Francia. ¡Qué desfachatez! ¡Qué insulto! Todos opinan lo mismo, pues no olvidan que diez años antes, el mismo Napoleón se enfrentó al papa y éste lo había arrestado. ¡Qué calidad de hombre! ¡Blasfemo! ¡Apóstata! Por eso, casi nadie lo quiere en Nueva España, y cada tertulia, los hombres aprovechan la oportunidad para hablar mal de Napoleón, intercambiar chismes e inventar otros.

Agustín no participa, pero escucha con atención. De todas maneras, son más interesantes que las conversaciones de su madre y sus amigas, sobre recetas, y remedios caseros.

¡Vaya! Esa reunión se había organizado para celebrar que Agustín está en la ciudad, y nadie le presta atención. Si acaso habla de sus negocios, de cómo es la vida en la hacienda o de lo mucho que le gusta montar a caballo, pero fuera de eso, nada… es como si Agustín no estuviera ahí. Ni siquiera es capaz de convivir con los otros jóvenes de su edad. Tampoco con las doncellas que llevan vestidos largos de todos colores, y se abanican con abanicos finos pintados a mano para representar rosas de todos colores o eventos históricos como la llegada de Cristóbal Colón al Nuevo Mundo.

Agustín, que conoce bien a su madre, sabe que ha invitado a todas aquellas jóvenes solteras para que él siente cabeza.

La música de los violines se desliza suave por los aires, envolviendo las pequeñas llamas de los cirios, y acompañando el brillo de los candelabros de plata. Nueva España es todo esplendor y nostalgia, vestidos largos de seda, y chaquetas de terciopelo. Aromas exóticos llenan el aire, lo mismo con especias traídas desde España, que con los chiles que crecen en América.

La noche se torna más negra que de costumbre cuando las nubes cubren a la luna y al salpicón de estrellas, pero al menos las luces de la fiesta ahuyentan un poco las sombras. Y a través de ellas, como un velo suave, Agustín ve la figura larga llena de juventud que horas antes se asomaba por el balcón. Los mismos rizos negros, los ojos llenos de vida, los brazos rollizos, los labios suaves de Ana María Huarte.

Él se le acerca, ella lo permite.

Rodeados de tantas personas que sirven de chaperones inconscientes, Agustín se acerca a Ana María para saludarla. Ella responde con timidez, pues también ha pasado la tarde pensando en él. Basta una sonrisa de él para que a ella se le enciendan las mejillas, y le comience a temblar el pecho.

Y después de conversarlo largamente entre las notas de cuerdas y los grillos, deciden que ésa no será la última ocasión que pensarán el uno en el otro, que tienen ideas que compartir, que desean un poco más de la presencia del otro, y que les falta el aire cuando están juntos.

Esa noche cada uno abre su corazón; dentro hallan las fantasías inocentes de todos los que se enamoran por primera vez.

# CAPÍTULO 7

# Un rostro casi demoníaco

## 1824

ASÍ COMO YA OS DIJE en las cartas anteriores, hijo mío, descubrí en tu madre a una mujer sabia y hermosa, a pesar de su juventud. Imagina, pues, la santa belleza de una virgen inmaculada, de piel blanca y lechosa, de labios suaves, y ojos tan profundos como aquellas noches estrelladas que aún se posan sobre Valladolid. Me enamoré de ella, y mi corazón aprendió a palpitar su nombre, pero no me dejé llevar por tal sentimiento, pues sé que el amor nubla la mente, y los malos pensamientos son veneno para el alma. Cuando en el amor, la mente no tiene voz, el corazón puede correr desbocado hacia el precipicio.

Presté poca atención a mis labores en la hacienda de mi padre, no así a mis responsabilidades en la milicia. Cuando no patrullaba de acuerdo con las órdenes que se me habían dado, aprovechaba el tiempo para estar con ella. Tu madre siempre ha sido la que puede provocar todo tipo de sentimientos en mi cuerpo. Nuestras tardes eran para pasear con nuestros chaperones, ora mi hermana Nicolasa, ora una de las hermanas de Ana María. Hice los mismos rituales que tantos hombres han repetido por siglos: recitar poemas, regalas rosas, y equiparar a la mujer de nuestros sueños con las figuras más dulces de la literatura romántica. Yo no fui diferente, pues mi humanidad me delataba, y de verdad me sentía atraído a mi querida Ana María.

Entonces, hice lo correcto. La acompañé durante tantas tardes rojas que el enamoramiento se me fue acabando, y pude sentir el amor verdadero.

*De tal suerte que, cuando decidí que Ana María sería mi esposa, fue una decisión que tomé con cada idea que provenía de mi corazón y de mi mente. Entonces, con toda mi alma vibrando en el deseo más sublime que he sentido, busqué a mi ahora suegro para pedir la mano de la mujer que amaba. No puedo describirte el miedo con el que me miró aquel hombre, y yo temí lo peor. En aquel breve momento, pensé que me iba a decir que no era suficiente hombre para su hija. Finalmente me dio el sí, y mandó a una de las criadas a anunciarle a Ana María. Esa noche, las dos familias brindaron en un banquete que sería recordado por muchos años.*

*Poco tiempo después, firmamos un documento legal por el cual se ponía de manifiesto nuestra unión, y se acordaba la dote. Una dote que resultó ser bastante generosa, hijo mío, y que sumó al oro que había ganado trabajando la hacienda de mi padre; cien mil pesos recibí. Así pues, durante los primeros meses de 1805, se planeó el enlace matrimonial. Primero se hizo la ceremonia correspondiente en la catedral de Valladolid, y a la que acudieron las familias más importantes de toda la ciudad, que luego nos acompañaron para festejar con un excelente banquete compuesto por aves asadas, espárragos, dulces de piñón y otras delicias exquisitas.*

*A la mañana siguiente celebramos otra misa para conmemorar el sagrado matrimonio, esta vez en la capilla de la nueva casa que habríamos de ocupar.*

*¡Cómo extrañé visitar la hacienda de mis padres en aquellos primeros meses de matrimonio y cabalgar por los campos abiertos! Ana María prefería la vida de la ciudad, lucir sus joyas más ostentosas en la misa de los domingos, como si su belleza tuviera que rivalizar con los altares de oro, donde descansaban las estatuas de los santos patronos de Valladolid.*

*Respetaba yo los mandamientos de la Santa Madre Iglesia, y rezaba con prontitud cada una de mis oraciones. Siempre que mis deberes militares no me lo impidieran, cumplía todas las fiestas del calendario eclesiástico. Ahí, las mujeres siempre lucían vestidos carísimos, perlas, rubíes, abanicos traídos de Sevilla, y cuanta tela había desembarcado de la Nao* de China. Siendo así, las visitas a la Catedral de Valladolid, eventos sociales tan importantes como cualquier tertulia. Ana María lo entendía muy bien, por eso no vestía con sobriedad, y menos cuando pensaba comulgar, pues sabía que todos la verían y hablarían a sus espaldas. Luego, al terminar la misa, todos se reunían afuera del templo para compartir chismes, recetas o ponerse de acuerdo para alguna reunión en la que los hombres jugarían a la baraja, y las mujeres pasarían las cuentas del rosario.

Lo típico era comprar dulces de yema o frutas ácidas después de la misa, y yo acompañaba a Ana María y a mi madre a las tiendas. Así pues, Nueva España, a pesar de ser una tierra injusta y sin derechos, gozaba de cierta paz. Añoro con nostalgia volver a ese momento de juventud, en ese amanecer del nuevo siglo en que no sabíamos lo que nos esperaba.

Debo decir, hijo mío, que esa felicidad matrimonial en Valladolid no me duró más que unos meses, y no por mis acciones o las de Ana María, sino porque los tiempos turbulentos que se vivían en Europa obligaron a los generales del rey Carlos IV en España, a emitir órdenes para que los militares en Nueva España nos trasladáramos a otras ciudades con el propósito de guarecerlas.

Y es que la cosa no estaba para quejas, pues otra vez había amenaza de guerra entre Inglaterra y España. ¿Afectaría a Nueva España? ¿Atacarían Veracruz o Soto la Marina? La amenaza era real.

La petición que llegó a mi casa ordenaba que me trasladara a la Ciudad de México, y con mucho dolor dejé mi casa en Valladolid y viajé hasta allá con Ana María. ¿Sabes, hijo mío? Recuerdo el viaje con sumo interés. Nueva España estaba lleno de paisajes verdes, montañas, cielos de diferentes azules, tantos pájaros como uno pueda soñar. Yo estaba lleno de un deseo de experimentar la aventura.

Cuando nos acercamos a la ciudad, vimos la fortaleza que recién se había construido sobre el Cerro del Chapulín, y que el virrey había destinado como Archivo General de Nueva España; aunque mi padre decía que nunca se usaría para ese fin, pues no estaba adecuado para el resguardo de documentos. Dicha fortaleza, tan similar a un castillo, parecía levantarse sobre un despeñadero del bosque de Chapultepec.

La entrada a la Ciudad de México la hicimos por la calle de Plateros. Ana María quedó conmocionada por la casa del conde del Valle de Orizaba, cuya fachada estaba toda cubierta de azulejos; también la casa del marqués de Jaral de Berrio, y la casa profesa de la Compañía de Jesús. Aunque había estado ahí en ocasiones anteriores, vi por primera las construcciones de piedra de dos edificios, la cantidad de iglesias, en un conjunto magnífico de arquitectura. Recuerda, hijo mío Agustín, que el barón Alejandro von Humboldt recorría el reino por esos tiempos y calificó, con justa razón, a México como la Ciudad de los Palacios.

Los primeros días fueron de una tranquilidad absoluta. Nos instalamos en casa de unos amigos de mi padre, y salimos a recorrer la ciudad, mientras esperaba más instrucciones.

El primer sitio al que acudimos, porque así lo quiso Ana María, fue la Plaza de Armas. Hacía poco que habían remozado el piso de piedra. En cada esquina del cuadro se había construido una fuente, y en el centro de la plaza, sobre un pedestal soberbio descansaba una estatua por el maestro Manuel Tolsá, una representación del rey Carlos IV sobre un caballo. Tal es la fama que se ha ganado la estatua, que todos los habitantes de la Ciudad de México la conocen como "el Caballito".

Ana María me pidió que fuéramos a la Catedral. Ya desde la fachada me pareció una iglesia imponente, no tanto por la advocación que levantaba entre todos los habitantes de Nueva España, sino por su nivel artístico. Los altares de oro, de adornos barrocos, recordaban al viejo esplendor del reino, el cual solamente puede conocerse en libros antiquísimos. Me persigné y quise dejar una oración frente al Altar del Perdón en donde han puesto el Cristo negro, o el Señor del Veneno, el cual tiene una leyenda sumamente grotesca. Tuve especial interés en el altar de los reyes, el retablo principal de la capilla de la Inmaculada Concepción.

Ahí, frente a Dios, entre los vapores de incienso, los rezos, y las cuentas del rosario, todos los hombres eran iguales. Pues lo mismo un noble español que el más bajo de los cambutos podía hincarse para hablar con Nuestro Señor. Seguramente tenían las mismas peticiones.

No lo olvides, hijo mío, el dolor, la angustia, las tribulaciones, los dolores lo mismo que las alegrías y las bendiciones, vienen a todos nosotros, sin importar la casta o el lugar de nacimiento. Dios bendice y mata indiscriminadamente, de acuerdo con el gran plan que ha trazado para nosotros. Lo injusto para nosotros es justo para Él. Por tanto, ahí estaba la Catedral de la Ciudad de México, para recordarnos éstas, y muchas lecciones más de nuestra fe.

Como nota curiosa, hacía poco que, durante la conclusión de la Catedral, habían descubierto algunos vestigios del pasado remoto, en que toda la Ciudad de México era Tenochtitlán, la capital del imperio mexica, y los españoles todavía no conocían el continente americano. Estos objetos de los que te hablo, y que habían sido recientemente descubiertos, eran de piedra. Uno era la Piedra del Sol, un disco de considerable tamaño, que habían recargado en uno de los costados de la Catedral. Con un rostro casi demoníaco en el centro, tenía muescas a su alrededor, como si se tratara de los planos de algún laberinto antiguo.

El otro objeto por el que mostré sumo interés fue una estatuilla mediana que todos llamaban la Coatlicue. Se trata de la cabeza de dos serpientes que se encontraban de frente, y eso hacía la parte superior de una figura larga. Tenía los pechos caídos, una falda hecha de corazones sangrantes, y un cinturón que terminaba en una calavera; pero ¿sabes, hijo mío? Viendo esas piedras y recordando todo lo que leía en los libros de mi padre, me llegó una idea curiosa. Esta parte de América siempre ha escapado a las leyes naturaleza, tiene magia. Los muertos pueden vagar con los vivos, hablar con ellos; y estos prodigios son los que han alimentado nuestras leyendas por muchos siglos, y lo harán por los siglos venideros.

Hasta hoy, la Ciudad de México, Puebla de los Ángeles, Veracruz, Michoacán, Oaxaca, san Miguel el Grande, Nueva Galicia, Nuevo Santander, y el resto de los territorios, están llenos de secretos e historias que se han convertido en parte de nuestra cultura. Es importante preservarlos para la posteridad.

Recuerda bien, eres el heredero de un legado que tú mismo habrás de heredar a la siguiente generación.

La Ciudad de México tendría alrededor de treinta mil habitantes cuando la visité con Ana María, y era todavía más sucia que Valladolid. Con frecuencia llovía, y el agua se estancaba, lo que provocaba un hedor terrible, sobre todo cerca del río Consulado. Las personas aventaban a la calle sus fluidos corporales, y uno tenía que estar pendiente para que no lo salpicaran. Los mercados traían bienes de los campos: lo mismo cacao, café o epazote; y sorpresas que horas antes habían desembarcado en el puerto de Acapulco y de Veracruz. Me quedé con las ganas de visitar el Real Palacio, y acudir a una de las tertulias del virrey José de Iturrigaray, pues dicen que acudían personajes ilustres de la cultura y la alta sociedad.

En aquella ocasión permanecí poco tiempo en la Ciudad de México, pues a las pocas semanas de haber llegado, recibí la encomienda de moverme a Veracruz en caso de que los ingleses atacaran Nueva España. El peligro estaba latente, y todos tenían miedo de lo que fuera a suceder.

La guerra estaba cerca, hijo mío. Dios Nuestro Señor estaba por liberar al ángel de la muerte para castigar al reino, y la sangre no tardaría en correr por las calles.

Tu padre, Agustín de Iturbide
Bury Street en Londres a 5 de marzo de 1824

# CAPÍTULO 8

# Con todas sus letras: matarlo

IGNACIO JOSÉ DE ALLENDE Y UNZAGA es uno de los militares de mayor popularidad en San Miguel el Grande, no tanto por su reciente incorporación al ejército o su condición de viudo, sino por la guapura con la que camina en aquella plaza del reino; pero en este momento no se encuentra en esa población, ni con su amigo el corregidor de Querétaro; sino que lo han mandado, junto con otros militares de todos los rangos a Veracruz.

—Esos ingleses... ¿qué les importa lo que hacemos o dejamos de hacer en América? Si tienen problemas con España, que se queden allá —exclama Allende, inflando el pecho.

La tarde es como el trigo, igual de amarilla, mucho más en el campamento que se ha montado cerca de Perote.

Juan Aldama, capitán en el regimiento de caballería de las milicias de la reina y amigo personal de Ignacio Allende, se acerca con cautela.

—Baja la voz, Nacho, El general Calleja está pasando lista a la caballería y no anda muy lejos. Nos vas a ocasionar un problema a todos.

—¿Qué problema? Yo, y muchos como yo, estamos cansados de que nosotros siempre seamos responsables de todo. Si no estamos dando contribuciones para las guerras de España, tenemos que proteger a la América de los Europeos, y por razones que no nos competen. Estoy cansado de los gachupines.

—No les digas así a los españoles —insiste Aldama.

—Gachupines y mil veces gachupines —reitera Allende, mientras el rostro se le llena de furia, y luego permanece mudo, pues escucha un golpe a lo lejos.

Aldama le hace una seña para que permanezca callado, y se aleja por unos momentos. Cuando regresa, exclama en voz baja:

—No te preocupes, sólo fue el viento, tiró la casa de campaña del teniente Iturbide. Sin duda estará en el pase de lista del capitán Calleja.

Allende vuelve a pasearse por la casa de campaña con la quijada tensa.

—Él estará igual que nosotros. Mira a Agustín de Iturbide, es un hombre que sabe bien cómo domar el caballo, cómo disparar, ya hasta le dicen "El Dragón de Hierro". Es de buena familia y fortuna, pero nunca podrá ser general, o aspirar a un cargo militar importante porque no nació en España. A ver, ¿por qué otros van a mandar en este país en el que yo nací y ellos no?

—Todos somos de España, todos hablamos español, todos tenemos su cultura y seguimos al rey Carlos IV. A todos nos preocupa que el tal Napoleón Bonaparte nos amenace.

Dando vueltas por la tienda, Allende da una patada en la tierra y sacude la cabeza.

—España no aguantaría si Inglaterra la ataca por un lado y Francia por el otro. Más importante, Nueva España no lo aguantaría, menos las arcas, las minas de plata. Si esto sigue así, acabarán con la riqueza de este reino. Al virrey Iturrigaray no le importa mientras siga cobrando los impuestos, azotando a los indios, y su esposa siga luciendo las joyas más lujosas de Nueva España en las tertulias.

—Baja la voz, Nacho, te juro que vamos a acabar como traidores, si nos oyen...

El teniente Agustín de Iturbide, quien vuelve de acompañar al general Calleja, camina indiscriminadamente entre las tiendas. La labor de los soldados es tan diversa como sus ocupaciones. Algunos aprovechan los distintos escritorios para escribir a casa, otros hacen figurines en la madera con sus navajas, y algunos más limpian sus botas y el tiro de sus armas mientras haya luz.

Extraña el lecho matrimonial, el cálido toque de su Ana María, el chocolate perfumado en canela, con el que acompaña sus noches, y con el que platican largamente de mil tonterías hasta la madrugada. Por otro lado, tiene que aceptarlo, le gusta el uniforme de militar, el respeto que impone ante otros, y la disciplina.

¡Qué vueltas da la vida!, dice en silencio, ahí está, haciendo de las armas su carrera. Y no sólo eso, sino que en realidad las disfruta, es bueno en ellas, agrada a sus superiores y asciende cargos con facilidad.

Le gustaría seguir reflexionando sobre esa línea, pero unos gritos le llaman la atención en uno de los extremos del campamento, y cuando se acerca, escucha a Ignacio Allende.

—Como dicen en mi pueblo, el que por su gusto es buey, hasta la coyunta lame. Te voy a decir algo, Aldama, he estado pensando en una idea que ha dado vueltas en Nueva España y que causó el destierro de la Compañía de Jesús de este reino, y que ha vuelto a dar de qué hablar con la emancipación de las colonias de los Estados Unidos del poder del rey inglés. Eso que llaman el tiranicidio.

—No lo conozco —responde Aldama.

Agustín acerca el oído a la tienda para escuchar un poco mejor, pues el aullido del viento se incrementa. Comienza a hacer frío.

—Cuando un gobernante se vuelve malo, entonces ya no ve por el pueblo. Y el pueblo tiene el derecho de deshacerse de él. Así, con todas sus letras: Matarlo. Y lo que pasa es que el poder regresa al pueblo.

Después de un silencio largo, en el que Agustín se puede imaginar la expresión de horror de Aldama, escucha la voz de éste tartamudear.

—¿El poder del pueblo?… ¿Nosotros?… ¿El pueblo?… Lo que sugieres, Nacho, es traición al virrey Iturrigaray, y al rey Carlos IV. El poder le viene al rey por medio de Dios Nuestro Señor, lo que llaman derecho divino. ¿Qué quieres? ¿Una revolución como la que tuvo Francia?

Ignacio Allende no tarda en responder.

—Quiero que terminen los abusos de la corona, quiero que la gente que nació aquí decida por su patria…

Agustín se aclara la garganta y entra a la tienda. Ignacio Allende y Juan Aldama se mantienen quietos, con la espalda recta y toman un aire marcial. Se nota el nerviosismo de aquellos dos hombres, tienen la frente empapada de sudor, el traje militar bien ajustado, las botas lustradas de acuerdo con el régimen.

Es un momento tenso, y parece que Agustín lo prolonga más con su silencio y su andar por la tienda, inspeccionando todo lo que tiene frente a él.

—¿Escuchó lo que estábamos hablando? —pregunta Allende.

Agustín se detiene, y se vuelve hacia ambos soldados. Con paso seguro se acerca a ellos, e incluso levanta la ceja al mirarlos. Aprieta los labios y sacude la cabeza.

—No escuché nada...

—¿De verdad? —pregunta Aldama.

—En la tierra de mi padre tienen un dicho —sonríe Agustín—. Las brujas no existen, pero de que las hay, las hay. Yo no escuché nada de lo que acaban de decir, pero de que estoy de acuerdo... lo estoy. Como amigo, nomás les digo que el general Calleja no los va a entender como yo. La prudencia es una virtud que sólo tienen los hombres inteligentes.

Y Agustín sale.

Un campo verde se abre ante él, abierto, raso; los montes, el cielo claro a punto de desaparecer en la noche. Ahí Agustín cierra los ojos y levanta la cabeza. Se siente vivo, en una tierra que muere, y al mismo tiempo vivirá por siempre.

Sin saber lo que vendrá, piensa en lo que ha dicho Ignacio Allende y comprende que está cerca el ocaso de Nueva España.

La espera en el campo es inevitable, de cierto modo insufrible, pues Agustín pasa las tardes recostado en su catre imaginando lo que sentiría si tuviera a su esposa a un lado. Recién ha contraído matrimonio y lo han separado de Ana María... pero ella no está lejos, al menos no en un sentido espiritual; porque cada vez que él cierra los ojos ahí está ella. Vestida, desnuda, con largos vestidos de terciopelo azul o rosa, o descubriendo su piel en seda blanca.

Cuando Agustín monta en su caballo y recorre los campos de Veracruz, ora como patrullaje, ora por diversión, se descubre recordando la hacienda de su padre y las comparsas de Valladolid. Daría la mitad de su fortuna por un largo tiempo de calma, con una buena taza de chocolate espumoso de su tierra.

La realidad, sin embargo, es diferente; el tiempo es tedio. Entran y salen cartas del campamento, Agustín escribe a su esposa, y a sus padres. Ellos le escriben de regreso. Algunos de los soldados aprovechan el ocio para viajar a Xalapa y visitar la ciudad, y así conocer un mercado con diferentes sabores, o las diferentes capillas. Ni hablar de visitar una que otra casa que hiciera las veces de burdel.

Agustín es diferente, en uno de sus tiempos libres, aprovecha para visitar el Convento de San Francisco, uno de los que ha fundado el mismísimo conquistador de Nueva España, Hernán Cortés. De lejos, parece una fortaleza de piedra, pero en su interior hay santos, y una calma inusitada... hasta el frío propio de los templos. Ahí, en Veracruz, tres siglos atrás, inició la guerra dolorosa que dio luz a un reino, al mestizaje, a lo que ahora se llama Nueva España.

Detiene sus rezos y pronuncia dos palabras: Nueva España.

Éstas rebotan como eco. Parecen lejanas, porque Agustín respeta con todo su corazón a España, pero también a América, y no le gusta que estén juntas.

Es más, continúa con sus divagaciones. Nueva España proviene de España, pero de tal forma que Nueva España es su hija, la nueva nación del parto doloroso en aquel lejano 1521. Durante tres siglos ha crecido, prosperado, madurado, y debe seguir viviendo sola. Como todo hijo que se aleja de sus padres, pero sin olvidar, en España, a la madre patria.

Respira profundo...

¿Será que acaso simpatiza con las ideas de Ignacio Allende?

No, eso no está bien, se dice a modo de censura. Continúa visitando el convento, el cual goza de una vista magnífica, descubriéndose desde él los picos colosales del Cofre de Perote y de Orizaba, la falda de la cordillera.

Cuando vuelve al campamento, se encuentra con una carta de su padre confirmando que el rico español que contactó hace un par de meses, está dispuesto a vender su hacienda; mas quiere negociar primero, y por eso José Joaquín le recomienda a Agustín que viaje a la Ciudad de México. Va, entonces, a contarle al general Calleja, sin saber que del otro lado del mundo, Napoleón Bonaparte prepara a las tropas francesas para cambiar la historia.

Pero antes de ir a la Ciudad de México, hace una visita breve a Valladolid, sólo una semana en las caderas húmedas de su esposa, en los retozos de las sábanas, en el campo de batalla que llaman habitación de casado. Lo mismo siente él los senos suaves y blancos, de pezones morenos de su esposa; que ella los músculos de la espalda y los brazos duros de Agustín.

La admiración es mutua, lo mismo que el deseo, el pecado que sólo se expresa en el silencio de dos que se unen en bendición y blasfemia, en un candor antiguo y animal en el que Agustín se siente hombre al fin... y Ana María mujer. Pues son iguales en fuerza e inteligencia.

Poco sabían de que llegar al éxtasis era llegar al culmen del placer, al orgasmo tan similar que dio origen al universo.

# CAPÍTULO 9

# Que el peso del tiempo destruya todo

## 1808

Las lluvias matutinas de marzo son frías en la Ciudad de México, encharcan cuanto pueden, y se deslizan por las piedras de los edificios, de forma que alteran su color, empañan los ventanales, y enturbian el cielo. Es un día gris. Se escucha el andar de los caballos y las carretas, los indígenas no venden mercancías por la calle, ni se ha puesto el mercado.

Agustín viste con un saco largo, con el que intenta cubrirse el cuello. Todos sus sentidos están despiertos, sus piernas largas avanzan entre el lodo, sus rulos se han deshecho con la humedad; pero quiere escuchar, aunque tiemble de frío, las conversaciones que se dan en la calle. ¡No puede creer lo que sucede!

—Sí, en Madrid se organizó un motín en Aranjuez. Allá, como acá, están cansados de la guerra contra Inglaterra —dice un hombre mestizo.

La esposa de éste responde:

—¡Jesús! Así que así empezó todo... ¿Y qué le pasó al Secretario de Estado del rey? El tal... ay, ya ni me acuerdo cómo se llama. Así de bien me cae.

—Pues te caía —responde él—. Porque a Manuel Godoy, el que fuera Secretario de Estado, como tú le llamas, le quitaron su puesto y lo mandaron a freír espárragos fuera del reino. Y la verdad me da gusto, que vaya a armar la guerra a otro lado. Es más, que le pida trabajo a Napoleón, ya ves que a ese hereje le gusta andar peleándose con cuanto reino le pasa enfrente.

—Sí, y por eso no me explico por qué dejaron que entraran soldados franceses a Madrid. ¿Qué menester pueden tener ellos ahí?

—Ya te lo dije, mujer, dar más números al ejército español para nuestra guerra con Portugal.

La mujer gruñe, mientras un rayo surca el cielo.

—¡Más guerras! ¡Más contribuciones! A este paso no va a quedar oro en Nueva España. Y luego, ¿quién nos asegura que no van a terminar en el cuello de la virreina? Yo la vi en la última tertulia en el Real Palacio, y tenía un collar nuevo de perlas. ¿Quién lo pagó?

—¡En las cosas que te fijas, mujer! Nosotros viendo lo que sucede en España y tú siempre en el cuello de la virreina para...

Pero no es capaz de terminar esa frase, pues un grito se oye en la Ciudad de México, con más fuerza que un trueno, y luego, por un largo rato sólo se escucha el murmullo de la lluvia fría sobre la piedra. Agustín se queda petrificado sin entender lo que sucede, tiene que esperar a que la mujer se vuelva a su esposo para preguntarle.

—¿Escuché lo que creo que escuché?

—Sí —responde su esposo con la voz temblorosa—, el grito de: El rey Carlos IV ha abdicado...

En favor de su hijo Fernando VII, no hay duda, piensa Agustín, mientras se aleja de la pareja que ha escuchado con tanto interés, y es que personajes de todas las clases aparecen en la calle, para escuchar más de aquella noticia.

¡La abdicación de un rey de España! Es algo que esa generación de novohispanos no ha visto... muchas oraciones se dirán ese día para pedir por la unificación del reino, y el fin de las reformas borbónicas que implementó Carlos IV en su reinado.

Ese día, todos los que alguna vez han gritado: ¡Que muera el rey!, festejan.

Esperan que el nuevo rey sea diferente.

Cada vez que las noticias de España llegan al puerto de Veracruz, son distribuidas en toda Nueva España, la gente quiere saber qué va a pasar en Europa. Y mientras la información se vuelve más grave, surgen habladurías sobre qué será de la España americana... y después de una tarde soleada se da a conocer que Napoleón Bonaparte ha mandado arrestar al rey Fernando VII para que le devuelva la corona a su padre.

¡Mueran los franceses!, es la frase que acompaña el brindis de varias tertulias, pero lo gritan con más fuerza en las calles cuando Carlos IV, después de haber recibido la corona de vuelta, hace lo insólito.

¡Impensable! exclama Agustín cuando se entera, ya que sigue en la Ciudad de México negociando la compra de una hacienda, que pagará con la dote.

Carlos IV le entrega la corona de España al hereje que se atrevió a arrestar al papa una vez, y ahora traiciona al rey de España; el chaparrito ridículo que quiere conquistar Europa y ha sumido a Francia en un reinado de terror, al siempre repudiado y odiado por todos los círculos sociales de Nueva España... al ridículo que se hace llamar Napoleón Bonaparte.

Agustín reconoce que Ignacio Allende tiene razón en cuanto a la figura de Napoleón, el tiranicidio puede estar justificado de alguna forma. Y más porque de inmediato comienza a circular una nueva noticia.

Esta vez, Agustín la escucha saliendo de misa en la Catedral, pues se comenta el último número de la *Gazeta de Madrid*: Napoleón le ha entregado España a su hermano José, para que la gobierne. Nada más, y nada menos que a un hombre con hábitos tan licenciosos que ya es conocido en todo el mundo como Pepe Botella o Pepe Plazuelas.

Es entonces que en toda Nueva España comienzan las conjuras y conspiraciones, las tertulias literarias en las que no se discuten libros, sino política internacional, y se preguntan: ¿qué pasará con el virrey Iturrigaray ahora? Pues si reconoce a Pepe Botella, tendrá que someterse a su autoridad, si no lo hace, ¿a qué gobierno europeo quedará unido la España americana?

En casi todos los sentidos, Nueva España nunca se ha gobernado sólo como reino... y ahora no saben qué hacer. Toda España está invadida por el ejército de Napoleón, excepto un pedazo de la costa, un pueblo al que Agustín nunca le ha llamado la atención de nombre Cádiz.

Al menos en algo están de acuerdo en España y en Nueva España, en ambos continentes gritan:

—¡Traición! ¡Nos han quitado a nuestro rey y quieren llevarse a todos los miembros de la familia real! ¡Muerte a los franceses!

El virrey Iturrigaray, en el Real Palacio, se ha vuelto taciturno, come poco y no habla con su esposa. Se pasea de un rincón a otro, con la típica ropa verde que suele usar para dormir: un camisón largo y una bata de terciopelo añil. Poco le importa la luz que se filtra por los cortinajes o el débil fulgor que ilumina desde los candelabros de plata.

Preocuparse es, pues, su forma de rezar. Espera que sus preguntas sean, de alguna forma, escuchadas por Dios, pero ¿acaso no había sido ese Dios quien había permitido que Napoleón encerrara al papa y tomara España?

Regresa a la cama, y se sienta en el pesado edredón, una taza de chocolate se enfría en la cómoda, junto a la Biblia hay unas carpetas tejidas y un rosario de plata.

María Inés, su esposa, se sienta en la cama y se talla los ojos.

—¿Vais a dejarme tener mi santo reposo o vais a hacerme un hoyo en el piso de tanto andar de aquí para allá como en el asedio a Cádiz de hace tantos años?

—¿Cuánto creéis que tarde el hereje francés en querer la plata de Nueva España? Ya tiene Madrid. Es el Anticristo, os lo digo. ¡El Anticristo! Querrá la riqueza de América, extenderá la mano hacia nosotros y tomará lo que le plazca. ¡No estamos a salvo! Os lo digo...

María Inés, se vuelve a recostar en la cama.

—Iros a dormir antes que despertéis a todo el Real Palacio y a la Corte Celestial entera. ¡Anda, burro! Esta noche no vendrá Pepe Botella al Real Palacio. Ya mañana pondremos orden al mundo.

El virrey Iturrigaray camina a la ventana, se asoma por las cortinas. La plaza luce tranquila, la catedral, cual sombra amorfa, está ahí, los portales, los edificios, los montes. Todo hecho del mismo velo nocturno.

—No reconozco más gobierno que el de Fernando VII, pero qué hacemos mientras no tenga la corona. ¿Qué haremos si nunca la recupera? Emanciparnos de los traidores. Nueva España debe separarse de Francia, no de España. Debe mantenerse pura en la fe, y fidelidad al rey.

Aquellas palabras hacen que la virreina se siente de golpe y mire a su esposo. Las velas están por morir en cualquier momento.

—¡¿Emanciparse?! ¿Os habéis vuelto loco? No... no podemos separarnos de Europa. Somos de España.

—Antes de venir al continente americano escuché tantas historias de esta América Española, donde los antiguos dioses no mueren por más que se predique el Evangelio de Nuestro Señor, donde la muerte y la vida se confunden, donde los valles no tienen fin, los fantasmas caminan con nosotros y el pan tiene otro sabor. No lo creí hasta que supe que aquellas fantasías no eran imaginaciones de mentes febriles. Emanciparnos es lo correcto para mantener estas tierras libres. Convocaré a los criollos del cabildo de la Ciudad de México, a Francisco Azcárate, a Primo de Verdad... a todos. Haremos una junta de notables que gobierne.

—No esperaréis un reino libre donde negros, mulatos, indios, mestizos, criollos y españoles anden como iguales, ¿cierto? Si Dios nos hizo así, en castas, por algo habrá sido.

—Espero, querida, que el peso del tiempo destruya todo, como alguna vez acabó con la antigua Tenochtitlan. ¿Habrá una nueva Tenochtitlan como se augura una nueva Jerusalén? ¿Un nuevo reino cuando Nueva España desaparezca?

La esposa del virrey Iturrigaray, blanca, rolliza, carnal en su gordura cubierta por un camisón blanco de tela gruesa, se levanta de la cama y va hasta la ventana. Abraza a su esposo, y se asoma sobre su hombro, para ver ella misma las sombras amorfas que por las noches recorren la Ciudad de México, a pesar de los múltiples faroles que la alumbran.

Parado junto a uno de ellos, el insomne Agustín levanta el rostro hacia el Real Palacio de la Ciudad de México, y en una de las ventanas iluminadas le parece ver dos figuras que lo contemplan de regreso. Luego, se alejan de la ventana, y se apagan las luces de la habitación.

Al menos, por un rato más, Agustín continúa caminando por las calles, imaginando lo que habría sido aquel espacio trescientos años atrás, lleno de pirámides, ídolos de piedra, friegas, pócimas, encantamientos, olor a mil hierbas y a cacao tostado.

Y se aleja, por la noche, dispuesto a conciliar el sueño.

La noticia de que se reunirá el cabildo de la Ciudad de México comienza la tarde en que es anunciada. Si bien Agustín está por cerrar la negociación de la venta de la hacienda, no tiene que volver a Veracruz porque a Inglaterra ya no le interesa la España de José Bonaparte. Así que puede volver a Valladolid con su querida Ana y su primogénito. Pues no hace mucho que, en su último viaje breve a su ciudad natal, bautizó a Agustín Jerónimo, y ansía estar junto a la criatura; pero Agustín también quiere quedarse en la Ciudad de México para saber qué va a suceder.

Como es natural en la Ciudad de México, los rumores son más efectivos que los periódicos y los medios oficiales de comunicación. Así que Agustín sólo tiene que acercarse al Real Palacio, para escuchar las conversaciones del mercado, de los tenderos, de los zapateros, y de los soldados que patrullan.

Así se entera que el virrey Iturrigaray ha dicho, en público, que no reconoce más gobierno que el de Fernando VII, y que ha gritado en repetidas ocasiones. ¡Viva Fernando VII! ¡Viva Fernando VII! Y que otros hombres han coreado con él.

Es, pues, importantísimo definir qué se hará con el gobierno, y por varios días los rumores permanecen tan ausentes, que Agustín vuelve a Valladolid al lado de su querida Ana, a encontrarse con la suavidad de sus caderas, a mancharse con los polvos de arroz con los que blanquea su rostro, y sus brazos, y a convertir su perfume dulce en algo un poco más amargo, pues en los pecados más deliciosos (cuando uno los hace bien) siempre hay sudor de por medio. Sin embargo, un día Agustín se despega las sábanas de su cuerpo, y camina por la habitación. Las cortinas están cerradas, y las velas carecen de vida. Ella le pregunta:

—Entonces, ¿vas a ensillar el caballo?

Agustín vuelve a sentir el fuego dentro de él, pues la voz melodiosa de su esposa le despierta pasiones que no puede describir.

—Sí, Francisco Primo de Verdad, Síndico del Ayuntamiento de México, ha hecho lo impensable... ¡y en público!

—¿Qué es tan grave, querido? —le pregunta ella.

Agustín vuelve a la cama y con un movimiento rápido, arrebata la sábana que cubre el cuerpo desnudo de su esposa, aunque las sombras no le dejan verlo. Se inclina sobre ella, y le devora la boca, como quien mezcla su aliento con la persona amada.

—Dijo que el poder reside en el pueblo, no en el rey —responde Agustín, mientras acaricia las caderas de su Ana María—, y causó un gran alboroto, las noticias llegaron hasta Valladolid en las cartas que recibí de parientes, y otras tantas de mi padre.

—¿Y eso es motivo para que tú me dejes y te vayas a México? —Ana María muerde el labio inferior de Agustín.

—¿De verdad quieres hablar de eso?

—Quiero oírte, háblame de lo que sea —insiste ella.

—Primo de Verdad propuso un gobierno provisional, con el virrey Iturrigaray a la cabeza... un gobierno de criollos y mestizos... un gobierno sin España...

Ana María arquea la espalda y se deja llevar por las oleadas de placer que recorren su cuerpo, desde el centro hasta el corazón, le ablandan los brazos, le mueven el alma, y la obligan a cerrar los ojos.

—Tontos ridículos...

—Me voy para ver qué pasa con esos tontos ridículos...

Agustín no quiere hablar, prefiere continuar con aquel tiempo que parece ser diferente al tiempo de aquella tarde con las cortinas cerradas, las que pueden contener el sol y la mirada de Dios para sentirse, tocarse, conocerse y reconocerse, como hombre y mujer, marido y esposa, como dos seres que, en el amor, complementan su fuego; pues en el culmen, casi síncrono, sienten que el mundo deja de existir por un segundo, y luego vuelven a la realidad.

Él, agotado, se deja caer junto a ella; y sonríe en la oscuridad.

—¿Partes mañana a México? —pregunta Ana María después de un rato.

Y a él le dan ganas de llorar porque no quiere estar tanto tiempo lejos de la mujer que ama.

—Sí, tengo que finalizar la compra de la hacienda —responde, aunque de sobra, ambos saben, que ése no es el motivo principal por el que partía de viaje.

Agustín llega a la Ciudad de México a principios de septiembre, y aunque son los últimos días del verano, ya puede sentirse el otoño en el viento, lo mismo que en el mercado de San Juan, donde se vende granada y nuez de castilla, aunque él prefiere el sabor del chile poblano, tan característico de América.

Si bien, Valladolid ha sido su ciudad de nacimiento, le ha tomado cariño a la Ciudad de México, a sus edificios ancestrales, a las leyendas que les cuentan a los niños, a la cercanía con el pueblo de la Villa, donde podía ir a rezarle a la Virgen de Guadalupe.

Todo es calma, sí, pero las nubes de tormenta no sólo se amontonan en el cielo, sino también en la política, tema delicado, pero importante para todo hombre novohispano. Hay quienes apoyan la idea de Francisco Primo de Verdad, en que los hombres de la América Septentrional o la América Española deben gobernarse solos mientras Fernando VII regresa al poder y no temen decirlo públicamente (aunque hay quienes, discretamente, comentan en los restaurantes y fondas, si esa emancipación de Europa no debe ser un asunto permanente). Otros simplemente sugieren que es ridículo, pues Nueva España es reino de España, aunque los gobernara el hermano del hereje Napoleón, Pepe Botella.

Agustín descubre que este tipo de opiniones se expresan, sin pudor alguno, en cualquier mercado, restaurante, y a la salida de la misa dominical. Todos en Nueva España comentan sobre el virrey y sus decisiones, y opinan que el resto de los hombres que ocupan un cargo público son corruptos y serviles; no importa la clase social o la casta, la opinión política es tan diversa como un abanico de colores.

Pasan los días, y Agustín finaliza la compra de la hacienda, a través de un complejo papeleo, y decide volver a Valladolid después del veinte de septiembre.

Y, sin embargo, la noche del quince de septiembre de 1808, Agustín se va a la cama con un sentimiento extraño en la boca del estómago. Apaga la vela y hace las tres cruces como le había enseñado su padre, y el Catecismo del padre Ripalda. Se cubre con una sábana fría y, recostado boca arriba, cierra los ojos sin dormir.

Un viento frío recorre la Ciudad de México.

Se escucha un sonido, el golpe de botas contra el piso. ¿Será que él es el único que lo escucha? Con rapidez, y a oscuras, se viste con la primera ropa que encuentra, su uniforme militar y sus botas de montar. Intenta peinarse con las manos y sale de las habitaciones que rentaba en un mesón.

Los faroles de la calle iluminan su paso con singular ironía. Sigue el ruido, cauteloso, dando vuelta en una esquina, yendo derecho por una calle larga, hasta la Plaza de Armas, donde las fuentes dormitan perennes. En el Real Palacio, a través de las ventanas se mueven luces, velas, sombras, violencia, se escucha una copa de cristal romperse, y Agustín decide adentrarse en las sombras...

En el dormitorio principal del Real Palacio, el virrey José de Iturrigaray se levanta de la cama, con su ropa de dormir. Todo el espacio está invadido por trescientos hombres, con Gabriel de Yermo a la cabeza, un rico terrateniente que prefiere dar un golpe de estado, que perder los privilegios que tiene como español.

—¡No podéis estar aquí! ¡Marchaos! —exclama Iturrigaray.

—Vos ya no estáis en posición de ordenar. Vuestros planes de formar una junta y gobernar sin el rey han terminado —responde Gabriel de Yermo—. Han sido presos Francisco Primo de Verdad y Melchor de Talamantes.

La virreina se levanta y se cubre con la sábana, horrorizada de que hubiera tantos hombres que la vieran en camisón.

—Quedáis ustedes arrestados, hasta que podamos asegurar vuestro traslado al Puerto de Veracruz. Ante cualquier intento que haya para vuestro rescate, la orden es clara. Seréis pasados por las armas, ambos... y vuestros hijos también. Toda la familia sois un peligro.

—¿Quién gobernará si no hay rey en España que escoja otro virrey?

Gabriel de Yermo pálido, curtido por el sol de América, seco de carnes y de voz rancia, se acerca al virrey.

—Minucias cuando se trata de proteger al reino. ¡Lleváoslos!

La puerta del Real Palacio está abierta, y cuando Agustín entra, un sentimiento frío delinea la parte baja de su espalda, y le seca el paladar. Enfoca su mirada en las escaleras, por donde bajan varios hombres, entre ellos, el virrey Iturrigaray y su esposa. Los dos en ropa de dormir. Los van empujando.

Agustín se queda ahí, parado, sin poder reaccionar. Es muy tarde para huir, y no tiene armas para defenderse. Además, ve a la cabeza a un hombre que ha notado por la ciudad.

Gabriel de Yermo se adelanta hasta llegar con Agustín. Le da un vistazo, y levanta las cejas.

—¿Cuál es vuestro grado?

—Teniente —responde Agustín de inmediato.

Gabriel de Yermo exclama.

—Ésta es una noche tranquila, en la que no ha sucedido nada de importancia. ¿No lo cree así?

Agustín asiente.

—Descansad, pues. Que Dios lo acompañe. El reino está tranquilo —sonríe Gabriel de Yermo, y desaparece con sus hombres y los virreyes.

Agustín vuelve por donde había venido.

A la mañana siguiente, toda la ciudad se ha enterado de lo que pasó, pues el ruido del Real Palacio se escuchó por varias cuadras. Además, en su puerta se colocó un mensaje para todos los habitantes de la ciudad. El mismo es replicado varias veces hasta que todos pueden leerlo.

Una vez que Agustín tiene una copia la lee con detenimiento. Ésta decía:

Habitantes de México de todas clases y condiciones:

La necesidad no está sujeta a las leyes comunes. El pueblo se ha apoderado de la persona del excelentísimo señor virrey: ha pedido imperiosamente su separación por razones de utilidad y conveniencia general; han convocado en la noche precedente a este día al Real Acuerdo, ilustrísimo señor arzobispo y otras autoridades; se ha cedido a la urgencia, y dando por separado del mando a dicho virrey, ha recaído, conforme a la real orden de 30 de octubre de 1806, en el mariscal de campo Don Pedro Garibay, ínterin se procede a la abertura de los pliegos de providencia; está ya en posesión del mando; sosegaos, estad tranquilos; os manda por ahora un jefe acreditado a quien conocéis por su probidad. Descansad sobre la vigilancia del Real Acuerdo: todo cederá en vuestro beneficio; las inquietudes no podrán servir sino de dividir los ánimos y de causar daños que acaso serán irremediables. Todo os lo asegura el expresado jefe interino, el Real Acuerdo y demás autoridades que han concurrido.

México, 16 de septiembre de 1808.

*Por mandato del excelentísimo señor presidente con el Real Acuerdo el ilustrísimo señor arzobispo y demás autoridades.*

Cada vez que alguien menciona la proclama, Agustín se burla. ¿El pueblo se ha apoderado del virrey Iturrigaray? Ingenuo es el hombre que lo cree. Y es que ya en Nueva España crece un sentimiento de incredulidad sobre las noticias que llegan de Europa, y sobre el gasto de los impuestos; pero sobre todo sobre el destino de Francisco Primo de Verdad, arrestado la misma noche que el virrey Iturrigaray y llevado a las celdas del arzobispado. Una mañana fría de octubre amanece muerto en circunstancias sospechosas. Las autoridades dicen que se ha quitado la vida, y Agustín vuelve a escupir en la tierra. No hay nadie que crea que Primo de Verdad no fue muerto porque le estorbaba al gobierno.

Por su parte, el gobierno es tomado por un militar decadente, arrugado, de movimientos torpes, y encorvado cuando no está en público; un viejo de nombre Pedro de Garibay que no puede ocupar el puesto de virrey, puesto que no había sido elegido por el rey de España, pero poco importa. Él está en el poder, y tan seca tiene la mente, que Gabriel de Yermo puede susurrarle al oído lo que le conviene.

Crece el descontento. Agustín lo escucha entre sus familiares, compañeros de armas, en lo que se comenta... insultos, burlas, y bromas a Pedro de Garibay.

Antes de volver a Valladolid, para disfrutar al fin de su vida de casado, recibe una carta de sus superiores. Le piden que firme un documento ofreciendo sus servicios a Pedro de Garibay.

Obedece sin estar de acuerdo.

Su nombre, junto al de muchos otros militares, aparece en la gaceta oficial y con esto se intenta legalizar el gobierno, mas no se puede. Es más grande el descontento que los intentos burdos de legalidad.

En los meses siguientes, surgen conspiraciones, juntas secretas, y cantidad de reuniones clandestinas para intentar establecer una junta de notables en lugar del gobierno de Pedro de Garibay, pero todas fracasan.

Los arrestos y las traiciones son cosa común al terminar 1808.

Para el pueblo, Nueva España es un reino sin virrey.

# CAPÍTULO 10

# Los últimos momentos de paz

## 1824

TRAS COMPROMETER mis servicios a los de Pedro de Garibay, sin duda un hombre impuesto por el despropósito de Gabriel de Yermo, al mando de sus trescientos esclavos liberados que usaba como ejército privado, volví a Valladolid. Había comprado la hacienda que me interesaba y pensaba en administrarla. Las finanzas de la familia Iturbide estaban en buenas condiciones, y que yo volviera al trabajo me permitiría volver a estar en familia, no sólo con mi esposa, sino con mis padres y mi hermana.

Desde luego, hablando de Ana María, santa mujer de mi alma, cómo recuerdo llegar a casa y verla bajar las escaleras con vestido de lirio verde, como si fuera una mariposa, y no lo digo por el lugar común de que las mariposas deben ser graciosas y de belleza eterna; sino porque tiene tanto color, vuelo, imaginación, que el mismo rostro es el de muchas personas, y una persona guarda tantas almas como sentimientos el corazón. Ana María es santa, es madre, guerrera e inteligente; un día puede cometer el más dulce de los pecados, y al otro sentarse a bordar un mantón mientras reflexiona sobre literatura rosa.

¿Te extraña, hijo mío, que te hable así de tu madre? Ah, pero la amé y la amo. Por cuanto fue ese grato sentimiento el que me llevó al altar, y a concebir a cada uno de mis hijos.

Si hay algo de lo que puedo arrepentirme, en esta vida larga que he llevado, es de las ausencias que provoqué en tu madre, de no estar a su lado cuando más necesitaba. Los últimos meses de 1808, volví a ella, y por dos años me mantuve a su lado. Aunque Pedro de Garibay dijera gobernar desde el Real Palacio, y Pepe Botella hiciera lo mismo de Madrid, en medio del caos, puedo decir que había una cierta calma. A los soldados se nos había dicho que nuestra labor era defender el reino.

Y sí, fueron dos años en los que no solamente me dediqué a criarte, y a consentir a mi esposa con flores y regalos, los tiempos de ocio fueron para el rezo y la infinidad de tertulias que se organizaban en la ciudad. No fue una época de crecimiento, estaba muy ocupado divirtiéndome.

Recuerdo que Pedro de Garibay le envió una carta a mi padre para pedirle una contribución económica tan grande como fuera posible para ayudar a los patriotas españoles que luchaban contra los usurpadores franceses. Garibay apeló a la piedad y patriotismo de la familia Iturbide, y mi padre respondió, más por conveniencia que porque realmente simpatizara con el nuevo gobierno de la Ciudad de México: enviamos a la Tesorería Real mil pesos.

Al enterarse, Pedro de Garibay envió una carta donde resaltaba el generoso sentimiento de patriotismo de mi padre. La verdad es que no nos interesaba apoyar a Garibay, sino la lucha de España. En Nueva España, lo mejor era jugar con las reglas que se establecían en la política, de otra forma uno acaba perdiendo. Recuérdalo bien, hijo mío.

Los que no quisieron conformarse con la situación, pertenecían a todas las clases sociales. En el espíritu de lo que había propuesto el finado Primo de Verdad, que en paz descanse, deseaban quitarle el poder a Pedro de Garibay, y establecer una junta de notables en apoyo a Fernando VII, y defender a Nueva España hasta que Fernando VII pudiera tomar el poder. Los planes no eran para que América se emancipara de España, pero las autoridades de la Ciudad no estaban muy contentas con esas pequeñas reuniones. Algunas se disfrazaban de tertulias literarias, otras de simples reuniones de amigos.

Lo que en verdad sucedió, es que todo se volvió una cacería de brujas. Nueva España quedó sumida en una Inquisición política, bastaba una denuncia, aunque fuera anónima, para que varios soldados hicieran arrestos. En algunos casos se encontraron armas, en otros casos nada. El castigo para los apresados era la cárcel o el exilio.

El yugo de los Bonaparte seguía flagelando fuerte a España, y sólo Cádiz permanecía en libertad.

Debes saber, hijo, que Valladolid, siendo una ciudad importante de Nueva España, no estaba exenta de esas conspiraciones. Una camarilla de jóvenes criollos comenzó a reunirse con los fines que he descrito anteriormente. Deseaban proteger a la América Septentrional para Fernando VII.

Y es que Fernando VII fue la gran causa, razón, o excusa para conspirar.

Yo me había convertido en uno de los soldados más importantes de la ciudad, por mi apellido, y mi cercanía al general Calleja, quizás el militar más importante de toda la Nueva España. Por lo tanto, se me informó, a través de una carta, que mi encomienda era arrestar al cabecilla. En la misma se especulaba que los miembros de la conspiración eran José Nicolás, el capitán José García Obeso, un fraile franciscano, y otros. Me aproveché de mi clase alta y mi nombre para asistir a cuanta reunión social se me presentara. Tu madre, querido Agustín, acudía conmigo para no levantar sospechas. Alguna vez me preguntó que por qué me gustaba tanto acudir a las fiestas, yo le respondí que más bien me gustaba descubrir conspiraciones. Ella encontró el comentario sumamente divertido, pero no lo creyó por un momento.

A los hombres que acabo de mencionar los vigilé con cautela. De momento, parecían no conocerse, o hablar en público; pero con una mirada, me enteré de que algo había entre ellos. Ningún hombre puede ocultar la amistad o empatía que siente por otro. Confirmé, pues, la existencia de una conspiración en el silencio de los gestos que se levantaban en Valladolid.

Dos noches los seguí, después de la última misa, cuando las campanadas se desaparecían en el aire como discos de cobre, los inculpados se

84

reunían en la misma casa. Eso, pues, me dio causa para arrestarlos. Con un pequeño regimiento de ocho hombres que me fue asignado, y bañado por la luna mestiza de Nueva España, llamé a la puerta con fuerza. Al no recibir respuesta, insistí. Una criada de piel tostada me abrió la puerta y me encontró serio, con mi uniforme de teniente, mi espada, faja al cinto. Pedí que me dejaran pasar, ella no respondió, sino que se quedó en la puerta para que no entrara. Su fidelidad me pareció digna de recordar, pero yo tenía una encomienda que cumplir.

Con un gesto a mis soldados, la hicieron a un lado, y entramos todos a la casa. Encontramos a todos los culpables, en la sala, alumbrados por velas e iluminados por el licor. Sin duda, conspiraban. Se levantaron de los sillones y nos miraron con los mismos ojos gachos que tienen los perros cuando saben que han hecho algo malo. No se resistieron, pero gritaron ¡Viva Fernando VII! Cuando los llevaban por la calle, los curiosos asomaban la cabeza para saber qué pasaba, pero no quisieron entrometerse.

Entregué a los culpables, les correspondía a otros juzgarlos. Lo mismo sucedió en otras ciudades, las conspiraciones se desbarataban como un terrón de piedra.

Este arresto no fue, como se dijo después, una venganza de mi parte porque el principal hombre arrestado tenía un cargo militar superior al mío. Nada más falso, ese intento por banalizar mi vida no podría ser más burdo.

Por lo general, las memorias de los hombres se manchan con rumores y mentiras hasta que mueren, pero se les olvida que yo aún tengo sangre en estas venas, y demasiadas memorias que contar.

Fueron los últimos momentos de paz, no lo supe entonces.

Tres eventos consecutivos rompieron mi calma:

El primero, el 14 de septiembre llegó a la Ciudad de México el nuevo virrey legítimo, Francisco Xavier Venegas, nombrado por la regencia de la aún española Cádiz.

El segundo, sin saber de este nombramiento, fue descubierta una conspiración en Querétaro que provocó que el cura de Dolores lanzara un grito que partiría el mundo.

El tercero, la llegada de un criado mulato, propiedad de mi padre, a la mitad de la noche. Le temblaban los labios, y tras decir: "su padre, don Agustín, ha sufrido lo peor...", desfalleció.

Pasó un largo tiempo antes de que pudiera hacerlo hablar.

Esa historia de guerra y de la América ensangrentada, hijo mío, la dejaré para otra noche. Hoy los recuerdos me empiezan a doler, y se me inflama el pasado.

La melancolía es una enfermedad sin cura.

*Tu padre, Agustín de Iturbide*
*Bury Street en Londres a 10 de marzo de 1824*

SEGUNDA PARTE

# INDEPENDENCIA

SEPTIEMBRE DE 1810-SEPTIEMBRE DE 1821

# CAPÍTULO 11

# ¡Hijos míos, únanse conmigo!

## 1810

El mulato bebe del aguardiente que le ofrece Agustín, y siente cómo un calor le quema al bajar hasta el estómago. Le punza la cabeza, gruesas gotas de un amarillo cristalino le ruedan por la sien. Aquella noche está sumida en un silencio particularmente extraño, pues ni siquiera se escuchan los cascos de algún caballo en los caminos de Valladolid.

El hombre de piel tostada se acomoda en la silla, de modo que la luz de un cirio le endurece las facciones. Su respiración todavía se agitaba, lo que le impide elevar la voz.

—Don Agustín, su padre... le tengo que contar algo terrible sobre su padre. No sé cómo empezar mi relato.

—Por el principio, ¿por dónde más? —le responde Ana María.

Agustín repite sus palabras.

—Por favor, cuéntame sobre mi padre.

El mulato asiente, y le da otro trago al aguardiente.

—Ay, don Agustín, usted me va a perdonar, pero mi historia no comienza en la hacienda de Quirio, porque su padre, el buen José Joaquín que Dios y la santísima madre de Guadalupe lo guarden muchísimos años, me dio permiso de visitar a mi hermana en el pueblo de Dolores, ya ve usted que la pobre ha estado muy enferma con fiebres terribles y dolores a la mitad de la noche. Estando con ella, la cuidé y le di sus medicinas. Reconozco que no todas, porque no tenemos pesos suficientes para pagarle al médico y comprar las medicinas, aunque su padre ha sido generoso, don Agustín, en ayudarnos. Calenté agua con unas hierbas que le compré en el mercado a una india oaxaqueña, no le ayudó mucho a mi hermana, pero espero que mis rezos sí. Ay, don Agustín, yo espero que rezarle a nuestra madrecita de Guadalupe la cure.

"Justo en eso estaba la noche del quince de septiembre, aunque más bien era la madrugada del dieciséis. Mire, todavía no amanecía cuando se oyó el escandaloso repique de las campanas. Haga de cuenta, don Agustín, que estaban llamando a misa de nueve, pero todo permanecía oscuro. La noche… lo era todo. Salí a las calles donde encontré personas con antorchas, velas; algunos llevaban ropa de dormir y camisones, otros ya su ropa de trabajo. Todos fuimos hasta la entrada de la iglesia, donde nos esperaba el cura de Dolores, el padre don Miguel Hidalgo y Costilla".

—Lo conozco, es pariente de mi madre —responde Agustín.

El mulato sigue:

—Estaba con otros hombres, que no conocía. Ay, don Agustín, el cura tenía una fuerza que no había visto nunca en otro hombre. Tenía fuego en los ojos, en la sangre, en la furia que lo llenaba todo. Parecía que sólo al estar ahí, llenaba de algo a todo el pueblo. ¿Me entiende, don Agustín? Un sentimiento poderoso, un rayo hecho hombre. Yo sentí, se lo juro por la santísima virgencita de Guadalupe, que algo importante iba a pasar, que Nueva España ya no iba a ser la misma. Aquella arenga, fiesta, reunión; esa convocatoria que había hecho don Miguel Hidalgo cambiaría todo. Y su grito todavía resuena dentro de mí.

"¿Sabe qué dijo? Tomó aire y gritó: '¡Hijos míos, únanse conmigo! Las autoridades ilegítimas de la Ciudad de México quieren entregar el reino a los impíos franceses. Napoleón quiere apropiarse de América. ¡No podemos permitirlo! La santísima fe católica debe imperar sobre cualquier ejército. ¡Se acabó la opresión! ¡Se acabaron los tributos! Al que me siga a caballo le daré un peso, y a los de a pie un tostón. ¡Viva Nuestra Santísima Virgen de Guadalupe! ¡Muera el mal gobierno! ¡Viva Fernando VII!' Y todos los que estábamos ahí empezamos a gritar ¡Viva! ¡Viva! Nos había contagiado de esa… ay, no sé si decirlo así, pero de esa pasión.

"Con esa nueva vida, y fuerza renovada, don Agustín, recibimos nuestra primera orden de don Miguel, ir a la cárcel y liberar a todos los presos. Había iniciado una campaña para la que íbamos a necesitar hombres, parque, oro… lo que fuera. Y pues yo fui de ese grupo de hombres que fue a la cárcel y órale, así como pudimos los fuimos sacando de sus celdas. Los prisioneros no entendían, pero les repetimos lo que había dicho don Miguel en el atrio de la iglesia. Se persignaron y siguieron con nosotros. Algunos de los presos, bien sabe usted, don Agustín, eran hombres inocentes que no podían pagar los impuestos, y eran encerrados; otros, bueno, no hay que decir que no todos los que están en la cárcel son culpables; ni todos los que andan por las calles de Nueva España son inocentes. Usted lo sabe bien, don Agustín."

Éste asiente en silencio, y el mulato continúa con la historia:

—Hidalgo nos había alebrestado, como animales llenos de furia, en contra de los españoles. Gachupines, les llamaba él. Ya sé que no le gusta que use esta palabra, don Agustín, pero así los llamaba. Gritaba ¡Mueran los Gachupines! ¡Muera el mal gobierno! Y nosotros gritábamos: ¡Muera!... porque nos acordábamos de todos los indios y negros que habían sufrido por no poder pagar sus impuestos, o no tener qué comer, y se nos olvidó de los buenos gachupines, como su padre don Agustín, que no abusaron de nosotros. Diría el cura de mi pueblo, de todo hay en la viña del Señor; pero cuando estábamos con el señor Hidalgo, nos llenábamos de furia. ¿Y qué iba a hacer yo? Ni modo que dijera que no, el señor Hidalgo nos dijo que jaláramos para Guanajuato y nosotros le hicimos caso. Y es que además con él iba un tal Ignacio Allende, y otros hombres. Ya ni me acuerdo de sus nombres, usted los conocerá más que yo.

"Nunca me imaginé ver a un sacerdote así como militar. Pues una cosa es una cosa y la otra, pues otra cosa; porque no es lo mismo que lo mesmo; pero nos hablaba de la guerra y de pelear; y luego nos bendecía, y nos hacía rezar el rosario. Es más, con decirle que cuando llegamos a Atotonilco, lo primero que hizo don Miguel fue tomar el estandarte de la Virgen de Guadalupe como bandera de guerra. ¿Pues es que quién más nos iba a proteger si no era ella? Nuestra madre del cielo, y le rezábamos y le pedíamos que nos ayudara.

"Yo creo que éramos algo así como veinte mil, algo así le oí decir al padre Hidalgo alguna vez. Yo no sabía qué pensar, ¿de dónde había salido ese ejército? Pues de los pueblos que pasábamos, y que se nos iban uniendo, así, con lo que tuvieran, cuchillos, pistolas, machetes, palos... porque la guerra se hace con voluntad, más que con balas. La mera verdad. ¿No cree, don Agustín?"

—Sí, supongo que así es —responde Agustín.

El mulato niega con la cabeza.

—Pero está usted mal, se necesita algo más. Fíjese cómo me di cuenta. Cuando llegamos a Celaya, se oyó un disparo. No sé si de nosotros o del pueblo… y ahí comenzó el horror. ¿Cuál ejército íbamos a ser nosotros si no sabíamos pelear? Más bien nos dolía lo que nos habían hecho los gachupines, y corrimos hacia el pueblo, nos metimos a las casas, sacamos los vestidos finos de los arcones a ver si tenían monedas de oro, rompimos cerámicas, nos llevamos los cubiertos de plata, las joyas y perlas. A los gachupines los apresamos, y a los demás los dejamos ir, pero no lo hicieron. Se nos unieron.

"Los pocos soldados de verdad que iban con nosotros intentaron seguir las órdenes de Allende, y pararnos, pero ¿quién podía contra nosotros? ¿Cómo se detiene un río? ¿Puede un rayo cambiar su curso por deseo de un hombre? Robamos lo que pudimos, y el padre Hidalgo nos bendijo. Ahí lo nombramos Capitán General de nuestro ejército. Claro, no nos pagó lo que nos había prometido. Cuando tomemos la Ciudad de México, decía.

"En nuestro camino pasamos por Salamanca, Irapuato, y Silao, realizamos las mismas terribles acciones, robamos, arrestamos. No había más orden que la voluntad de todos, y como el padre Hidalgo no decía nada, pues seguíamos por el mismo camino. Estuvo mal robar, pero es que de verdad nos sentíamos furiosos.

"Pronto, las noticias llegaron a Guanajuato, y el intendente Riaño decidió proteger a todos los habitantes de la ciudad, resguardándolos en…"

El mulato calla.

Agustín tensa la quijada y con los ojos bien abiertos, pregunta, aunque ya sabía la respuesta:

—¿Dónde se guarecieron? Dímelo.

La voz entrecortada brota del mulato:

—En la Alhóndiga de Granaditas…

Un rayo surca el cielo, Agustín siente que por su cuerpo no corre sangre, sino granos de sal, ácidos, duros, golpeando su corazón, secándole la boca.

—Se escondieron todos en la Alhóndiga de Granaditas, para que el ejército del padre Hidalgo no les hiciera nada.

—¡Idiotas! ¡Imbéciles! ¡Estúpidos! —murmura Agustín para sí, mientras agita la cabeza—. La Alhóndiga no es una fortaleza, es un granero.

Ana María frunce el ceño, mientras le tiemblan las manos.

—Querido, ¿no me dijiste una vez que el intendente Riaño y el padre Hidalgo eran muy buenos amigos?

Agustín no le responde, tampoco le quita la mirada al mulato:

—Sigue... ¡Habla!

—El padre Hidalgo se enteró de todo y le mandó una carta al intendente Riaño, pidiéndole que entregara Guanajuato o que aplicaría todas las fuerzas y ardides para destruirlos, sin que les quedara esperanza de cuartel. El intendente Riaño se negó. El capitán Allende se adelantó y todos lo seguimos, pero éramos tantos que era imposible que le hiciéramos caso a otro hombre o sentimiento que no fuera la furia que llevábamos por dentro. Corrimos por las calles, entramos a las casas vacías, robamos lo que pudimos, y llegamos hasta la Alhóndiga. Yo, don Agustín, permanecí atrás, pero lo vi todo. El combate dio inicio alrededor de las ocho de la mañana, al oírse los primeros disparos sobre la alhóndiga. ¿Importa de qué bando? ¿Importa?

"Desde el techo intentaban dispararnos, pero éramos demasiados. Un río de personas, un mar de venganza que alzaba palos y gritaba por justicia. Fue con ayuda de varios mineros que pudieron acercarse a la puerta de la Alhóndiga para debilitarla; pero fuimos todos los que abrimos, o más bien la rompimos".

Se mantiene callado, y Agustín otra vez tiene la sensación de sal en las venas, como si un mar habitara en su interior, y así, como una ola que recorre la playa, aparece una frase llena de horror en los labios:

—Comenzó la masacre.

—Sí, como dijo usted —agrega el mulato—, comenzó la masacre, los ríos de sangre, los cuerpos apilados. Ay, don Agustín, los gritos eran contra los españoles, decían ¡Mueran los gachupines! Y luego los apuñalaban. Las mujeres se cubrían los ojos para atacar, los hombres eran más... violentos. Al intendente Riaño le dispararon en la nuca, y la carne voló velada por una nube de pólvora negra.

Ana María, asqueada, se cubre la boca con un pañuelo, Agustín comienza a respirar más rápido. El mulato no detiene su narración.

—Y por más que el ataque fuera en contra de los gachupines, bueno, de los españoles que habían nacido en España, y no en América, la sangre era igual de roja para los mulatos, indígenas, para todos los que fueron asesinados ese día. Que Nuestro Señor los tenga en su santa gloria. No sabe cómo me acuerdo, don Agustín, de dos señoras que parecían tener edad, con faldas largas de algodón, y rebozos sobre los hombros, con trenzas llenas de canas. Estaban haciendo las tortillas, no eran gachupinas, ni tenían perlas. Tampoco querían luchar, ni unirse al ejército del padre Hidalgo, pero eso no las hacía, perdone que lo diga, ni mejores ni peores ante los ojos de Dios. Ahí, se lo juro por nuestra Santísima Madre de Guadalupe, quedaron tiradas junto con otros cuerpos de niños. Y a ver, usted dígame, ¿qué culpa va a tener un niño? Aunque sea gachupín. ¿Qué culpa va a tener?

—Pues eso digo yo —responde Ana María.

—Y yo, mi señora —responde el mulato—, cómo le digo, yo no quise participar en la batalla, pero lo vi todo de lejos: cómo rompieron la puerta, cómo entraron, cómo mataban a la gente. Haga de cuenta las batallas en la Biblia que cuentan los padrecitos desde el púlpito. Yo no sé cuántas personas había dentro de la Alhóndiga de Granaditas, se lo juro, pero si había dos mil o tres mil personas, todas quedaron muertas. Y aquello era una peste, y un dolor. Todo era silencio y desolación. Las almas de los muertos parecían penar, ahí, juzgarnos por los que sí mataron, y por los que dejamos que los mataran.

"Y muchos de los hombres del ejército del padre Hidalgo iban con los muertos y los desnudaban. Aquello era pecado, estoy seguro. Mire que allanar a los muertos, ni aunque me ofrecieran mil reales lo hacía. Ah, pero aquellos hombres malos, les quitaron el vestido a las mujeres, y se dieron cuenta de que muchas de ellas tenían las joyas escondidas en los corsés y en los fondos sucios. Además de las que llevaban al cuello y en los oídos. ¡Bueno! Se lo digo, don Agustín, aquello fue el peor de los robos. Mire, que quitarles lo más valioso a los muertos. Dios los va a castigar, se lo juro. Ah, porque, fíjese que los más pobres, los peones del campo desnudaban a los gachupines para saber si tienen cola, que porque era algo que se contaba en algunos pueblos, como si los gachupines fueran demonios, animales, o no sé qué cosa. Son igual de personas que usted y yo, bueno, es lo que yo digo. Porque he conocido lo mismo españoles buenos que españoles ladinos, e indios buenos e indios ladinos. A lo mejor lo que distingue a un hombre es lo que uno hace, y no la casta. ¡Bueno! Pero ¿qué estoy diciendo? Me oye mi madre y me zurra la espalda con un palo, y el padrecito, otro tanto. Fíjese usted si no es blasfemia.

"Luego, llegó el padre Hidalgo, porque él no había estado presente en la batalla. ¡No, señor! No lideró a las tropas, sino que las dejó avanzar sobre la Alhóndiga, sabiendo que eran capaces de la peor crueldad, y nada más llegó a bendecir a los muertos, como si no supiera. Para mí que hacerse el inocente es pecado, y más si es uno sacerdote, como el padre Hidalgo. Ya cada uno sabe lo que tiene en su alma, para eso nos dieron conciencia, ¿qué no?".

Agustín se aclara la garganta.

—Todo eso lo había escuchado, pero no lo quería creer. Las malas noticias son más rápidas que la voz de Dios. Mi padre, ¿está bien?

—En su camino a Valladolid, el ejército del padre Hidalgo atacó pueblos y haciendas. Nos detuvimos, quise decir… yo, y muchos de nosotros, ya no estuvimos de acuerdo con lo que sucedía. ¿Qué culpa tenían los gachupines sólo por ser gachupines? Ay, ¿de qué sirve que América tenga tanto rencor de Europa? Los hombres entraron, como las maldiciones en la casa de Job, a la hacienda de su padre, como un huracán, atravesaron las paredes, rompieron los espejos, desnudaron a la virgen de los altares, y tomaron los candelabros de oro y plata. Vaciaron los graneros y las despensas. Acabaron el vino y el aguardiente. Reclutaron a los criados. Robaron cuanto pudieron y agradecieron a Dios por permitirles haber atentado contra el séptimo mandamiento.

"Su padre, don Agustín, vive, porque no se enfrentó a los hombres que entraron a la hacienda, se quedó quietecito en una esquina viendo cómo otros rompían y acababan con sus cosas. Lo mismo los collares de su noble madre, don Agustín, que las barajas de don José Joaquín. El padre Hidalgo los dejó hacer, como siempre los dejaba hacer, para mantenerlos felices, para amasar su ejército y…"

Un golpe seco en la puerta lo hace callar. Ana María y Agustín se miran en silencio, parecen asustados.

Se escucha otro golpe seco, Agustín se levanta y va hasta la entrada de la casa.

—¿Quién vive? —pregunta.

—Traigo un mensaje para el teniente Iturbide de la capital —responde una voz al otro lado.

Agustín abre la puerta. Toma la carta en sus manos y empieza a leer.

Palidece mientras lo hace, pues en ese momento llega otro hombre.

—Traigo un mensaje para Agustín de Iturbide, del cura de Dolores don Miguel Hidalgo y Costilla.

# CAPÍTULO 12

# Tenemos que escondernos

## 1810

LAS SILUETAS DE LAS PERSONAS se reflejan en la lluvia plomiza que ha caído sobre Valladolid, la piedra luce oscura, gruesas gotas caen de los techos. El cielo cargado de agua, se mueve silenciosamente sobre el firmamento.

Ana María y Agustín caminan sobre los charcos que se han formado. El semblante de ella es triste, tan similar a la tormenta.

—Entonces es cierto, te vas otra vez a la Ciudad de México. ¿Qué vas a hacer con la carta que te envió el padre Hidalgo?

Agustín se detiene, la mira a los ojos.

—No me interesa la faja de teniente general que me ofreció. Además, las autoridades de Valladolid han abandonado la ciudad. Antes de irse, el obispo Manuel Abad y Queipo, aunque es amigo cercano del padre Hidalgo, excomulgó a los rebeldes, pero sabe que ellos van hacia la Ciudad de México. ¿Te imaginas que saqueen la ciudad más importante? ¿Las muertes? ¿La sangre derramada? Vamos a detenerlos… ¿quieres que en Valladolid o la Ciudad de México se repita lo que sucedió en Guanajuato? ¿Quieres muertos sin sentido, ríos de sangre? ¿Quieres caos? ¿Quieres que las tropas del padre Hidalgo roben a diestra y siniestra cuanto poseemos?

Ana María baja la mirada y niega con la cabeza. Sus ojos están húmedos por el temor de que su amado esposo muera en la guerra.

—Oh, Agustín, ¿cómo viviré cuando no estés conmigo?

Él la mira con compasión:

—Al igual que yo, un suspiro después de otro, acercando el momento en que podamos encontramos bajo esta luna mestiza, diosa de los antiguos mexicanos, vientre de la Santísima Virgen, creación de Nuestro Señor. Tú y yo, amándonos hasta que todo lo que conocemos llegue a su fin.

Ella sonríe, tiene que ponerse en puntillas para besarlo, pues él es más alto, y ella sumerge su mente en un vaivén romántico.

Ana María se siente sola, tiene a su hijo y criados en la casa, pero le hace falta su esposo, pues su ausencia le provoca silencios, arranques de melancolía, que las flores se marchiten, y que los frijoles de la cocina tarden más en cocerse. El aire se siente diferente, metálico, sangriento, lleno de pólvora. Ana María se sienta en una ventana y mira a la gente que pasa, a los inditos que venden tamales, tierra para las macetas, chile poblano y hasta granada. La procesión de un muerto pasa, enfrente va el sacerdote, detrás los dolientes cargan el ataúd, y detrás las mujeres que lloran, con el velo negro, el rosario en las manos, y las oraciones en los labios.

En cuanto pasan vuelve el silencio, y Ana María recarga la barbilla en su mano. Suspira por Agustín y se pregunta qué estará haciendo. El sol le acaricia el rostro sólo un momento y luego se vela tras una nube.

De repente un murmullo comienza a escucharse: pasos, voces, un tumulto de genuino caos.

Alguien grita en la calle: "Vienen los hombres del padre Hidalgo"; y Ana María siente un dolor en el estómago. De inmediato va hasta su habitación, abre el joyero, y comienza a sacar sus perlas, aretes, collares, gargantillas, brazaletes y anillos y los va guardando debajo del edredón de su cama, con la esperanza de que los hombres del padre Hidalgo no lo encuentren. De inmediato piensa en los documentos personales que Agustín tiene guardados en su escritorio, y luego en los abanicos antiguos que guarda en un armario de madera preciosa que decora su sala.

Los pensamientos de Ana María son, en cierta medida inestables, pues van de aquí para allá, con la premura de la situación, y con las imágenes que se ha hecho desde que le contaron de la matanza en la Alhóndiga de Granaditas. Y entre todas las ideas que dan vueltas a su cabeza como una bola de estambre de mil colores, se detiene en una sola. Ana María suelta el collar de perlas que tiene en la mano, y éstas ruedan por los tablones de madera del piso: ¡su hijo!

Se queda fría. ¿Cómo protegerlo? Se le ocurre esconderlo en alguno de los armarios, bajo la cama, en la alacena, incluso subirlo al techo para que se quede ahí con una de las criadas.

Corre desesperada hasta el cuarto de su pequeño Agustín, con el poco aliento que le queda, grita a sus criadas pidiendo ayuda, tres de ellas se hacen presentes.

—Tenemos que escondernos —exclama Ana María.

El pequeño Agustín, compartiendo la angustia de su madre, comienza a llorar. El ruido que inunda Valladolid no es de olas de violencia, ni de gritos; no se rompen ventanas, ni se derrama sangre. Está claro que el ejército del padre Hidalgo no ha irrumpido en la ciudad como en la Alhóndiga.

Algo ha cambiado, ¿qué? Ana María les pide a las mujeres que esperen con su hijo, y va hasta la sala con cautela. Camina deslizándose por las alfombras para que no la escuchen. Acaricia las cortinas antes de hacerlas a un lado, y se da cuenta que varias personas del pueblo reciben al ejército del padre Hidalgo con aplausos, vítores, con oro y comida. Valladolid ha preferido la paz a la confrontación, al menos para mantenerse a salvo.

Ana María no tiene nada por qué sufrir y eso que no cuenta con un hombre en casa.

Con un suspiro largo, y la memoria de su esposo en la mente, susurra con enojo:

—Exiges demasiado de mí, Agustín.

En tan sólo unas horas, tras haber descansado, comido fiambres y bebido como Dios manda, el ejército del padre Hidalgo parte rumbo a la Ciudad de México. Gritan, levantan la mano con vivas a la Virgen de Guadalupe, con ánimos de ganar la guerra… y matar.

# CAPÍTULO 13

# Ser vencido por gente tan vil

## 1810

EL CIELO DESPIERTA PÁLIDO, el sol cubierto por la niebla. El pasto se mueve por el frío que se desliza de un ejército al otro. Amanece un treinta de octubre. El silencio es signo de gran tensión, no muy lejos de ahí está la entrada a la Ciudad de México, tan sólo guarecida por tres mil hombres del ejército realista. Por el otro lado, más de sesenta mil hombres están listos para luchar, la mayoría no son soldados.

La diferencia numérica es la primera causa para que el ejército realista comience a perder la fe, incluso cuando el general Torcuato Trujillo lee en voz alta la carta que ha recibido del virrey Francisco Venegas horas antes:

Trescientos años de triunfos y conquistas de las armas españolas en estas regiones nos contemplan... Vencer o morir es nuestra divisa.
Si a usted le toca pagar ese precio, tendrá la gloria de haberse anticipado a mí de pocas horas en consumar tan grato holocausto: yo no podré sobrevivir a la mengua de ser vencido por gente tan vil.

Agustín, siendo teniente, escucha aquellas palabras con atención desde el flanco derecho, pero sin dejar de sentir miedo. Le duele la quijada, la cabeza y las puntas de los pies. De su lado están los militares realistas de carrera que tienen las armas; del otro una turba insurgente cuyo deseo de venganza es su pólvora.

Acompañando al padre Hidalgo, Agustín reconoce a Ignacio Allende, también a Aldama y a Abasolo, y recuerda la tarde remota en que los había escuchado en Veracruz hablar contra los excesos de los españoles en América. Se arrepiente de no haberlos denunciado, quizá se hubieran salvado muchas vidas inocentes. El cielo se torna del mismo color que la plata, y hasta el aire sabe metálico. Las posiciones se van acomodando como las figuras de un tablero de ajedrez, los hombres de Miguel de Yermo (los mismos que arrestaron al virrey Iturrigaray en 1808) están ahí, listos para luchar por el bando realista.

Agustín, montado sobre un caballo marrón como digno Dragón de la Reina, se vuelve hacia la caballería y los cañones realistas que han escondido en el espeso follaje. Consulta su reloj, pasan unos minutos de las ocho y media.

Espera a que el general Trujillo dé la primera orden para atacar, pero mientras eso sucede, los rebeldes insurgentes avanzan en una columna hacia el centro del campo. Trujillo los señala con su espada, y sus hombres acatan a la orden, la artillería realista comienza a disparar. Vuelan las balas, se elevan nubes de pólvora, un estallido tras otro se escucha aquella mañana, y la columna de los rebeldes se asusta, se dispersa y corre de regreso por donde han venido.

Los soldados no cesan, mientras el general Ignacio Allende coloca a la izquierda el Regimiento de Celaya y a la derecha a los Dragones de Pátzcuaro; el grueso de los hombres ataca, sin instrucción alguna. Agustín, con sólo una mirada, comprende que aquéllos no son soldados, sino los hombres y mujeres de campo que han decidido acompañar al padre Hidalgo en su peregrinar hacia la Ciudad de México: les falta disciplina, no siguen órdenes, carecen de táctica... levantan el cuchillo o el garrote para atacar, pero no saben cómo hacerlo.

Uno de los cañones realistas que han escondido detrás de un arbusto, hace su primera explosión, y la bala de cañón vuela breve y negra hacia un grupo de hombres que corre hacia los realistas. Son los primeros caídos del día, el golpe, los deja muertos sobre el campo. Pronto, otros los siguen. En los hombres de Hidalgo, el deseo de aventura y venganza se ha transformado en miedo, y sangre. Apenas se dan cuenta que su coraje no basta para luchar.

Los insurgentes llevan listones y banderines de azul y blanco, el color que han escogido para su causa, pues representaba su fe católica.

A pesar de la lluvia de balas que le rozan el oído, el pecho y los muslos. Agustín avanza por el campo con el resto de su tropa. Encuentra a un hombre que le levanta un machete sucio, no sólo por el lodo sino por la sangre. Gruesas gotas de sudor ruedan por la frente de Agustín, mientras éste trata de defenderse con la espada; ora con un golpe bajo, ora haciendo un movimiento rápido para que el machete no le alcance el pecho.

Otro cañón vuelve a rugir, el hombre insurgente se asusta.

Agustín aprovecha el descuido y baja la pistola con destreza, de tal suerte que el tiro atraviesa el pecho de aquel hombre, quien cae sobre el pasto y muere desangrado.

Agustín, recordando el mandamiento que le ordena no matar al prójimo, se dice: todo es lícito cuando uno se debate entre la vida y la muerte en el campo de batalla, lo mismo que en los designios del corazón.

El ejército realista es más diestro, pero el enemigo rebelde es numeroso. Pronto, Agustín se da cuenta de que toda la actividad se concentra en el centro del campo de batalla, donde Ignacio Allende y Miguel Hidalgo dan las órdenes. El ataque es fuerte, Agustín lo ve así... ¿acaso es miedo o excitación lo que siente? Tal vez una mezcla de los dos lo hace sentirse vivo, tal vez las balas, el olor quemado de los cañones que disparan, una y otra vez. ¡Bum!

Desde luego la proximidad de la muerte bombea en sus venas, pues el campo se riega con sangre, cuerpos muertos, miembros mutilados, gritos de horror y guerra...

¡Bum! Otro cañonazo.

Agustín ordena a sus hombres que vayan a la parte central del campo para apoyar al resto del ejército realista, pero de poco le valió. El ejército rebelde aún es demasiado y ha tomado la parte alta del terreno para disparar desde ahí... ¡Bum!

Agustín tiene que retroceder, su caballo se alza momentáneamente en dos patas, pero logra recuperar la estabilidad. Y es que un grupo de charros, armados sólo con cuchillos y machetes, se abre paso entre la caballería y se dirige hacia el área de los cañones, donde toman control de éstos y los usan contra los realistas.

Se escucha la voz de Ignacio Allende:

—Rendíos, os daremos puestos en nuestras filas.

Sin embargo, recibe chiflidos como respuesta. Los soldados realistas se saben perdidos, y Torcuato Trujillo, Agustín de Iturbide, y el resto de los supervivientes, emprenden la huida hacia Cuajimalpa.

Pronto el Monte de las Cruces se llena de zopilotes. No hay resistencia entre el sanguinario ejército del padre Hidalgo y la Ciudad de México.

Allende y Abasolo deciden ir solos a la Ciudad de México para comunicarle al virrey que debe rendirse.

Un miedo terrible recorre Nueva España.

Ya en calma, el ejército realista monta un campamento. Están esperando que llegue el general Félix María Calleja que viene de camino con más tropas, pero Agustín no sabe si llegará a tiempo. Es sólo cuestión de horas para que el ejército del padre Hidalgo tome la Ciudad de México.

Con calma cuentan a todos los hombres que han alcanzado a huir, y así estiman que han muerto alrededor de mil quinientos soldados realistas, pero que del otro bando esa cifra ha sido de por lo menos el doble o el triple.

Y sin embargo, nosotros perdimos la batalla, suspira Agustín, mientras contempla el atardecer cenizo que ilumina el pueblo de Santa Fe.

Cansado, con dolor en las articulaciones y las botas enlodadas, le da un buen trago al aguardiente que reparten entre la tropa, al menos para quitarse el miedo que todavía siente. El uniforme se le pega al pecho, el sudor aún le resbala por la espalda.

Torcuato Trujillo recibe cartas de la Ciudad de México.

En la primera, el ayuntamiento le confirma que Allende y Abasolo llegaron al Real Palacio para negociar con el virrey Venegas, pero éste no los escucha y ordena su ejecución. Poco tiempo después llegó otra carta, donde se informa que, por intercesión del arzobispado, se les ha perdonado la vida, y vuelven a su campamento en el Cerro de las Cruces.

El tiempo es esencial, Calleja se dirige a la Ciudad de México, pero si no llega a tiempo... Agustín sabía bien lo que sucedería. Cierra los ojos y recuerda la batalla, los cañonazos, los banderines de azul y blanco.

Esa noche, no puede dormir, espera lo peor. Recostado en un catre improvisado, tiembla por el frío que se confunde con el miedo, y el nudo que se le forma en la garganta cuando imagina al ejército insurgente, rompiendo ventanas, robando el oro de los altares, y convirtiendo la Ciudad de México en un muladar bíblico de lodo, sangre, degollinas, y... ¿todo para qué?

Después de varias horas, Agustín se levanta y camina. Cuando el cielo se ilumina, pálido, el pueblo de Santa Fe aparece de entre las sombras. Se nota un ambiente tenso entre los soldados realistas y los dragones de la reina. Un hombre llega al campamento, un mensajero que viene de la Ciudad de México. Tiene noticias importantes sobre el ejército del padre Hidalgo.

Torcuato Trujillo toma el parte que le han enviado, abre el sobre y extrae un sólo pliego de papel. Lo lee en silencio. Pronto, Agustín se da cuenta que otros hombres se acercan. Todos quieren saber las últimas noticias, y Torcuato Trujillo baja el papel y mira a sus hombres con la mirada tensa.

—Los rebeldes han hecho su movimiento.

—¿Entraron a la Ciudad de México? —pregunta Agustín.

Torcuato Trujillo niega con la cabeza.

—Los rebeldes marchan directamente a Valladolid.

Agustín piensa en todo lo que le ha costado al ejército insurgente llegar hasta la Ciudad de México, especialmente en los muertos de la Alhóndiga de Granaditas, y todo para que el padre Hidalgo se acobardara de último momento.

¿Todo para qué? Vuelve a preguntarse.

## CAPÍTULO 14

# Feliz en la guerra

## 1824

EN EL AÑO DE 1810 hizo su explosión la revolución proyectada por don Miguel Hidalgo, cura de Dolores, quien me ofreció la faja de teniente general. La desprecié, sin embargo, porque me persuadí de que los planes del cura estaban mal concebidos, pues comprendí que no podrían llevarse a cabo. El tiempo me dio la razón, hijo mío. ¿Qué puede engendrar la violencia y el odio, sino más sangre y muerte de la que provino? La lucha de Hidalgo nació del rencor justificado por el abuso de los hacendados, pero provocó, con su lucha, más odio e injusticias.

Hidalgo y los que lo sucedieron, siguiendo su ejemplo desolaron al país, destruyeron las fortunas, radicaron el odio entre europeos y americanos, sacrificaron millares de víctimas, obstruyeron las fuentes de las riquezas, desorganizaron el ejército, aniquilaron la industria, hicieron de peor condición la suerte de los americanos, excitando la vigilancia de los españoles a vista del peligro que los amenazaba, corrompiendo las costumbres; y lejos de conseguir la independencia, aumentaron los obstáculos que a ella se oponían.

Yo, hijo mío, no era contrario a sus ideas más básicas, por cuanto también era partidario de la libertad, y también comencé a pensar en qué sería de nuestro reino si no estuviera sujeto a otro. Después de todo, habíamos podido vivir aunque faltara un Borbón en el trono de España. Los americanos tenían derecho a gobernar el territorio en el cual habían nacido.

Si tomé las armas en aquella época, no fue para hacer la guerra a los americanos, sino a los que infestaban el país, levantándose en armas, provocando la muerte, creyendo que el único camino para la paz era a través de la violencia. ¿No hubieras hecho lo mismo que yo, hijo mío, al menos para recuperar la calma a la que todos tenemos derecho?

Después de la batalla en el Monte de las Cruces, Hidalgo y sus huestes emprendieron la huida hacia Valladolid, pero no me preocupé de forma alguna, pues antes de llegar a la ciudad le hicieron llegar a mi padre un salvoconducto, en el cual se le informaba que sus propiedades y las mías estarían exentas del saqueo y del incendio, y libres de ser asesinados los dependientes destinados a su servicio (cual fuera entonces la costumbre) con sólo la condición de que me separara del bando realista y permaneciese neutral. No acepté porque mis principios e ideales no me lo permitieron. De cualquier modo, respetaron mis bienes y a mi familia.

Siempre consideré criminal al indolente cobarde que en tiempo de convulsiones políticas se conservase apático espectador de los males que afligen a la sociedad, sin tomar en ellos una parte para disminuir, al menos, los de sus conciudadanos. Salí, pues, a campaña para servir a los americanos, al rey de España y a los españoles. Todos éramos parte del mismo reino.

Después de haberme destacado en la batalla del Monte de las Cruces, fui nombrado capitán de la compañía de Huichapan del batallón de Toluca, hecho que alegró mucho a mi padre, y entristeció a mi querida Ana María, pues significaba que me quedaría alejado de ella, y durante un embarazo. Recuerda que fue en diciembre de 1810 que nació mi segunda hija, tu hermana Sabina.

A inicios del siguiente año, se me ordenó sofocar la rebelión en el sur del país, lo que se llama Tierra Caliente. Desde el inicio comprendí que no se trataba de una guerra cotidiana, como la que el general Calleja me había contado las tardes largas que pasamos en Xalapa esperando a que llegaran los ingleses, y puesto que éstos nunca se atrevieron a cruzar el océano, las anécdotas se prolongaron. No, la guerra que vivíamos tampoco era como la que había leído en los libros de mi padre. Lo que los rebeldes hacían era formar pequeños grupos y atacar, lo mismo un poblado que tomar una carretera. Como si se tratara de hacer pequeñas guerras, o guerrillas.

Por lo mismo, comprendí que no podía hacerles frente de la forma habitual. Pues no estaba yo al mando de un ejército, esperando a que otro me atacara de frente. Verás, hijo mío, el cura Hidalgo dejó pronto Valladolid y comenzó a moverse hacia Guadalajara con todo su ejército, diezmado en moral, hombres y parque, se derrotaba a sí mismo en cada oportunidad que tenían, y su ejército abusaba del pulque con regularidad. A pesar de esto, simpatizantes del cura Hidalgo comenzaron a levantarse en armas, por todo el reino, con tropas no mayores a doscientos hombres, con las cuales podían llegar a pueblos y ciudades de los que buscaban apoyo, recibir alojamiento y comida, y continuar con su incesante campaña de tomar cuantas plazas pudieran, o causarle bajas al ejército insurgente.

Así, mientras la fama del cura Hidalgo comenzaba a extinguirse, la del cura Morelos iba en ascenso.

Estando yo en Tierra Caliente, librando mis primeras batallas con los grupos guerrilleros que aparecían; escuchaba en los pueblos, en las cartas que mi esposa me hacía llegar de Valladolid y hasta de los mismos párrocos, las andanzas en las que el cura Hidalgo se había involucrado, y de cómo había proclamado el fin de la esclavitud. Completamente fuera de la realidad, se había proclamado Alteza Serenísima, y se había dedicado a capturar a cuanto español encontrara en los pueblos en los que caminaba con su ejército. Ahora me viene a la mente un pasaje bíblico: la del patriarca Moisés caminando cuarenta días y cuarenta noches en el desierto. Por órdenes del mismo Hidalgo, muchos de esos prisioneros españoles, inocentes de todo crimen, fueron atacados con machetes y descuartizados en las Barrancas de Oblatos para mantener contenta a la turba, la cual guardaba un rencor grandísimo por el abuso de los españoles peninsulares en los últimos años. De igual forma en que había sucedido en el Cerro del Molcajete.

Cuando la noticia de la matanza comenzó a extenderse por toda la región, el padre Hidalgo perdió popularidad, no así su movimiento.

El reino se iba sumergiendo, lentamente, en un hartazgo por la violencia y el odio, por la enfermedad, por la falta de amor entre amigos, hermanos, padres e hijos.

Te preguntarás, hijo mío, qué fue de tu padre. Al mando del ejército de Tula, y sirviendo bajo las órdenes del general Diego García Conde iniciamos diversas campañas entre Querétaro y Guanajuato.

Aunque nunca lo esperé, siempre fui feliz en la guerra: la victoria fue compañera inseparable de las tropas que mandé. No perdí una acción. Batí a cuantos enemigos se me presentaron, muchas veces con fuerzas inferiores en proporción de uno a diez, o de ocho a veinte.

Mandé en jefe sitios de puntos fortificados, de todos desalojé al enemigo, y destruí aquellos en que se fomentaba la discordia. No tuve otros contrarios que los que lo eran de la causa que defendía, ni más rivales que los que en lo sucesivo me atrajo la envidia, por mi buena suerte. ¡Ah! ¿A quién no le faltan enemigos cuando la fortuna sonríe?

La planicie en la que me batí era extensa, con frecuencia llana, de un verde que llenaba la vista. El temor de ser emboscado no me permitía dormir por la noches, y más aún porque tenía conocimiento de un bandolero que asaltaba caminos, robaba las mulas y coches, y atacaba a los pueblos que simpatizaban con el ejército realista.

Tu padre, Agustín de Iturbide
Bury Street en Londres a 13 de marzo de 1824

# CAPÍTULO 15

# El proceso ha seguido su curso

## 1811

AUNQUE LA BATALLA LLEGÓ A SU FIN, aún se escuchan disparos aislados por parte del batallón insurgente, pero pronto llega el silencio. Los sobrevivientes, y quienes no han huido, son tomados prisioneros. Se les atan pies y manos con cuerdas gruesas, y los soldados realistas revisan el campamento insurgente.

Agustín no participa en estas actividades, pues las ha ordenado el general Diego García Conde. Más bien está interesado en leer, con horror, la carta que le ha enviado su madre, en la cual narra los días finales del cura Hidalgo en Chihuahua. Con el viento de la tarde, y una buena copa de aguardiente de anís que bebe siempre que gana una batalla, Agustín se entera que el cura Hidalgo y su comitiva fueron arrestados al poco tiempo de perder una batalla en Puente de Calderón, y que fue sometido a dos juicios: uno por la Santa inquisición y otro de carácter militar, el cual lo condenó a muerte.

Las imágenes llegan a su mente mientras lee la carta. De la bruma de su memoria, emerge la figura de un cura Hidalgo pálido, con la piel seca y las cuencas de los ojos sumidas, las manos huesudas. Derrotado más en su espíritu que en su cuerpo, sale de su celda rumbo al patio donde será fusilado. Va escoltado por hombres que le tienen lástima. Al llegar al punto donde ha de morir reparte dulces entre sus verdugos, y le vendan los ojos con una tela blanca de algodón que fue perfumada minutos antes. Al cura le tiembla el labio inferior, quizás con la idea de que sus alientos están contados, para ser arrebatados de golpe.

En un acto de valentía, Miguel Hidalgo pide que le quiten la venda para ver de frente a la vida, para enfrentar de cara a la muerte.

Se sienta en una de las sillas, y contempla a los hombres que lo esperan con los fusiles cargados. A forma de últimas palabras pide que le disparen en su mano derecha, y luego la pone sobre el corazón… las balas hacen el resto. Minutos después, una lluvia fría lava la sangre del patio.

Sí, ésos son los extraños pensamientos que llenan la mente de Agustín, y que acosarán sus pesadillas por varias noches, y más cuando se entera, por la última hoja de aquella carta, que un comandante tarahumara, de apellido Salcedo, le cortó la cabeza al cura Hidalgo de un solo tajo de machete, trabajo por el que recibió un pago de veinte pesos. La cabeza, junto con la de Aldama, Allende y Mariano Jiménez, son colocadas en una pequeña jaula de hierro en la Alhóndiga de Granaditas, una cabeza en cada esquina… a modo de castigo después de la muerte, y como para decirle al resto de los rebeldes que eso les puede pasar si no dejan las armas.

Destino terrible, piensa Agustín, pasar los años de la muerte en una pequeña jaula. Es una imagen que quiere borrar, pero no puede, cierra los ojos y ahí está, la cabeza sin cuerpo del cura Hidalgo, juzgándolo.

Agustín hace la carta a un lado, sintiendo asco. Planea quedarse un rato dentro de su casa de campaña, mas pronto se da cuenta que no está solo. Dos de sus hombres de confianza, lo miran en silencio.

—Nos dijo el general que viniéramos con usted. Ya los arrestamos, mi capitán… los vamos a llevar a la cárcel de la ciudad más cercana para que los encierren y se les quiten las ganas de hacer desmanes, pero hay algo que tiene que ver…

Agustín se apoya de los descansabrazos para ponerse de pie.

—Vamos, a ver qué tienen que decir.

Salen de la tienda de campaña, y caminan hasta alejarse del campamento. Ahí, los soldados realistas retienen a dos hombres de no más de treinta años, con la frente manchada de sudor y sangre, y las manos atadas detrás de la espalda. No parecen nerviosos, aunque bajan la cabeza en vergüenza.

—¿Qué han hecho estos hombres? —pregunta Agustín con voz de trueno, para que lo escuchen todos.

Uno de los soldados realistas señala al primero de los prisioneros, un hombre moreno, de larga cabellera castaña.

—Cuando agarramos a éste, llevaba una bolsa con varias cosas, mire. Se la enseñamos: éste es un san Pedro vestido de oro, y esto otro una copa de plata. Véalo, esa ropa, las uñas llenas de tierra. Este hombre es un jornalero, y robó todo esto de alguna iglesia.

El acusado traga saliva, incapaz de cruzar mirada con Agustín.

El mismo soldado señala al segundo de los prisioneros.

—Este otro se parece mucho a una descripción de un conocido violador de mujeres de la zona.

El acusado reclama:

—¡Cabrones! ¡Todos los gachupines son peores que yo!

Agustín no le responde, sólo lo mira con desprecio. Luego se vuelve hacia sus hombres.

—Que sean sometidos a un proceso justo. Sobre el primer prisionero, es menester que sepamos de qué templo fueron robados estos santos objetos para que sean devueltos al altar al que pertenecen. Sobre el segundo prisionero, si alguna de las doncellas que sufrieron los excesos de este... caballero, lo reconoce; entonces también sométanlo a proceso. Así, sus acciones definirán su destino.

Sin decir más, vuelve a su tienda de campaña.

Es dos días, mientras analiza con cautela un mapa de Guanajuato, escucha dos descargas de fusil a lo lejos.

—El proceso ha seguido su curso —suspira Agustín.

Es la cuarta vez, en dos meses, que escucha la justicia aparecer a través de descargas de pólvora, pero no tiene consideración alguna con aquellos que rompen la ley en nombre de alguna bandera... aunque fuera la suya.

Todo el bajío está dominado por un guerrillero de nombre Albino García Ramos, al que apodan El Manco y que, con 130 hombres, ha logrado hacerse famoso por las batallas que ha ganado por toda la región.

Albino es escurridizo, sabe escapar de las tropas de Diego García y de Agustín de Iturbide. Es, pues, como una peste mortal.

Una guerra relámpago, se dice Agustín, pues los ataques son súbitos, como la luz, pero cuando se sabe de ellos, ya no están en aquella región. Estudiando la forma en que Albino García peleaba, Diego García y Agustín se dan cuenta de que toda la guerra en el reino americano se ha convertido en eso. Desde luego, la única forma de confrontar esas guerritas, es hacerlo de una forma muy inteligente. No pueden anticiparse a la lucha, ni adivinar el siguiente lugar donde actuarán, pero sí jugar desde otro campo.

De este modo, Agustín traza un plan, y el general Diego García lo aprueba.

Agustín manda a uno de sus hombres a seguir al ejército de Albino García, con la encomienda de que se haga amigo de su mano derecha, un señor de apellido Rubio. De esta forma, le podrá ofrecer sólo a Rubio una cantidad importante en pesos y reales para que le informe dónde sería el siguiente ataque.

El hombre acepta la misión y parte al amanecer. Durante dos semanas no se sabe de él, sólo de Albino García ganando plazas aquí y allá. Es tanto el tiempo que esperan en el campamento realista, que Agustín empieza a creer que ha sido su hombre el que los ha traicionado.

Por fin, el hombre regresa al campamento realista, y lo llevan frente a Agustín, pues sólo hablará ante él. Así lo hacen.

—¿Y bien? —pregunta su superior —. ¿Has cumplido con lo que se te ordenó?

—Se esconderán en Valle de Santiago, Albino está enfermo.

Agustín asiente, y después de un momento de reflexión, exclama:

—Bien, todo está listo. No los confrontaremos.

—¿Señor? —pregunta el soldado confundido.

—No los confrontaremos —repite Agustín.

Valle de Santiago es un terreno lleno de cráteres y volcanes, casi como la superficie de otro planeta, o al menos eso es lo que imagina Agustín desde lejos; pues, aunque no sabe mucho sobre astronomía, lo que está más allá de las estrellas excita su imaginación.

El poblado está tranquilo, la tropa de Albino García camina por el pueblo sin importarle el sol que quema el mundo con su luz ardiente. La tierra está seca. Terrones rojos y ocres cubren todo el piso.

Agustín vuelve a notar que muchos de los soldados insurgentes tienen una estampa de la Virgen de Guadalupe, lo mismo en el sombrero, que prendida sobre el pecho. Desde la batalla en el Monte de las Cruces las ha encontrado una y otra vez.

—Son más que nosotros —dice uno de los soldados.

Agustín respira profundo mientras analiza, de lejos, las diferentes entradas al poblado, y recuerda su sueño de la Virgen de Guadalupe, patrona de la Insurgencia, y la Virgen de los Remedios, patrona de los realistas. Enfrentadas por rezos con causas opuestas. ¿A quién escuchará Dios? ¿Cómo impondrá su voluntad?

—Debimos venir mejor preparados —insiste el soldado.

—¿Cuál es tu nombre?

—Vicente Filisola, señor Iturbide. Soy un gran admirador de su labor en el campo de batalla. Pedí servir bajo su mando.

—Bien, señor Filisola. Me mantengo en lo que dije: no los confrontaremos... no como siempre. Es momento de que cada uno de nosotros vaya a sus puestos. Usted sígame, señor Filisola.

Los cincuenta soldados que acompañan a Agustín rodean el poblado. A la orden de éste, avanzan con el fusil al hombro, y sorprenden a los hombres de Albino. Por donde anda Agustín no hubo disparos, pero sí escucha algunos provenientes del otro lado de Valle de Santiago.

Los hombres de Albino García son desarmados con rapidez, sólo entonces se les puede apresar, a pesar de las protestas de la gente, que se asoma a las ventanas a gritar injurias contra la corona, y a vaciar bacinicas y otros trastes llenos de líquidos corporales, por demás desagradables. Agustín manda catear las casas, una por una los soldados inspeccionan el contenido de roperos, anaqueles de cocina, macetas de los patios, y hasta revisan sobre los techos. A Albino García lo encuentran debajo de una cama, en ropa de dormir. Tiembla y está pálido. Agustín no se tienta el corazón de verlo enfermo, bastantes problemas les ha costado. Demasiados dolores de cabeza y pesadillas, y a muchos comerciantes de la zona.

Estos insurgentes, piensa Agustín al verlo tan débil, son ante todo humanos, mal hacen los que quieren verlos como algo más.

En el primer momento de calma que tiene, ordena que lleven a Albino García y a su tropa a Celaya donde serán juzgados... sólo como trámite. Su destino está sellado y terminará en una nube de pólvora.

Esa noche, Agustín se sienta a la mesa del general, y exclama:

—Le voy a decir la verdad. No puedo calcular con precisión el número de insurgentes que perdieron la vida porque estaban diseminados en casas y calles, pero con los ciento cincuenta que mandé fusilar y los que perdieron la vida luchando, sumarán algo así como trescientos muertos.

El general García Diego levanta la copa.

—Lo felicito, Iturbide. Es usted un militar capaz, un jinete experto y un estratega único. Merecido tiene el apodo de Dragón de Hierro. ¿Por qué no sonríe un poco?

—Porque no hallo consuelo fusilando a tantos hombres, no puedo hallar paz con mi conciencia. Ni siquiera mi religión, a la que tanto quiero, me consuela en estos momentos.

El general suelta una risotada y le da un buen trago al vino. La mesa queda salpicada de gotas moradas.

—Ah, eso es falta de experiencia. Espere a fusilar a otros trescientos locos, o tres mil. Eso acallará su conciencia, y ya no necesitará más consuelo que su lecho matrimonial.

Agustín deja la copa sobre la mesa y baja la cabeza.

—No es hipocresía, hay pocas cosas que tiran el ánimo de un hombre como ocasionar la muerte de un semejante. Hoy fui culpable de muchas, pero fue por el bienestar de todos. Eso lo creo.

Días después, cerca de Guanajuato, Agustín aprovecha una tarde para recorrer las calles que aún lucen las heridas del paso del ejército del cura Hidalgo. Algunas ventanas están rotas, signos de balas pueden verse en las esquinas. La gente aún tiene miedo, caminan en silencio por la terracería, aprietan las compras del mercado como si se las fueran a robar. Algunas mujeres no salen, sólo se asoman a través de las cortinas.

Sí, pensó Agustín, el miedo está presente, y comienza a expandirse por todo el reino. ¿Y cómo puede sanar si los campos huelen a sangre y pólvora, los salteadores de caminos roban todo lo que pueden, los cementerios tienen tumbas frescas, y el resentimiento de los americanos contra los europeos está más vivo que nunca?

Llega hasta la Alhóndiga de Granaditas, la vista era aún más lamentable. Las puertas están quemadas, la muerte sigue presente en el aire pesado, y las manchas de sangre que pueden verse en las esquinas, en las paredes, lucen las marcas de lo que ha sido la toma del edificio. ¿No estará lleno de espíritus incapaces de descansar en paz? Aunque el cielo carece de nubes y está más azul que de costumbre, por un momento Agustín siente tal pesadez dentro del pecho que todo el color se le fue al mundo. Y más, cuando en una de las esquinas descubre dentro de una jaula que cuelga una masa carcomida del tamaño de una pelota grande, coronada por una mata de pelo canoso. La cabeza de don Miguel Hidalgo y Costilla apenas se parece a lo que fue en vida, pues la boca está torcida en una mueca horrorosa. Los hoyos de la nariz se ven grandes... y los ojos han sido cosidos para evitar que se abran.

Ahí está el iniciador de la Insurgencia, cerrada la boca que incitó a un montón de campesinos a levantarse en armas contra la opresión y los tributos desmedidos. Cerrados los ojos que esperaban ver un mejor reino.

Con el soplo del aire, se agita la jaula, pero no el reino.

—¿Quién escuchará primero nuestras plegarias, la Virgen de Guadalupe o la Virgen de los Remedios? —se pregunta, y en silencio vuelve al campamento realista.

# CAPÍTULO 16

# Conspiraciones, tramas y traiciones

## 1824

TRAS EL ARRESTO y la ejecución de Albino García, creció mi popularidad, y el virrey escogió promoverme al grado de teniente coronel. Conduje a mis tropas a la Hacienda de San Nicolás de vuelta al Valle de Santiago, pues se me había encargado el arresto de otro líder insurgente, un tal José de Liceaga que se reuniría en ese lugar con otros insurgentes. Me batí con ellos. Pocas veces vi enemigos tan tenaces en una batalla, pero pagaron caro su temeridad. Me costó una tarde entera de pólvora y sangre arrestarlo, hecho que ocasionó algunas bajas en mis tropas.

Por supuesto, gozaba yo de la protección del Dios de los Ejércitos, y mi tropa de su bendición. Cuando el general García Conde le contó al virrey de mí, dijo que era yo era un oficial valioso, y que constantemente demostraba valor, prudencia y destreza militar. Eso me valió que me asignaran un regimiento en Guadalajara. Le escribí a tu madre, y partí.

El simple hecho de pensar que las conspiraciones, tramas y traiciones dejaron de existir en Nueva España sólo porque un cura de pueblo había gritado en Dolores, me resultaba ridículo. Es, hijo mío, una forma muy simplona de pensar.

Recordarás que fui testigo de múltiples conspiraciones que se dieron en el reino. ¿Qué sucedió con todos aquellos hombres y mujeres que conspiraban para imponer su propia junta en la Ciudad de México o pedir la emancipación de España? Te lo diré, se convirtieron en una organización secreta que se llamó Los Guadalupes.

No sé cuándo surgieron como grupo, quizás podríamos decir que sucedió cuando el virrey fue destituido en 1808, pero se organizaron a partir de las primeras revueltas del cura Hidalgo. Desde luego, se trataba de hombres y mujeres españoles, criollos, y de otras clases privilegiadas, que querían apoyar la idea de un gobierno de americanos, pero que no iban a luchar con los jornaleros. Ya sabes, les gustaba el privilegio de ayudar a una causa con dinero.

Era muy sencillo para ellos acompañarse de figuras, cartoncillos o medallas de la Santísima Virgen de Guadalupe, de forma que para el ciudadano común no significaran nada, pero para sus compañeros se convertía en una invitación, casi un susurro: "¿Pertenece usted a los Guadalupes?".

Así creció el grupo, entre los que se encontraban nombres que ahora conoces bien: Andrés Quintana Roo o José María de la Llave. Quizás la más extraordinaria de todas fue Leona Vicario, la insurgente más valiente, pues enfrentó al Tribunal de la Santa Inquisición sin delatar a sus aliados y conspiradores.

Parecerá extraño que lo sepas, hijo mío, pero era común que en las familias donde hubiera un soldado realista también hubiera algún miembro de los Guadalupes; o que en la misma familia un hermano peleara por la insurgencia, y el otro fuera soldado realista. Así es como se llevaba la guerra, en la que, en su mayoría, americanos luchaban contra americanos.

Y mientras hubiera armas, dinero, fe, y hombres que sangraran por sus ideales, ¿cómo se le pondría fin a la guerra? ¿Qué paz puede tener una nación donde hay tantas ideas de quién debe asumir el gobierno y bajo qué forma de pensar? No había diálogo y concordia, pues el deseo de imponer su voluntad era más grande.

Los americanos somos de sangre caliente, nuestro corazón es como un volcán que explota con pasión, lo mismo para la guerra que para el amor. Estamos hechos de lava, gritamos con el juego, bebemos para celebrar, y no concebimos ninguna fiesta si no hay comida. El alma se alimenta de la música y el baile, y podemos crear nuevas estrellas con sólo hacer el amor.

Esto, hijo mío, es parte de la herencia que tengo para ti, no importa a dónde viajes, siempre llevarás Valladolid y México contigo.

¿Recordarás que en otra carta escribí que la única parte de España que permaneció libre de la perniciosa influencia de José Bonaparte, Pepe Botella, fue Cádiz? La última soberanía del reino español no quedó en Fernando VII, sino en las cortes que se establecieron precisamente en Cádiz, y que tuvieron diputados de todos los rincones del imperio español. De Nueva España, y por nombrar algunos, fueron Manuel María Mejía de Oaxaca, Antonio Joaquín Pérez Martínez, Canónigo Magistral de la catedral de Puebla de los Ángeles, Pedro Bautista Pino de Nuevo México, y Joaquín Maniau y Torquemada de Veracruz. Lo mismo acudieron hombres de la Capitanía General de Filipinas y Guatemala, y discutieron en igualdad de voz y derechos con los diputados del Reino de Galicia, de la Mancha o de León.

Este hecho sin precedentes significó que todos los habitantes españoles pudieran discutir como iguales sobre el futuro del reino.

Algunos de los diputados eran completamente serviles al rey de España, y discutían reformas a favor de los borbones, no de los españoles. Otros, más moderados, establecían una soberanía que debía compartirse entre el pueblo y el rey. Y por último, los más radicales decían que la monarquía había terminado para siempre, y que Fernando VII nunca debía volver al poder.

Eran tantas las peleas que en lo único que se habían puesto de acuerdo era en desconocer a José Bonaparte como gobernante de España.

Entre 1810 y 1812 discutieron diferentes leyes, hasta crear 384 artículos organizados en diez títulos. El contenido, hijo mío, era tan diferente al resto de las Constituciones de entonces, que sólo puedo decir que la Constitución de Cádiz fue la más moderna de la época. Quizás el artículo que más causó habladurías, incluso en México, Valladolid, Oaxaca, Puebla, Nueva Galicia, y cuanto reino americano te puedas imaginar, era el tercero:

"La soberanía reside esencialmente en la Nación, y por lo mismo pertenece a ésta exclusivamente el derecho de establecer sus leyes fundamentales."

Te preguntarás, ¿dónde quedó aquel derecho divino que por tanto tiempo se había defendido? En el pasado. Ahí.

Además, el artículo 13 protegía la libertad de escribir, imprimir y publicar sus ideas políticas sin necesidad de licencia, revisión y aprobación alguna anteriores a la publicación. Sí, ahora cualquiera que tuviera los recursos podría compartir sus ideas. Esto significaba, en esencia, que ningún gobierno podía censurar una publicación, aunque ya se sabe que esto en la práctica no tiene mucha utilidad, pues cualquier panfleto o periódico sedicioso era destruido, y su autor enviado a la cárcel.

Te preguntarás, hijo mío, cuál fue el artículo que más llamó mi atención, y puedo decirte sin dudar, que el 18:

"Son ciudadanos aquellos españoles que por ambas líneas traen su origen de los dominios españoles de ambos hemisferios, y están avecindados en cualquier pueblo de los mismos dominios".

Todos, criollos y mestizos, los nacidos en Perú y Buenos Aires, en Filipinas o en Guanajuato, eran españoles. ¿Igualdad? Cosa igual no había sido vista en el imperio español. El mundo ya no giraba como antes.

Todos pensamos que con la muerte del cura Hidalgo la lucha que había iniciado iría muriendo; o al menos perdería su fuerza, pero sucedió lo contrario. Distintas sublevaciones se dieron en todo el reino, y tanto los que luchaban contra el imperio como los que luchábamos a favor, comenzamos a ganar cierta notoriedad. Entre los realistas, el general Calleja y yo comenzamos a destacar por nuestras continuas victorias, pero del bando insurgente quien surgió como líder político, militar y moral fue un sacerdote de mi tierra llamado José María Teclo Morelos Pérez y Pavón.

A diferencia del cura Hidalgo, quien pregonó primero que buscaba el retorno de Fernando VII al trono de España y luego habló de una Nueva España libre de españoles, Morelos buscaba algo más noble: la emancipación completa de América Septentrional. Durante años se habían escuchado voces que pedían lo mismo, incluso algunas que argumentaban que los antiguos mexicas debían volver a la Ciudad de México, para que todos los europeos se retiraran por donde habían venido.

La voz de Morelos resonó fuerte y clara por todo el reino, como una bocanada de aire caliente en medio del invierno. Era potente, clara, quizás una de las mejores que ha producido Valladolid. No sólo fue uno de los militares con más habilidad que he encontrado en el campo de batalla, sino un pensador ejemplar, y un católico devoto.

Podría, hijo mío, escribir un tratado sobre las bondades del cura Morelos, y pasar por alto sus defectos, como el hijo que engendró y al que ahora llaman Juan Nepomuceno Almonte; pero ésa es una historia que contará alguien más en su momento. La fama de Morelos creció hasta convertirse en el principal líder moral y militar de la insurgencia.

Estando yo en el campo de batalla, recuerdo que uno de mis hombres me llevó un papel que había rescatado de un cadáver tras haber librado una batalla cerca de Guanajuato. El título decía: Sentimientos de la Nación, y venía firmado precisamente por José María Morelos y Pavón. Lo leí detenidamente. A cualquier capitán o general realista le hubiera parecido un horror imperdonable, pero en mí despertó una curiosidad.

Estructurado en 38 puntos, el documento Los Sentimientos de la Nación comenzó a circular en 1812, luego de que se reuniera con otros insurgentes importantes en Chilpancingo.

El primer punto establecía la independencia y libertad de América sobre España, o de cualquier otra Nación, gobierno o monarquía. Además, el documento se refería a México como la nueva nación, no como siempre lo habíamos hecho, expresándonos de los habitantes de la Ciudad de México. ¿Puedes siquiera imaginarlo, hijo? Una nueva nación, construida, no sólo sobre las cenizas de lo que fueron los antiguos pueblos mayas, mexicas y toltecas, sino de los antiguos españoles; y africanos también. Un pueblo nuevo que no se avergonzara de su origen mestizo, pues dos orígenes tuvo.

Ahí, con los Sentimientos de la Nación en la mano, concebí por primera vez la idea de una nación libre, sin esclavitud. Mejor dicho, compartí el ideal de Morelos, más no sus métodos para lograrlo. Me refiero a lo que sucedió en Cuautla.

Hidalgo se entrevistó con Morelos, pues éste deseaba unirse a la insurgencia. Hidalgo no sólo lo nombró General de los ejércitos americanos para la conquista y nuevo gobierno de las provincias del sur, sino que le dio una encomienda importantísima: tomar el puerto de Acapulco. Uno de los principales, en todo el reino, pues llegaba la Nao de China con telas, especias y muebles de Asia, especialmente de India.

Sobra decir, hijo mío, que su intento de tomar el puerto de Acapulco fracasó; y que Morelos se vio volcado a otras hazañas que le dieron fama, y un dolor de cabeza terrible al general Calleja, quien se empeñaba en detenerlo. Muchas plazas ganó Morelos para su causa, hasta que llegó a Cuautla.

Todo comenzó el 19 de febrero de 1812, después de una batalla en la que se batieron las fuerzas de Morelos contra las de Calleja. Morelos se recluyó, con tres mil de sus hombres en Cuautla. Calleja, pensando en la forma más efectiva de forzar la rendición, sitió la ciudad. Impidió que entraran los comerciantes a vender víveres, y envenenó los pozos; afectando así no sólo a los soldados insurgentes, sino también a los habitantes de Cuautla, quienes de inmediato empezaron a sufrir por estos menesteres.

Lo de Cuautla puede leerse aislado, pero no fue así. Escuché historias del sitio que pueden parecer grotescas, incluso terribles. Mujeres con el pecho seco tratando de dar leche a sus hijos muertos, niños que sufrían la falta de agua y se iban secando con el paso de los días hasta su último aliento, muertos amontonados en las casas, enterrados en los patios; enfermedades virulentas que causaban temblores, fiebres, manchas rojas; tanto por la ciudad insalubre como por el agua contaminada.

Eso se vivió en la guerra durante tantos años, desde que el cura Hidalgo levantó la voz en contra del tributo desmedido; pero no se vio tanta saña como en Cuautla.

Si el diablo hubiera escogido un nido en el mundo para mantenerse cómodo, hubiera escogido Cuautla. ¡Cuántas muertes innecesarias se dieron en aquel suceso! Pues Calleja no tenía intenciones de ceder, ni Morelos de capitular.

Terminó febrero, y el sitio continuó.

Terminó marzo, y el sitio seguía.

Para abril, la situación era ya insostenible. Los pozos de agua tenían tal peste que no se podían beber. Había un abastecimiento muy grande de maíz, pero ¿de qué servía? Los habitantes de la ciudad agradecían un poco de lluvia, al menos para calmar sus tormentos ante tanta muerte y miseria. Escuché de hombres que se comieron su cinturón para matar el hambre, y niños que bebieron aguardiente para terminar con su sed.

Hijo mío, no tengas en cuenta estos pecados y horrores que se cometieron. En muchas ocasiones las leyes de Dios no son tomadas en cuenta cuando las leyes de la guerra toman su lugar, y todo es posible para lograr la victoria sobre el enemigo. Dicen que el infierno es una idea nacida de un budín de manzana no digerido, y perpetuado a través de los locos que seguimos pensando que el vicio y el pecado son castigados cuando termina la vida. ¿Y no es cierto que el verdadero infierno es precisamente lo que vivimos en las batallas, las pilas de cadáveres, el hambre, el seno marchito de una mujer en la plenitud de la vida, la peste, las enfermedades? ¿Qué más lugar de castigo que el silencio que recorre Nueva España cuando cientos de hombres y mujeres, realistas e insurgentes, piden a Dios un momento de paz, y el resultado es más pólvora y sangre seca?

Cualquier intento por romper el sitio de Cuautla, fue repelido por Calleja. Lo mismo que toda ocasión en que el bando de los insurgentes intentó pasar, de forma clandestina, agua y comida, medicina y ungüentos. Las epidemias provocadas por el agua, los muertos que permanecían sin enterrar y las condiciones insalubres de los insurgentes que permanecían asediados, afectaron a toda la región, incluyendo a varios miembros de la tropa de Calleja, por eso éste no terminó el sitio con un ataque.

Para finales de abril, la situación era terrible para los dos bandos. Los insurgentes estaban al borde de la muerte, y los realistas peleaban por el poder. Calleja tomó la decisión de atacar la madrugada del 2 de mayo, y terminar de una buena vez con Morelos.

Calleja cometió un grave error, uno que, hijo mío, yo nunca hubiera hecho: se embriagó de confianza. Se dejó llevar por el orgullo. Se declaró ganador antes de tiempo. Su tropa se fue a dormir para descansar antes del gran ataque y la gente de Morelos, que llevaba cierto tiempo tratando de romper el sitio, se dio cuenta. Así, después de resistir setenta y dos días, la tropa de Morelos logró huir, y dándose cuenta Calleja, intentó perseguirlos, mas sólo logró dispersarlos.

La derrota fue completa para Calleja quien, humillado, juró vengarse de Morelos.

Las cartas que recibí de Calleja durante el sitio eran de una esperanza casi triunfal, sabiéndose ganador sobre Morelos. Yo, en Guadalajara, suponía que la cosa no era así, pero no se lo quise decir. En cambio, sí noté que las enfermedades que se produjeron en Cuautla comenzaron a contagiarse por todo el reino, y hasta el Bajío llegaron. Entre mis hombres comenzaron con fiebres, lo mismo en las ciudades.

Más razones, hijo mío, para que la gente se cansara de la guerra.

Mientras tanto, yo era el capitán realista más exitoso del Bajío, de tal suerte que mi fama comenzaba a rivalizar con la de Félix María Calleja, aunque los aplausos los recibía él. Yo era un español nacido en América, y él un español nacido en Europa. Así se establecían las diferencias entonces. Tuve, sin embargo, el Poder Militar Supremo de Guanajuato, cuna de la insurgencia; que no es poca cosa. Esto, como te imaginarás, me permitió más tiempo para estar en una casa, y menos en el campo de batalla, más que las ocasiones en que fuera necesario. Visité a tu madre algunas veces, pero no quise que me acompañara, pues era riesgoso. Un ataque a la ciudad y ustedes estarían en peligro. Valladolid no tuvo que aguantar tantos ataques como Guanajuato, cuna de la Insurgencia.

Luego llegó diciembre de 1813, y todo cambió.

Por un lado, me llegaron noticias de que José María Morelos y Pavón marchaba a Valladolid con más de cinco mil quinientos hombres, dispuestos a tomar mi ciudad natal. ¡Cómo pensé en Ana, santa mujer de mi alma, entonces! También en mis hijos. ¿Cómo podrían los habitantes de la ciudad sobrevivir a tal asedio, considerando los antecedentes de la insurgencia? Marché hacia Valladolid con tropas que me enviarían de la Ciudad de México, pero la superioridad numérica del enemigo era aplastante. No tenía forma de vencer, sólo de caer en batalla.

Por otro lado, supe que en Europa, el reducto español, acompañado de parte del ejército del imperio inglés y el imperio portugués, planeaban enfrentar a las fuerzas francesas de José Bonaparte al norte de España. Era su última oportunidad, y no estaban tan preparados como las tropas francesas. Yo, y muchos en Nueva España, esperábamos el triunfo de los Bonaparte; aunque queríamos el regreso de los Borbones al trono de España, ya fuera Carlos IV o Fernando VII.

La situación no lucía nada bien, hijo mío. Y sabiendo esto, y que no tenía oportunidad de vencer a Morelos, me encaminé hacia Valladolid. En la siguiente carta te contaré, a detalle, sobre una peculiar Navidad.

Tu padre, Agustín de Iturbide
Bury Street en Londres a 15 de marzo de 1824

## CAPÍTULO 17
# Vamos a morir hoy
### 1813

ES DE NOCHE, Agustín aprovecha un momento de soledad para persignarse con respeto y ofrecer sus victorias a Dios Santísimo. Lleva días sin rasurarse apropiadamente, y su aspecto dista mucho del de un militar criollo de buena carrera militar y crianza. Eso, sin embargo, no le preocupa.

A la luz de una vela, y en un escritorio viejo que le han hecho llegar desde San Miguel el Grande, escribe el parte que quiere hacerle llegar al virrey. Sin más adornos ni explicaciones que:

*Este viernes santo he mandado a los más profundos abismos a trescientos y tantos excomulgados, mejor dicho rebeldes, que asolaban caminos y ciudades. Fueron fusilados.*

Y pensando en las viudas, en los hijos que han quedado huérfanos, y en las tumbas sin nombres, suspira: eran ellos o nosotros, así es la guerra; de ser capturado me habrían tratado igual, con una nube de pólvora.

Pasan los meses, entre guerras y batallas; 1813 está por consumirse.

Agustín está cerca de su esposa, pero no puede visitarla. Ve la ciudad a lo lejos, su Valladolid natal, en la cual las casas parecen juguetes, iluminadas por velas en el interior que se desplazaban de una habitación a otra; tal vez cantan a la noche estrellada, o acomodan la figura del niño Jesús en paja. Es, después de todo, una noche antes de Nochebuena, y ni siquiera uno de los momentos más felices del año puede alejar la sombra de la guerra.

La tierra se deshace bajo sus pies en terrones, lo mismo que sus esperanzas. No muy lejos de ahí, en los montes ocultos por las sombras, se oye un rumor, un cúmulo de voces que susurran sobre cómo tomar la ciudad. Se percibe la confianza en sus palabras, están borrachos de poder al decir: en unas horas habremos triunfado.

Están en las Lomas de Santa María, un conocido paraje para Agustín, que conoce bien la orografía pues está cerca de la casa en la que ha crecido.

—Aquí estamos, a la mitad de la nada, mientras en España Pepe Botella y sus tropas francesas han sido derrotadas —susurra Vicente Filisola—. Me imagino la sorpresa que le espera a don Fernando VII cuando lea el concepto de monarquía constitucional que le propone la Constitución de Cádiz. Ahora el poder no recae por completo en la corona española, sino que lo debe distribuir en dos poderes más; uno legislativo y otro judicial.

En la noche, un momento de silencio, frío. Las estrellas palpitan como el corazón de Agustín con el miedo.

—Está bien, ya me callo. Sólo quería distraerme un poco... las discusiones políticas siempre ponen mi mente en otro lugar.

Agustín responde casi de inmediato.

—Nos superan en cantidad, por cada uno de nuestros soldados, ellos tienen a cinco. Hasta ahora, Morelos ha tenido ejércitos pequeños, que atacan como mosquitos y se dispersan. Aquí, hace lo contrario... no tiene sentido.

—Querrá recuperar su ciudad natal a toda costa.

—También es la mía, y no importa cuántas amenazas haya hecho. No la puede ganar. No puede.

—El cura Morelos ha demostrado una y otra vez que es el militar más capaz que tienen los rebeldes, conoce el terreno y el corazón de los hombres, su deseo de emancipar a Nueva España y de que todos sean libres es demasiado grande. No tenemos oportunidad contra él.

Agustín responde con miedo en el corazón, pero con una fortaleza inusitada en su voz.

—Prepara a los hombres, les explicaré mi plan y atacaremos en cuanto yo lo ordene.

El corazón de Agustín está sumido en el silencio absoluto. Le tiemblan las piernas como si la tierra que pisa su caballo fuese una estrella que se mueve sin dirección, aprieta las riendas del caballo, y vuelve hacia atrás para asegurarse que su ejército sigue ahí. Y ahí permanecen, como sombras estáticas a la mitad de la noche; cubiertas de barro para que no las reconozcan.

Así pues, con la garganta seca, Agustín grita:

—¡Al ataque!

Y sus tropas lo siguen entre los dos montes, con todo y cañones, armas cargadas y valentía. El aire les entra a los pulmones, frío, como pequeños cuchillos.

El ejército de Agustín sigue las órdenes al pie de la letra. Aprovechando la oscuridad, disparan. Golpean. Llenan el aire de pólvora. Encienden la mecha de los cañones. Aprietan el gatillo de las pistolas, fusiles y mosquetones. Pero esto lo hacen solamente con las tropas de Morelos que se encontraban en el monte de la izquierda. Una vez que logran este ataque breve, se retiran por donde habían venido, y se esconden entre los árboles, plantas y matorrales.

A Agustín le cuesta recobrar el aliento. Todo él tiembla, lo mismo que sus hombres, pues están deseando que los rebeldes no los ataquen. Desde ahí, entre montones negros que se mueven en la noche y las fogatas del enemigo que vuelven a encenderse, todo es caos y confusión.

Los rebeldes insurgentes preparan los cañones, cargan las armas, sacan las espadas.

—¿Están preparados para el segundo ataque? —pregunta Agustín.

—Vamos a morir hoy—responde Filisola.

Agustín ignora este comentario y señala el segundo campamento insurgente, puesto en otro monte de las lomas de Santa María. Los soldados entienden bien qué significa ese gesto, y vuelven a correr para cumplir órdenes. En el segundo campamento insurgente hacen lo mismo que en el primero: atacan sin piedad como si fueran un relámpago, disparan cañones y fusiles, sin provocar gran daño a sus enemigos. Y en unos cuantos minutos se retiran como si estuvieran en franca huida.

Ahí se quedan. Escondidos, con la respiración agitada. Tiemblan, desde Agustín hasta el más pequeño de los soldados, que se aferra a uno de los cañones como si pudiera salvarlo de todo mal. Se oyen, entre ellos, murmullos, que no eran otra cosa que oraciones a la Virgen de los Remedios.

¿Los rebeldes insurgentes se dieron cuenta de quiénes eran los autores del ataque? ¿Por qué continúan moviéndose en cada uno de los dos campamentos?

Hay un momento de silencio, pero que parece una eternidad. Y entonces un breve estallido de luz roja, acompañado de una explosión. Agustín cierra los ojos y suelta un suspiro. Con la quijada aún tensa, sabe que su plan ha dado resultado. Después de la primera descarga, se oyen otras. El campamento de la izquierda ataca al de la derecha, y el otro responde con la misma violencia.

—¿Qué hacen? —pregunta Vicente Filisola.

—Lo que planeamos. Cada uno cree que el enemigo está del otro lado, y la noche no les permite ver que se atacan entre ellos. No tenemos que luchar si ellos mismos se destruyen.

Ésta es una noche, en cierta medida, llena de estrellas. Al menos eso parece debido a los estallidos de pólvora provocados a veces por el disparo de los cañones, otras por las pistolas y fusiles. En ocasiones, a falta de luna roja, puede verse, junto a alguna hoguera, caer algún cuerpo, en medio de lo que parece ser una nube de sangre.

Durante las próximas horas, una cuarta parte de las tropas rebeldes insurgentes perderá la vida, mientras el resto del reino se prepara para celebrar las fiestas navideñas en un ambiente de guerra, hambre, y peste.

Agustín, en cambio, no le agradece a la Virgen de los Remedios, sino a la Virgen de Guadalupe; mas en su silenciosa sonrisa de satisfacción, ninguno de sus hombres lo sabe.

Al llegar la mañana, el rocío gélido del invierno ha cubierto todo el campo. Entre el cielo plomo se filtran algunos rayos del sol que no alcanzan a calentar al ejército realista de Agustín.

Al despuntar el día, la luz del sol deja ver los cuerpos mutilados, los cadáveres humeantes, los niños sin vida sobre el pasto —la destrucción en el ejército del cura Morelos—. Sólo entonces la trampa es evidente, el plan de Agustín queda al descubierto.

Los rebeldes quieren atacar al ejército realista.

Agustín tiene un momento de duda, ve al enemigo y de inmediato sube a su caballo:

—¡Al ataque!

Los hombres de Agustín, cubiertos por árboles y arbustos, comienzan a disparar al ejército rebelde, cuyos hombres, cansados de pelear toda la noche y sin moral alguna, se sienten derrotados antes de empezar a luchar. No han podido dormir durante la noche, han visto a sus compañeros caídos.

Los hombres de Agustín comienzan a matarlos, uno a uno...

Es entonces que Agustín ve por primera a José María Morelos y Pavón surgir entre las tropas. Viste una levita vieja, lleva un trapo gris al cuello para protegerlo del viento frío, y en la cabeza un paliacate de algodón de color blanco bien amarrado, para aminorar las migrañas. Su piel es tostada, por un antepasado mulato. Por lo mismo, sus labios son gruesos, su nariz ancha, y su cuerpo de cierta forma bonachona. Su rostro, sin embargo, refleja una fuerza inusitada, como si su mirada contuviera el poder del trueno.

Con una voz fuerte que resuena en las Lomas de Santa María, Morelos dice:

—Vámonos, ya no hay nada que hacer aquí.

Las tropas rebeldes emprenden la huida. Hombres de todas edades, desde niños hasta viejos, lo mismo españoles que negros, indígenas que criollos, soldaderas de faldas largas, huyen. Agustín ordena que no los sigan, sus tropas tampoco han descansado.

Además, piensa al ver cómo se aleja Morelos montado en un caballo gris, ha defendido a Valladolid del ataque de los rebeldes insurgentes.

Ana María y la familia Iturbide están a salvo.

## CAPÍTULO 18

# La muerte es bella

## 1814

FRENTE AL ESPEJO, Tomasa Estévez confirma por qué los hombres que la miran a los ojos no pueden dejar de soñar con llevarla a las estrellas. Y es que en ella se mezclan lo mismo la juventud que la belleza en un cuerpo sensual que es capaz de incitar hasta al hombre más casto a tener pensamientos impuros. Sus grandes ojos negros, un poco rasgados como los de su madre, son el complemento ideal a sus labios voluptuosos y a sus senos prominentes, que destacan entre los pesados ropajes que suele usar para ir a misa, caminar por el pueblo con un rosario en la mano y, últimamente, ayudar a las tropas en lo que necesitan durante la campaña: ora lavar la ropa sucia de los soldados, ora cocinar unos conejos del monte a la leña para darles algo de cenar.

Una sazón especial tiene Tomasa para preparar la cena cada noche, y es que no solamente logra conseguir comida y aguardiente, sino que además tiene fama de utilizar sus encantos para otros menesteres. En el campamento le dicen la Friné, como la hetaira griega famosa por su deslumbrante hermosura. Y es que en verdad es un ser especial cuando deja que su cabellera fluya sobre sus hombros. Se impregna el cuello con unas gotas de perfume dulce, y se aplica rubor en las mejillas. El toque final es ponerse unos aretes pequeños, que apenas si se ven en los rulos negros tan estilizados que parecen parte de una peluca.

Así, en un campamento donde los hombres lucen cansados por la guerra y el terreno está lodoso, húmedo, Tomasa se levanta la falda para no mancharla y avanza entre las hogueras apagadas, como si por sus caderas se moviera un ritmo propio.

Juan de la Cuesta, soldado realista y herido en batalla, nota la presencia de aquella mujer.

—Guapa, ¿podrías cambiarme los trapos de la pierna? —exclama el hombre.

Tomasa apenas sonríe, como si una mueca de felicidad se le dibujara en los labios, y va hasta aquel hombre que descansa en una de las camillas improvisadas. Se inclina sobre él, abre un frasco con un ungüento cremoso que huele a menta.

Con delicadeza, desanuda las vendas que cubren la pierna de aquel soldado, y aplica el ungüento sobre la carne viva.

Juan de la Cuesta aprieta los puños.

—¿Te duele?

—No, si lo haces tú guapa —responde, pálido.

Tomasa sabe bien cómo tratar a un enfermo; en muchas ocasiones ha cuidado hombres después de la batalla, lo mismo para los insurgentes que para los realistas. Sus manos son suaves, usa un anillo de plata que al tacto se siente frío. La herida está infectada, se ha manchado de negro y despide un olor nauseabundo. El ungüento ayuda a curar la herida, también la sonrisa coqueta de Tomasa.

Cuando termina de hacer las curaciones, se acomoda un mechón que le cae sobre la frente y se ajusta el listón que cubre su cintura.

—Mañana vendré a curarte otra vez...

Tomasa está por irse a curar a otro enfermo, cuando escucha la voz de Juan.

—¿Sabes? Ya puedo caminar, y no tengo las fiebres. Hasta puedo pasar noches sin tener pesadillas.

Tomasa, aún con su sonrisa pícara, se muerde los labios de una forma seductora y responde:

—Entonces, te veo en el cuarto de siempre. El poblado está a unos diez minutos, a medianoche no te verá nadie entrar y hoy es luna nueva.

Moviendo las caderas de un lado al otro, se aleja para seducir a otros de los enfermos del campamento, mientras Agustín la mira desde lejos.

Tomasa Estévez se ha quedado sólo con el fondo y el corsé, dos cirios cerca de la ventana son la única luz que ilumina el cuarto. En el viento se escucha el rumor de los grillos y las lechuzas; la oscuridad es como un océano profundo.

Escucha que llaman a la puerta, dos golpecitos tenues y Tomasa sonríe. Al abrir, se encuentra con Juan de la Cuesta, apoyado sobre un palo largo que lo ayuda a caminar desde el campamento. Por los tablones del techo alcanza a colarse un viento frío, aunque aquello importa poco. El soldado, con todo y la herida en la rodilla, la camisa manchada, siente que algo despierta en su entrepierna cuando Tomasa se le acerca de frente y le acaricia la espalda. Hay un momento en que ambos se miran, y las estrellas se detienen. En aquel momento eléctrico, se besan; la temperatura del cuarto sube y los cristales se empañan.

—¿Por qué arriesgas tu vida por España, si naciste en América? —pregunta ella, casi como un gemido mientras echa la cabeza hacia atrás y deja que Juan de la Cuesta le cubra el cuello de besos.

Él no responde, pues el placer lo inunda.

—¿Por qué disparas a los que nacieron en el mismo reino? —continúa ella, mientras le masajea con círculos hipnóticos el pecho—. Tú lo dijiste la otra noche, es menester que te inscribas en las tropas insurgentes. Deja atrás a los realistas.

—Me gusta la lucha, la vida es un combate —susurra él, mientras la recuesta sobre el catre, la seduce con el calor de dos cuerpos que se tocan.

Es, pues, un beso tras otro, cada uno más profundo que el anterior; un cúmulo de emociones similares al que Juan ha sentido dentro del campo de batalla, pero desnudas de todo miedo. Al contrario, la excitación hace que le duela la pierna.

En aquella vorágine de erotismo, se oyen golpes fuertes en la puerta.

—No abras —susurra Tomasa.

Él la ignora.

—¿Quién vive? —pregunta.

Después de un momento de silencio, un golpe seco anuncia que la puerta se ha roto, y por ella entran seis soldados realistas, armados y uniformados.

Uno de ellos se adelanta.

—Señorita, queda arrestada por seducir a las tropas del rey para que traicionen a su patria.

Y la toma del brazo, mientras que Juan de la Cuesta balbucea tonterías, incapaz de defender a su amante.

Tomasa es llevada, a la mitad de la noche, de regreso al campamento insurgente, mientras ella, en paños menores intenta defenderse y escapar. Negra es la noche, y aún más funesto su destino.

Agustín desde su tienda, contempla aquella escena mientras respira aire frío, y se ilumina con una lámpara de aceite. Se acerca a uno de sus hombres y ordena que le consigan algo de ropa a la prisionera.

Tomasa es llevada a la cárcel de Salamanca, y ahí permanece en una celda húmeda con las paredes llenas de moho y salitre, y donde el tufo es tan penetrante que todos los prisioneros viven con náuseas constantes, y pesadillas sobre lagos amarillos y árboles secos. Esos días están marcados por la lluvia fría, y por la falta de sol.

Es sometida a juicio, y ahí varios soldados insurgentes, también prisioneros, declaran que se han cambiado de bando para dejar de apoyar la corona española, gracias a las seducciones de Tomasa; más no se refieren a los encuentros carnales bajo la luna, sino a las pláticas en las cuales ella los convencía de unirse a la insurgencia.

Uno a uno, los hombres la acusan, y la señalan como culpable; Tomasa, digna, se mantiene en silencio, con la frente en alto. No se defiende, está orgullosa de la verdad de su situación, por más ilegal que sea.

Es mi lucha por la emancipación de Nueva España, piensa Tomasa; es mi bandera de guerra para conseguir la libertad.

Así, con esa idea en la cabeza, escucha el veredicto del juicio con una sonrisa. Y, cubierto por las sombras, Agustín asiente en la otra esquina, Vicente Filisola lo acompaña.

A Tomasa le llevan cuatro alfileres a su celda, y se los entregan en la mano. Al cerrar el puño, comprueba que las puntas son filosas, y eso la hace sonreír. Aquel dolor es una gran forma de empezar el día. Su desayuno consiste en una taza de chocolate caliente, y unos dulces de yema de huevo que le llevan de San Miguel el Grande, los cuales come con la dignidad de una reina. Cuando termina, espera al confesor pacientemente.

—¿Deseas confesarte, hija mía? —le pregunta el sacerdote.

—No, padre. No hay pecado alguno en mi alma, pues he obrado según mi conciencia.

El sacerdote traga saliva y aprieta los labios.

—Hija, has sido acusada de seducir a las tropas para que se rebelen contra el rey de España y, por ende, contra Dios. ¿No recuerdas que la autoridad de cualquier monarca viene directamente desde el Altísimo?

Tomasa se levanta la falda que lleva y exclama:

—He obrado según mi conciencia. Si he ofendido a Dios, sólo a él le daré cuentas.

Y la mujer comienza a asegurar los alfileres a sus enaguas, de forma que éstas quedan aseguradas a las calcetas.

—Es tu última oportunidad, hija mía.

—Sí, ya llegará la suya, padre —responde Tomasa.

El sacerdote niega con la cabeza y sale de la celda.

Un par de horas después, con el pelo enmarañado y los labios pálidos, Tomasa siente su cuerpo lleno de vida como si fuera la primera vez que contempla el mundo. Ante la proximidad de la muerte, el cielo parece más azul, el viento más cálido, y el sol más brillante. La llevan hasta una pared de ladrillo, y uno de los soldados le ofrece un trapo de algodón para que se vende los ojos.

Ella se niega a aceptarlo, se los vendan de todas maneras.

Diferentes personas del pueblo se han dado cita para ver el fusilamiento, pero no están quietos. Murmuran en voz alta sobre Tomasa, no están de acuerdo con su fusilamiento, es querida por sus artes de sanar a los más necesitados con ungüentos y bebedizos.

Tomasa tiembla, toda ella; incluso su corazón se agita con miedo.

Cinco soldados realistas bien uniformados preparan sus armas. El parque está listo. A la orden, disparan, y el cuerpo agujerado de Tomasa cae; su falda, gracias a los alfileres, no se levanta, pero su vestido blanco queda manchado de sangre que por un momento brilla roja, y en minutos se torna negra. Todos los testigos de aquella escena permanecen mudos por largo rato.

Una seductora de tropas ha muerto, pero otras mujeres por toda Nueva España hacen lo mismo, convencer soldados para abandonar el ejército realista y unirse a los rebeldes. Están listas para aceptar las consecuencias.

Horas después Agustín escribe las últimas palabras en su diario: "Fue pasada por las armas la mujer seductora, cuya cabeza se ha puesto en la Plaza Pública".

En la Ciudad de México, el nuevo virrey Félix María Calleja celebra una pequeña reunión en el Real Palacio, sólo un grupo de amigos al candor de unas velas, antes de sentarse a la mesa. El brillo de las copas contrasta con la plática.

Antonio Labarrieta, cura de Guanajuato, da un sorbo a su vino y continúa con su historia:

—Como le decía, los comerciantes de Guanajuato están muy disgustados por esta situación, el coronel realista sólo beneficia a sus amigos, y a todo aquel que paga muy bien por sus servicios. Es vil, y mentiroso. Su lealtad no está con el rey Fernando VII, sino con su propio egoísmo.

Una mujer da un paso al frente, como si se desnudara de las sombras. Lleva un exquisito vestido, ceñido a su pequeña cintura. Sus labios son voluptuosos y sus ojos carnales; algunos dicen que se trata de la mujer más hermosa de toda Nueva España, y tal vez la más inteligente.

—¿Cómo dice usted que se llama ese coronel? —pregunta, y se acomoda un rulo amarillo que le había caído sobre la frente.

Antonio Labarrieta se vuelve hacia la mujer y se sonroja.

—Mi querida Güera Rodríguez, el nombre de ese capitán es Agustín de Iturbide…

Félix María Calleja asiente, y los invita a pasar a la mesa a cenar.

Agustín se desnuda, lo que le hubiera parecido indecente de no ser porque se encuentra a solas a la orilla del río Tamesí. Se ha alejado de su campamento tan sólo por unos minutos, pues está en campaña y necesita desprenderse las costras de sudor y lodo que se le han pegado a la piel. Ya unas mujeres españolas de San Miguel el Grande, amigas de su madre, le han enviado a Guanajuato un uniforme nuevo y limpio, junto con ropa interior. Cuando sumerge las musculosas pantorrillas en el agua, suspira por las dificultades de la guerra.

¿Qué sueños tranquilos puede tener un hombre si vive con el miedo de que lo vayan a atacar a la mitad de la noche, mientras hace base en Guanajuato o persiguiendo a alguno de los rebeldes?

El agua le llega hasta la cintura, y olea a su alrededor, como formando brillos, círculos parecidos a los diamantes solares, que aparecen y desaparecen entre los pliegues acuáticos. Agustín es, ciertamente, un hombre bien formado, pues su genética europea le ha dado una piel blanca, que ahora luce tostada y apenas cubierta de vello rizado castaño, aunque el sol le da un matiz rojizo. Sus brazos se han torneado, su pecho es ancho; tanto las batallas, como su vida adulta lo convirtieron en un hombre.

Por un momento se rasca la barba, y lamenta no tener agua caliente. Quiere rasurarse, pero no con agua tibia; menos con fría. Aquello sería doloroso. Continúa caminando hacia el agua, imaginando por un momento que es Jesucristo en las aguas del río Jordán. Se sumerge en aquel azul profundo, y disfruta de unos segundos de paz. En el agua se disuelve no sólo la mugre, el lodo, y el sudor, sino el miedo, y el dolor. Varios moretones cubren su cuerpo musculoso, otrora acostumbrado a los placeres de su apellido y el dinero que le daba su padre.

Por un rato nada de una orilla a la otra, disfruta de las aguas calmadas, y de la soledad que le da estar alejado de su tropa. Después de un rato, así, desnudo, sale del río y se pasa un trapo por cada rincón de su cuerpo para terminar de limpiarse. Ya seco, vuelve a vestirse con su uniforme de capitán del ejército realista.

De regreso al campamento, se encuentra con Vicente Filisola, que va a buscarlo. Agustín siente un escalofrío, los vientos de octubre arrastran los campos dorados del Bajío. Parece que el atardecer le acariciaba la barba descuidada y las patillas largas.

—La insurgencia no se rinde, capitán —le comenta Vicente Filisola, mirando al vacío—, son como las moscas de la fruta, aparecen de la nada, y se multiplican sin que uno sepa por dónde.

—Quien nos ha dado más problemas es Pénjamo, ¿no es cierto? —pregunta Agustín.

No le gusta estar alejado del campo de batalla, la paz le provoca un sentimiento de incertidumbre. Traga saliva. Le preocupa que el enemigo esté organizándose, que Morelos recobre su fuerza, que pierda una batalla por no estar preparado. En la guerra, el silencio no es buena señal.

—Capitán, ¿qué va a hacer?

—Si respondes a una pregunta con otra pregunta es porque ya tienes tu respuesta. Quiero saber dónde están las Casas de Recogida en Pénjamo. Y quiero saberlo hoy.

Vicente Filisola está horrorizado.

—¿Adónde llevan a las mujeres de la vida disoluta y a las niñas que se han quedado sin un padre que vele por su bienestar?

Agustín respira profundo y repite:

—Quiero saberlo hoy.

Y continúa caminando hacia el campamento.

Un grito desgarrador se escucha en Pénjamo. Proviene de una mujer que ve los muebles de su sala como si fuera la última vez que estará ahí, y es que varios de los soldados de Agustín han entrado en su casa y la han tomado de los hombros. También a su hija mayor, de apenas quince años, pero ya con la cintura y el pecho de una mujer que ha dejado de crecer. Esta última, en su esfuerzo por liberarse de sus captores, tira una estatuilla de san Pedro y otra de san José.

—Lo mejor es que nos acompañen, sin dar batalla.

La respuesta de la mujer mayor es levantar el rostro hacia uno de los soldados y escupir. El movimiento del cuello hace que del vestido salga una medalla de plata con la Virgen de Guadalupe, que lleva colgada del pecho, y que tenía bien escondido en su escote.

—Esta mujer es una de las Guadalupes, trabaja para los rebeldes.

La respuesta de la mujer es otro escupitajo.

El soldado intenta limpiarse el rostro con los dedos, con una mueca de asco dibujada en los labios.

—Llévenselas... son órdenes del señor Iturbide.

Susurra otro de los soldados:

—Impropio que un militar trate así a una mujer...

Agustín atravesó el portal, y fue recibido por Sor Beatriz, llena de surcos bajo los ojos, y a lo largo de la comisura de la boca. Su piel era seca, como una hoja de papel vieja que se deshace entre las manos, y sus ojos parecían dos monedas de plata.

—Gracias por recibirme, reverenda madre. ¿Han tratado bien a las mujeres que les mandé?

—La jodienda no tiene enmienda, señor Iturbide. Son malas mujeres.

Caminan por pasillos largos de lo que es claramente un edificio religioso, pues son contemplados por santos de piedra, con las cuencas vacías, desde espacios huecos de la pared.

—No son mujeres disolutas, como las que se suele encontrar en estas Casas de Recogida. Tampoco es Cuaresma para que les presten especial atención a sus actividades.

La monja se acaricia largamente la barbilla.

—Entonces, ¿por qué nos ha encomendado su seguridad?

—Madre, es menester que estas mujeres permanezcan encerradas. Muchas de ellas son madres, esposas, hijas o hermanas de hombres que conocemos que han participado en la insurgencia. Ellas los ayudan con dinero, comida, a veces les ofrecen escondite. Queremos que dejen de hacerlo, que los hombres no puedan buscarlas para abastecerse de armas, o de víveres. Tampoco que las usen para guardar información. ¿Sabe, madre? Muchas de ellas pertenecen al grupo secreto llamado Los Guadalupes. ¿Lo conoce?

La religiosa sacude la cabeza.

—Ni falta me hace, señor Iturbide. No permitimos las blasfemias aquí, no se le puede pedir a la Santísima Virgen que atente contra el derecho divino que otorga Nuestro Señor al rey para gobernar. Sí, ya también escuché que los sublevados no pelean para que vuelva Fernando VII al trono, sino que desean emancipar a América. No se preocupe, aquí las cuidaremos bien, pero hubiera sido de mucha ayuda que nos hubiera compartido esa información con anterioridad. Algunas de ellas escribieron a la Ciudad de México pidiendo su liberación, y una logró escaparse por el techo; pero a partir de hoy también les quitaremos papel y tinta.

Agustín asiente, a modo de agradecimiento, y acompaña a la monja hasta el final del pasillo, donde comienza otro, lleno de puertas que llevan a celdas.

A través de una pequeña puerta, traspasada por gruesos barrotes, Agustín ve a una de las mujeres, con un vestido gris y sin forma. Su atuendo es sobrio, sin maquillaje ni joyería.

—Esperemos en Dios, que esto logre que los rebeldes vengan a buscarlas y podamos capturarlos. O que, al estar separadas del mundo, no tengan oportunidad de ayudar a sus familiares. Este reino quiere paz, y se la vamos a dar.

—Amén, señor Iturbide. Habla usted con sabiduría.

Agustín sonríe complacido, aunque le dolía tratar así a sus mujeres, pues pensaba: ¿qué pasaría si los rebeldes maltrataran a sus hijos o a Ana María?

La respuesta, silenciosa, le da un escalofrío.

# CAPÍTULO 19
# A cambio de sangre
## 1815

Ignacio López Rayón, general realista, sonríe con una satisfacción incontenible, pues sabe que domina por completo el Cerro de Cóporo y, terminando de cargar su pistola con pólvora y parque, dirige la boquilla hacia un pobre soldado realista que corre hacia él. Aquel otro no era más que un muchacho, aún con facciones de niño, ataviado a las costumbres españolas.

Sin pensarlo mucho, López Rayón infla el pecho, aprieta los dientes y jala el gatillo.

Lo que se mezcla con la nube de pólvora y los fragmentos de la bala es carne quemada, y pedazos de lo que alguna fue un rostro. El cuerpo del joven cae hacia atrás. Junto a otro cuerpo que ha muerto boca abajo.

Uno de los soldados se acerca a López Rayón.

—Mató a mi hermano menor, general.

Y éste responde, sin mirar a su soldado.

—Todos los muertos son hermanos de alguien, o hijos o padres... ¡Ve tú a saber! Como que a todos se les anda olvidando que no estamos luchando contra España. Esto es una guerra fratricida. No te preocupes, le daremos a tu hermano santa sepultura, y alguna misa le ofreceremos para que su alma no ande vagando por ahí.

La explosión de un cañonazo revienta el silencio, pero la bala realista no da en el blanco, sino que golpea de lleno en el tronco de un árbol, el cual queda partido en dos. El sonido de las balas es como el de un tambor que se extiende sobre el campo de batalla. Una explosión allá, una explosión acá; y de nuevo, un joven cae, esta vez un niño insurgente con la camisa blanca y la faja amarilla queda tirado en el campo de batalla como si estuviera durmiendo y fuera a despertar en cualquier momento. Su pecho se va llenando de sangre, lo mismo que el pasto.

Agustín también queda horrorizado, pero no se quiere detener. Es cierto que sus enemigos son más numerosos, pero muchas veces se ha encontrado en la misma posición. Quiere ganar, tiene que ganar. Aunque sólo esté apoyando al general Llanos por órdenes del virrey Calleja.

Montado sobre su caballo, y con una espada en la mano, portando su mejor traje de capitán realista, Agustín es el ejemplo de lo que debía ser un Dragón de la Reina. Siente como un impulso que, del estómago, se extiende hasta sus brazos, un miedo que le sacude la espalda. Espolea con las botas y avanza sobre el campo de batalla.

El sudor le baja desde la nuca hasta la espalda, siente las axilas húmedas, lo mismo que la frente. Ha trazado un plan cuidadosamente con el general Llanos, un ataque envolvente para golpear desde todos los flancos al mismo tiempo. Tensa la quijada, y apunta la espada hacia el pecho de Ignacio López Rayón. Sus tropas lo toman como la orden que han estado esperando, y avanzan a paso veloz. Caballería, alférez, dragones, todos corren al mismo tiempo. Atacan. Hay una mezcla de gritos, disparos, de relinchido de caballos al levantarse en dos patas, uno de ellos incluso llega a tirar a uno de los jinetes realistas.

Agustín ve lo que sucede pero no se detiene, sigue adelante. Sus tropas son menos numerosas, pero más valientes. Parecen ganar y tomar el control de toda el área y eso le complace, al menos hasta que el general Llanos, grita lo más fuerte que puede:

—¡Retirada! ¡Retirada!

Agustín, asustado, se vuelve a la derecha. Luego, rápidamente a la izquierda.

—¡No! —grita.

Es demasiado tarde, sus tropas corren de regreso al campamento y, detrás de ellas, una horda de indios y mulatos con machetes y fusiles sin balas.

Para Agustín es vergonzoso ver a su tropa, hombres que él sabe que son valientes, correr sin sentido alguno. A punto de alcanzar la victoria ha fracasado.

Su caballo se levanta en dos patas, y relincha. Sin el ejército, Agustín está expuesto, en peligro; una bala zumbó cerca de un oído, perdiéndose en el aire.

—¡Vamos! —y espoleó el caballo.

Una lágrima humedece su rostro mientras se aleja por el horizonte.

De la fogata nocturna brotan chispas, como virutas luminosas que se elevan en el aire. El fuego cruje, en su baile inevitable, y un pedazo de leña cae sobre otro. Todo el campo se ilumina con una luz rojiza, como si el fulgor sangrara el mundo.

Agustín, se sienta en una piedra, frotando un trapo viejo contra su espada, con la esperanza de limpiar la muerte del filo.

Vicente Filisola está a su lado, compartiendo la niebla que se mueve con el pasto, y la brisa. Nueva España, a pesar de tanta muerte, permanece viva.

—Hoy perdí mi primera batalla desde la del Monte de las Cruces.

—Lo siento mucho, don Agustín.

Pero éste baja la cabeza.

—La guerra, la peste… esto no está bien… tanta sangre derramada todos los días, tanta degollina. Desde las que ordenó el cura Hidalgo, el terrible incidente en la Alhóndiga de Granaditas, el sitio de Cuautla; hasta los fusilamientos y los excesos que los ejércitos realistas hacemos cada día en el campo de batalla.

—Hacemos la guerra como nos hacen la guerra.

Agustín niega con la cabeza y deja la espada a un lado.

—No, hemos sido crueles. Todos hemos sido crueles, desde el cura Hidalgo, hasta yo. Somos culpables, las seductoras de tropas invitando a los soldados a pelear en otro ejército, la orden de los Guadalupes que conspira con armas y dinero para armar a los rebeldes, el virrey en turno que pide paz a cambio de sangre; hasta el rey de España. Todos somos responsables. Y el pueblo, los hombres y mujeres americanos y europeos que viven aquí, que no luchan por ningún bando, y no quieren guerra, ¿acaso no sufren por la falta de alimento, los caminos cerrados, los campos quemados, las fosas comunes, los pozos secos, y la peste? ¿Acaso los muertos no tienen familia?

—Nosotros buscamos la paz —responde Vicente Filisola.

—Ellos la emancipación de Nueva España —responde Agustín, como si se tratara de un suspiro que ha guardado en su pecho durante largo tiempo—Y te voy a decir algo, en la confianza de nuestra amistad, y el secretismo de la noche: los rebeldes contra los que luchamos no están tan equivocados en buscar la libertad de España. Llamémosla, buscar un reino independiente.

—Don Agustín, no creo lo que usted acaba de decir... bueno, ¿cómo podría apoyar a los traidores esos? Es que no lo comprendo.

—Somos los héroes de nuestro tiempo, se nos ha dado la oportunidad de construir el futuro de la América Española. Tal vez en el futuro sea un villano, eso lo decidirán las generaciones del porvenir cuando nos juzguen. Los muertos tuvieron su oportunidad, los que vivan en doscientos años tendrán la suya... ¿Y nosotros? ¿Qué haremos? La emancipación de España no puede evitarse, mi querido amigo. La América Española es hija de la España Europea. Ya tenemos edad para la autonomía y la Independencia.

Vicente Filisola, pálido, carraspea.

—Usted habla de traición al rey. Un general realista no puede expresar esas ideas. No debería.

—No podemos luchar contra lo que será —responde Agustín—. Lucho para acabar con los insurgentes que ensangrientan al país con su lucha diaria y constante. Hay que acabar con ellos, y cuando todo esté en calma, buscar la independencia por la única vía posible: el diálogo.

—Lo oigo y no lo reconozco.

—¡Viva la América, Filisola! ¡Viva la Santísima madre de Guadalupe!

Filisola traga saliva, mira hacia un lado, luego hacia el otro. No hay hombre alguno que los haya escuchado. Se levanta y exclama:

—Es un terreno muy peligroso, uno que no termina bien para aquellos que lo toman. Si usted quiere terminar como el padre Hidalgo, entonces yo no lo detendré. En cuanto esta guerra termine y el rey recupere su poder de antaño, la Nueva España retomará su curso.

—La Nueva España fue herida de muerte, ahora sólo nos queda aspirar que lo que se haga con sus restos sea mejor y más glorioso.

Pronto, Agustín se queda sólo hipnotizado por el fuego que parece bailar sólo para él.

Una vez más, Félix María Calleja está cenando en el Real Palacio, esta vez con su esposa, cuando vuelve a escuchar de Agustín. La mesa larga es iluminada por los candelabros de plata. Frente a él, en un plato, hay un estofado de pollo y tomate.

Calleja toma la base de la copa y la lleva a sus labios. El vino está caliente.

—Afuera de Catedral se comenta lo de Agustín de Iturbide —dice ella, limpiándose con una servilleta de tela.

—Por lo visto lo que se habla en las audiencias termina como chisme en la Ciudad de México. Francisca, el rumor es pecado.

El péndulo de reloj de la esquina va y viene, hasta que las campanillas del mecanismo suenan nueve veces.

—Será lo que quieras, pero también una escucha historias que despiertan la curiosidad. ¿Es cierto que hay más denuncias en su contra?

Calleja suspira con hartazgo, deja los cubiertos sobre el plato y mira a su esposa con reproche.

—Mujer, son denuncias de comerciantes de Guanajuato que simpatizan con la insurgencia. ¿Qué valor pueden tener si son mentiras?

—Pero son denuncias formales, ¿no es así?

Calleja asiente, y le da un largo sorbo al vino.

—Agustín es uno de los militares más capaces que tiene el reino, y si queremos derrotar a los rebeldes, lo voy a necesitar a mi lado, pero la verdad no sé por cuánto tiempo pueda hacerme de la vista gorda.

Su esposa sonríe.

—Espero que, cuando al fin suceda lo que tiene que suceder, no sea yo la última en enterarme porque lo escuché a las afueras de Catedral.

Calleja sólo bebe de su vino.

# CAPÍTULO 20

# La calma era una ilusión

## 1824

A VECES, HIJO MÍO, podía visitar a tu madre. El primer sentimiento que me invadía era la paz. El silencio que envolvía nuestra casa era un contraste único con los campos de batalla que frecuentaba. En los brazos de la bella Ana María no encontré explosiones de pólvora, ni el grito de hombres moribundos, lo mismo soldados realistas que rebeldes en favor de la insurgencia.

En casa, recordaba el sabor de las recetas de la familia, podía encontrar sabores familiares en los postres que enviaba mi madre, y pasar la tarde escuchando la risa de mis hijos. La calma era una ilusión, pues bien sabía yo que el reino se encontraba envuelto en batallas constantes. No quiero escribir que la paz de mi hogar era un sueño, porque en ellos, cada noche, revivía el fusilamiento de cada uno de los insurgentes que había enviado al tribunal de Dios, Nuestro Señor. En ocasiones, mis pesadillas me mostraban mundos extraños y sombras de aquellos que alguna vez vivieron en la Nueva España.

No es fácil hablar de la guerra, porque es fácil idealizarla. Pensar en héroes, batallas y ganadores no explica el miedo que se vive antes de tomar la espada, y el sudor frío que baja por tu espalda cuando sabes que la lucha ha terminado.

Las batallas suceden en unas cuántas horas, y el resto de los días, la vida sigue. A veces no hay más opción que esperar órdenes para atacar de nuevo, o para moverse a otra ciudad; con frecuencia enterrar a nuestros soldados muertos y rezar por el eterno descanso de su alma. Como ya te dije, hijo mío, siempre fui feliz en la guerra porque creía en mi causa y la fortuna me sonreía; sin embargo, la nostalgia de casa estaba presente en todo momento. Los soldados suspiraban por sus padres o por sus esposas, quizás por algún amor que habían dejado atrás en su pueblo natal. Los que sabían escribir, que eran los menos, enviaban algunas letras para avisar en sus casas que aún se encontraban vivos. Los demás, debían esperar a que los rumores que esparcían los amigos y los familiares les trajeran noticias de casa.

Sin embargo, el peso de la incertidumbre era demasiado. No sabíamos, pues, cuándo habría de suceder el siguiente ataque, o cuando recibiríamos órdenes de realizar alguna maniobra. Poco centavos quedaban para pagar salarios, y a veces sólo podía hacerles promesas de pago a mis soldados. Les decía que, cuando terminara la guerra recibirían los salarios que se les adeudaban, pero sin saber si aquello sucedería. Cada vez que un soldado caía en el campo de batalla o cambiaba de bando, me preguntaba si alguna vez sus deudos o familiares recibirían los pagos de todo el tiempo que aquellos jóvenes lucharon por la corona.

El poder suele ser desagradecido con quienes los sostienen. Así, la guerra se convirtió en dos grupos de jóvenes que a veces ya ni se acordaban bien cuál era la razón por la que luchaban, o que tenían miedo de desertar y volver al lado de sus familias, pero se aguantaron para que nadie los llamara cobardes. Así fue como descubrí que en la guerra hay tantos ideales como hombres hay en ella, y que los batallones pueden ser lugares silenciosos. No hay peor soledad que la que uno siente cuando se está rodeado de personas.

Tu padre, Agustín de Iturbide
Bury Street en Londres, a 17 de marzo 1824

146

# CAPÍTULO 21
# Han vencido al dragón
## 1816

DESDE LA COLEGIATA de Nuestra Señora de Guadalupe, principal templo de la ciudad de Guanajuato, se pueden contemplar los primeros destellos del amanecer, lo mismo del rosa pálido, que del naranja más encendido; por cuanto los colores acarician los montes como si se trataran de violines. Agustín lo sabe muy bien, pues no conoce otra ciudad americana que esté tan llena de música, letras, y de cultura sin par. En el Colegio de la Santísima Trinidad se puede estudiar filosofía, y en las calles trovadores narran las batallas que se libran a lo lejos.

En la Alhóndiga de Granaditas aún cuelgan cuatro cabezas de las esquinas del edificio, cuyas paredes lucen los símbolos de la batalla. La puerta permanece quemada. Se respira, al menos, un poco de calma, pues el ejército realista domina la ciudad, Miguel Hidalgo está muerto, y en diciembre del año pasado fusilaron a José María Morelos y Pavón, después de un humillante juicio que lo degradó como persona.

La insurgencia agoniza... y en esa región se debe en parte a Agustín.

Los soldados de su regimiento patrullan sin descanso, por los puestos de mercados, entre las calles, por los caminos cercanos. Entre los rebeldes que buscan está Leona Vicario, pues la han ayudado a escapar del convento en donde estaba recluida por la Santa Inquisición, y es un secreto a voces que escribe para los periódicos rebeldes: *El Ilustrador Americano* y el *Semanario Patriótico Americano*. Agustín los ha leído, pero como los textos van firmados con un seudónimo, no hay forma de saber si es cierto lo que se dice de ella. De todas maneras, Calleja ha urgido a sus hombres de confianza que la busquen, en los bosques, en las montañas, y en las ciudades, pero no ha tenido resultado.

De cualquier modo, piensa Agustín, dondequiera que esté, permanece oculta. ¿Qué daño puede hacer? Es, en ese momento, la mujer más valiente de Nueva España, pero es sólo eso, una mujer escondida.

Termina la misa en la Colegiata de Nuestra Señora de Guadalupe, misma que Agustín mandó decir, acompañado de un solemne tedeum para dar gracias a Dios por las victorias que ha obtenido en el campo de batalla.

Hay paz y gloria; éxito y felicidad. Campañas escasas, pero que terminan en triunfo y que siempre lo obligan a retornar, con todo su escuadrón, a Guanajuato, la ciudad de los callejones embrujados, de los orfebres de plata y los mineros de castas impronunciables, casi como una escena descrita en el libro de Miguel de Cervantes: *El ingenioso hidalgo don Quijote de la Mancha.*

Agustín no cuenta, sin embargo, con que Vicente Filisola lo espera frente a las Casas Consistoriales, pues trae un documento que viene directamente de la capital. Está cerrado con cera.

—De la capital —exclama Filisola, y le entrega el papel.

Agustín rompe el sello y lee las escasas tres líneas. Luego arruga el papel al encerrarlo en su puño.

—¿Qué dice? —pregunta Filisola, fingiendo curiosidad, pero con un tono tan teatral, que queda en evidencia.

—Tú sabías de esto, ¿no es cierto?

A Filisola no le queda más que asentir, con la cabeza gacha y vuelve a tragar saliva. Entonces exclama:

—Le dije que tuviera cuidado con Labarrieta, era muy amigo del padre Hidalgo y buscaba quién le pagara la muerte de éste. Además, simpatiza con la insurgencia, y usted ha hecho un buen trabajo acabándola. Si no pueden detenerlo con cañones, lo harán con leyes.

—Sí, pero ahora han vencido al dragón, lo han herido de muerte. Me deponen de mi mando, me quitan a mi regimiento, y esperan que me reporte en la Ciudad de México para un juicio. Le escribiré a Ana María para que me reciba en la hacienda que compré en la Intendencia de México… no, mejor iré a Valladolid y le contaré todo en persona.

Agustín camina de regreso al cuartel, con las piernas temblándole del coraje y una extraña acidez en el estómago. No se da cuenta de su palidez. Una gota gélida en la espalda lo hace saltar con un escalofrío. Han derrotado al dragón de hierro, se dice una y otra vez.

## CAPÍTULO 22
# Rumores y acusaciones
## 1816

PARA AGUSTÍN, el mundo se torna gris, como si careciera de propósito alguno; y la vida no fuera más que un truco de humo y espejos. ¿Qué alegría existe en el alma que ha sido inundada por la tristeza? ¿Acaso es débil el hombre que llora sin razón? La fragilidad no es sinónimo de debilidad, pero tampoco provee conocimiento o fortaleza.

A Ana María le cuesta trabajo consolar a su esposo.

—Tu popularidad, tu destreza en el campo han sido reconocidos en todo el reino. Has logrado lo que otros no, con lo que muchos sueñan.

—Sí, pero le aplauden a Calleja... ¡a él y sólo a él! Lo hicieron virrey, le reconocen sus méritos militares por haber nacido en España. ¿Y a mí? Ni siquiera me hicieron general por haber nacido en estas tierras. Y ahora esto, ¿así me lo pagan, haciendo caso a rumores y acusaciones estúpidas? Eso son: estúpidas. ¿Qué pruebas pueden tener en mi contra? ¿Dónde quedo yo? No tengo ejército, acabaron con mi reputación.

La habitación principal de la hacienda de Quirio tiene las cortinas cerradas para evitar que entre la luna, sin embargo, la noche inunda cada rincón de aquella habitación apolillada, robándose toda luz.

Ana María habla:

—¿Y lo vas a permitir? Levántate y defiéndete. La vida es un combate. ¿Ganaste algunas batallas? Debes enfrentar algunas más antes de rendirle cuentas a tu Creador. Los mártires son para los altares, los héroes son para el mundo de hoy. La lástima es mala consejera, y la tristeza sólo lleva a los hombres al cementerio o los convierte en piltrafas. Tú, Agustín, eres un Iturbide, un dragón de la reina, un soldado de Nuestro Señor; eres mi esposo, y el padre de mis hijos. Sé el héroe que yo veo cada vez que pienso en ti. Enséñales ese valor que te hizo conquistar los campos de batalla.

Agustín levanta el rostro, y se encuentra con una sonrisa consoladora en los labios de su esposa. Por un momento, él la comparte; renovado.

A lo lejos, cantaron los grillos.

Los bloques de piedra pertenecieron, en un tiempo lejano, a un templo antiguo dedicado a dioses muertos. Eso lo sabe muy bien Agustín, porque lo leyó en los libros de su padre, pero esta visita no es para conocer el pasado y disfrutar el presente. El honor de Agustín y de la familia Iturbide está en juego.

Agustín entra al edificio en donde habrán de juzgarlo, y se limpia el sudor de la frente con un pañuelo. Debajo del traje militar suda, tal vez por las oleadas de calor que recorren la Ciudad de México. La luz blanca entraba por el patio, como un velo de novia que flotaba estático. Dos soldados lo escoltan.

—Es mi juicio —exclama Agustín.

—O tu condenación —responde uno de los soldados.

—El que juzga a otros se condena a sí mismo.

Dos mariposas negras revolotean a lo lejos, y Agustín siente un escalofrío en la espalda baja. Tiene un presentimiento terrible. Respira y se persigna.

Agustín camina orgulloso, a través de un pasillo largo que comienza a enfriarse. Escucha el eco que hacen sus botas con cada pisada. Se siente tan nervioso que le duele la quijada, y los dientes le crujen de tanto apretarlos. Aparenta, sin embargo, estar calmado.

Los soldados lo llevan hasta un salón, donde lo esperan los hombres que habrán de juzgarlo. Cinco de ellos con el gesto grave, sentados frente a una mesa con varios candelabros de plata que apenas alcanzan a iluminar; las ventanas están tapadas por largos cortinajes de terciopelo verde. En la pared cuelga un crucifijo grande, en el que una figura blanca, con manchones granate aparenta estar muerta.

En silencio, Agustín reza un padrenuestro, interrumpido por la figura central de la mesa de jueces, Miguel Bataller, quien toma un papel y entona:

—Agustín Cosme Damián de Iturbide y Aramburu, ha sido acusado por diversos hombres, cuya identidad guardaremos en secreto (para salvaguardar su bienestar), de que ha utilizado su influencia militar en las zonas en que su regimiento se ha guarecido, beneficiando económicamente sólo a sus amigos, inventando impuestos para los comerciantes, y poniendo trabas para el comercio de las distintas mercancías, entre ellas el algodón, el tabaco, la lana y el azúcar. Además de incendiar haciendas, dando un mal ejemplo a los rebeldes. Este delito, cometido principalmente en contra de comerciantes de Guanajuato.

Agustín permanece en silencio mientras escucha la acusación, recordando el violáceo amanecer acuático que ha visto horas antes, mientras Ana María lo ayudaba a vestirse. Cuando por fin tiene oportunidad de defenderse habla fuerte, pero sin gritar. Con las manos detrás de la espalda, su timbre de voz resuena con una autoridad poco común.

—¿Dónde están los que me acusan? ¿Acaso tienen más prueba que su palabra? Entonces será mi verdad contra su mentira. He sabido, por boca de mis compañeros de armas que quien ha hablado en mi contra es un sacerdote llamado Antonio Labarrieta. Éste, en secreto, ha sido simpatizante de la insurgencia, pues en algún tiempo fue amigo cercano del cura Hidalgo. Sé también que varios de mis hombres han enviado cartas de apoyo: En el bolsillo tengo una copia de una de ellas, si se me permite leerla: *Manifiesto a vuestra excelencia que, durante todo el tiempo que he estado bajo las órdenes de Iturbide, no he visto nada indigno del honor que corresponder a los importantes puestos que ha ocupado. He observado en él mucho desinterés e integridad...*

Mientras el resto de los jueces permanece estático como si fueran estatuas de madera pintada, Miguel Bataller lo interrumpe:

—Es usted insolente, se le acusa de un crimen grave y se defiende con burlas. No nos compete la opinión de los hombres que sirvieron bajo su mando ni nos consta bajo qué circunstancias escribieron tales papeles.

—Si no permiten que mis hombres hablen en mi beneficio, si no me dejan defenderme, ¿para qué estamos aquí?

Miguel Bataller carraspea antes de responder:

—¿No entiende la gravedad de su situación, verdad señor Iturbide?

—¿Dónde están las pruebas de lo que me están acusando? —pregunta Agustín.

—Eso es menester de este tribunal, que no le compete ni a los acusados ni a los acusadores.

—Jamás pensé que sería víctima de una injusticia. Me llamaron a su presencia, pero el resultado de este juicio ha sido decidido mucho antes de que yo fuera convocado. ¿No es cierto?

—¡Cuánto cinismo para un hombre que sólo ha mostrado crueldad en el campo de batalla y en su forma de conducirse en la guerra! ¿Debo recordarle, por ejemplo, el asunto de las mujeres de Pénjamo, o el fusilamiento de una seductora de tropas de nombre Tomasa?

Agustín, tan serio y recatado como siempre, sin mover más músculo que el de los labios, lo interrumpe.

—¿Esperaba remordimiento de mi persona? El estado de mi alma es asunto mío y de mi Creador, asisto a misa, guardo las fiestas y rezo con devoción el rosario. Lo que confiese ante el párroco no es asunto de nadie más que el mío; pero si se trata de la guerra no tengo más que hacer obvio lo evidente: hago la guerra con la misma crueldad con la que ellos nos hacen la guerra. Aquí no hay más reglas que el deseo de vivir, ni honor que permita a cualquier hombre salir como héroe. El virrey Calleja, el cura Morelos que ha sido fusilado por sus campañas, y yo, optamos por la crueldad. Ninguno es más héroe que el mejor de los villanos, porque somos, ante todo, humanos. Yo entendí que la guerra era diferente, y si estoy vivo es porque me adapté a ella. ¿No les basta eso para reconocer un poquito de genialidad en mí? Soy tan imperfecto como ustedes. Así nos hizo Dios.

La última palabra hace eco, tan sólo por un momento, y luego se desvanece hasta morir por completo.

Agustín se muestra fuerte ante aquel jurado que, en silencio, lo miraba. Lo mismo que el crucifijo en la pared. ¿También sus antepasados? Tal vez sí... Hace un tremendo esfuerzo por no desviar la mirada, por no temblar, por no mostrar su debilidad. Los militares deben, ante todo, aprender a mostrarse fuertes.

Habla de nuevo Miguel Bataller:

—Este tribunal le quita el mando de su ejército, y le recomienda que vuelva a su casa a esperar la resolución definitiva del juicio, y esto sólo se dará cuando se terminen de revisar los testimonios y las pruebas que lo acusan de corrupción, tráfico de influencias, incitación al saqueo, crueldad militar, entre otras cosas... pero le advierto que la cosa no pinta bien. Podría estar condenado a una larga estancia en prisión por haber faltado al rey y a la corona española.

Agustín aprieta los puños, se le tensa la quijada y le arde la espalda con el enojo que burbujeaba en su interior.

—Desde luego, para ustedes, sus mercedes, es muy fácil hablar así, al tanteo. ¿Cuándo han disparado un fusil o una bala de cañón? ¿Cuántas luchas han librado? Las guerras no se ganan atrás de un escritorio, ni condenando a quienes ganan batallas. Ellos, nuestros enemigos, tienen un fuego interior que pocas veces se ha visto en América. Yo también. Con él lucho y sueño, con él planeo incendiar todo cuanto pueda. Se llama vida, y es un enfrentamiento con uno, con Dios y con el mundo. A Calleja le han aplaudido lo que en mí condenan... y en esa diferencia, que hacen todos los días entre los más desfavorecidos de los hijos de Dios, se preguntan por qué hay voces y gritos desgarradores que piden que América se emancipe, o que se acabe el mundo.

Bataller se apoya sobre la mesa:

—¡Le costará cara esta insolencia! Y a menos que tenga algo más que agregar, le recomiendo que...

—Sí, tengo algo más. Ya que ustedes creen que soy un insolente, pues echaré más leña a ese fuego que han creado ustedes en mi contra. Me parece detestable la forma en cómo se me avisó que me quitaban de mi mando. Tanto que he dado por este reino, arriesgando mi vida, alejándome de mi familia. ¿Y ustedes? Sin prueba alguna no son capaces de enviar a alguien que me lo comunique oficialmente, sólo una carta con un mensajero desconocido. En el campo de batalla he demostrado valentía; ustedes, mera cobardía.

—No hizo nada que no se espere de usted, es su trabajo, señor Iturbide.

—Y sin embargo hice más de lo que me pedían. Son terriblemente desagradecidos, les han hecho el juego a mis enemigos. La situación sería diferente si yo fuera europeo y no americano. ¿No es cierto?

—¡Cómo se atreve! Tales acusaciones serán tomadas en cuenta para su veredicto.

—Que así sea, entonces —responde Agustín, hace una reverencia con la cabeza, y sale de aquella habitación, apretando el paso, con la espalda recta, y el orgullo intacto. Aún tiembla por dentro; pero ha enfrentado su miedo.

Tan enojado y lleno de rabia va, que no se da cuenta que en el pasillo hay una dama, con el rostro liso como porcelana y manos frágiles, con una de las cuales agita vigorosamente un abanico de seda. Su cabello es como el sol, su vestido de un rosa pálido con rosas bordadas en el hilo de algodón más puro que se ha visto en aquel edificio.

Sin dudarlo, entra en la sala donde los hombres aún siguen sentados a la mesa, y les sonríe con un movimiento coqueto del cuello.

—¿Quién era ese hombre que estuvo aquí? —pregunta, usando su voz como un juguete.

—Mi querida Güera Rodríguez, sabe usted que no le podemos decir. El nombre y crímenes de los acusados es un secreto. No podríamos divulgar algo así.

Ella responde:

—No importa, ya me lo han dicho. Sólo quería confirmarlo. Hay pocos hombres que gozan de tanta fama como el que acaba de salir. ¿La reputación? Bueno, eso depende de a quién le pregunten.

Agitando su abanico con cierto garbo, les guiña un ojo y vuelve al patio a ver a las mariposas negras que revolotean cerca de la fuente.

Agustín, en cambio, no quiere quedarse en la Ciudad de México; sube a su caballo, y cabalga de regreso a Valladolid, donde lo espera su esposa.

Aquel arrebato es sumamente peligroso, pues la España americana no está como para que los hombres recorran los caminos; desde el inicio de la Guerra, los ladrones hacen de las suyas cada vez que pueden.

Se seca la frente con un pañuelo por la llovizna ligera que cae sobre la tierra, aunque sólo para que alborote el calor. El campo, de largas y sensuales hojas de pasto, está lleno de mosquitos. Hay maizales, árboles frutales y animales de granja como vacas y burros; también una columna de humo a lo lejos. Agustín no atina a saber si se trata de una batalla, la hora de comer de algún batallón, o simplemente se quema un árbol a lo lejos. ¿Acaso importa? El olor a pólvora y a muerte lo inunda todo. ¿Dónde están la riqueza y prosperidad del reino? ¿Acaso hay una esperanza de volver a la paz?

Cuando entra en la ciudad no es un héroe, mucho menos la figura bíblica de Cristo. Faltan los locos que le cantaron: "Bendito el que viene en nombre del Señor". Las calles lucen desiertas; los niños tienen miedo de salir a jugar, las viejas se asoman por las ventanas.

Agustín baja del caballo y éste camina con su amo. El viejo capitán realista, arrastra los pies por toda la ciudad. Está muy cansado para andar por la plaza del pueblo: le duelen los pies y los muslos anchos, también la espalda, como si la tuviera rota por dentro.

Al llegar a casa, Agustín se queda parado frente al portón. Imagina que le dirá a su esposa, ¿la dolorosa verdad o la mentira conveniente?

—¿Agustín? —escucha su nombre, y se vuelve hacia atrás.

Cuando la voz, que conoce muy bien, repite su nombre, se da cuenta que en una de las ventanas de su casa estaba Ana María. Desaparece por un momento y se abren las puertas. Se abrazan, cada uno aferrándose al otro con fuerza. Agustín la toma del cuello y la besa, recordando su aliento, la forma de sus labios carnosos.

—¿Cuánto tiempo te quedarás? —pregunta ella, en el susurro que le permiten los besos para respirar.

—Esa decisión nunca ha estado en mis manos —responde él, y vuelve a besarla.

Después de cenar, los criados llevan a los niños Iturbide a sus respectivas camas. Agustín bebe licor de anís de una copita de cristal, cruza la pierna en uno de los sillones, y narra largamente su breve encuentro con el tribunal militar. Ya no lleva puesto el saco, se ha descalzado las botas, y tiene la camisa abierta hasta la mitad del pecho. Cuando termina su historia, se pasa la mano por el rostro, y se acomoda los rulos sobre la cabeza.

Ana María, en el claroscuro perpetuo de una vela, se lleva a la boca un dulce de yema con azúcar, y pregunta:

—¿Volverás a la lucha?

Agustín niega con la cabeza.

—El veredicto no será favorable.

—Si no te condena. ¿Volverás a la lucha?

—No puedo, sólo sé hacer la guerra de una forma, y eso me llevará de nuevo al tribunal, y yo... Ana María, siento que ya no puedo. Cinco años en el campo de batalla han llegado a esto. Mi causa está perdida, y la emancipación de la América agoniza.

—Dios te dará el triunfo —ella se sonroja—. Desde que te vi, en mi sala, un joven apuesto, con su uniforme de alférez supe que llevabas el triunfo en tu corazón. Sabías que yo venía de una familia de abolengo, que mi padre conocía a españoles de rango. Ahí estabas, esperando llamar mi atención para que me enamorara de ti. ¿Sabías que yo estaba más nerviosa que tú? Esa tarde triunfaste y aquí estoy. He escuchado tus victorias en el campo de batalla, siempre con las circunstancias en contra: superioridad numérica del enemigo, falta de armas, desconocimiento del terreno, y siempre ganaste. Lo harás otra vez.

—Estoy cansado de echarme en el campo con harto frío o demasiado calor. Lo mismo comer un estofado de cualquier animal que encontremos en el monte, o morirnos de hambre porque estamos en persecución de los rebeldes, y los pueblos de la cercanía no nos quieren. Cuando tenía el Poder General Supremo de Guanajuato sí, podía estar un poco mejor, pero ¿qué significa eso en la guerra? ¿Cómo podía dormir pensando en que podían atacarme? Mientras más batallas ganaba, más seguro me sentía que la siguiente sería la derrota definitiva. Estoy tan cansado... quiero irme a la hacienda de la Intendencia de México y esperar la solución del juicio.

—Agustín, yo quiero...

Agustín baja el puño en el reposabrazos, de tal suerte que no hay necesidad de agregar más. Muy fácil le hubiera sido gritar: ¡Hasta que tú no arriesgues tu vida en el campo de batalla y no seas carne de cañón para los intereses del rey de España, no puedes saber cómo me siento! Y sin embargo, su quijada tensa y sus ojos desorbitados dicen eso y mucho más.

Ana María asiente:

—Si así lo dispones, nos iremos mañana con los niños.

—Primero quiero visitar a mis padres y a mi hermana Nicolasa... a la pobre se le va la cabeza imaginando que la casan con algún príncipe.

Permanecen en silencio, viendo las gotas resbalar por la ventana, sin imaginar que en la Ciudad de México se decide el futuro de Agustín.

# CAPÍTULO 23

# No tendré ninguna corona
# sobre mi cabeza

## 1816

AGUSTÍN CAMINA por el campo, hastiado de tanta tranquilidad. El silencio le resulta agotador. ¿Dónde está el temor que anticipa cada batalla, o el amargo olor de la pólvora quemada? En lugar de eso, un extenso cielo lo mira de regreso, de un azul pálido y tan vacío, que por más que lo contempla por largo rato, no ve pasar ni un gorrión. Es un tiempo, sin tiempo... de suspirar y añorar el campo de batalla, dormir a la intemperie sobre catres viejos, sostener largas pláticas con Vicente Filisola sobre Nueva España.

Le escribió a Guanajuato, por supuesto, pues extraña a su amigo, pero no ha recibido respuesta.

Agustín se siente cansado todo el tiempo, cuando despierta por las mañanas, cuando recorre los plantíos, cuando recibe noticias de la capital, y cuando va a las caballerizas con ánimos de montar. Está alegre de sentir cerca a su esposa y a sus hijos, a los cuales había extrañado en el campo de batalla, y sin embargo, se pregunta ¿por qué le hace falta disparar? ¿Por qué su vida familiar no tiene la emoción de una guerra?

Con sus botas de montar, continúa caminando por el pasto, quizás un poco mareado, no ha recuperado el color en la piel desde que se enojó con Ana María en Valladolid, ni siquiera ha tomado una copita de licor en las noches de tormenta.

Después de aquel silencio largo, Ana María sale por la puerta trasera de la casa, seguida por un soldado realista, un muchacho de unos veinte años.

—Agustín, vienen con el resultado del juicio.

El joven se cuadra ante Agustín y le entrega un sobre sellado con cera. Éste lo toma y lo abre. Dentro encuentra un solo pliego de papel escrito con largas letras garigoleadas en negro.

—¿Te van a arrestar? —pregunta Ana María—. ¿Irás a la cárcel?

Pero Agustín, antes de responder, vuelve a leer la carta, y tensa la quijada. Todo su cuerpo parece blanco, tiembla desde lo más profundo. Tose. Considera, por primera vez, que está perdiendo la fuerza. Las manos se le entumecen.

—No, fui absuelto de los cargos por falta de pruebas. La declaración de Labarrieta no fue suficiente para hundirme.

Ana María, sonríe, y da un paso para abrazar a su esposo, pero éste se echa para atrás. Agustín no sonríe, respira rápido, tiene los ojos húmedos. ¿Ha adelgazado en los últimos días? Le parece que la tierra bajo sus pies se mueve de manera violenta, pero era el único que percibía ese temblor.

—¿Estás bien, querido? —pregunta.

—No se me restituyó el mando, no se me asigna ningún regimiento, no se me da ninguna orden militar.

El joven soldado realista se disculpa, y se retira. Sólo quedan ellos dos, y el mundo que se desmorona como una casa de naipes. Los colores se vuelven borrosos. Agustín intenta controlar el temblor de su voz al añadir:

—Soy inocente, pero me tratan como culpable. Me quieren lejos del campo de batalla. Con este resultado no hacen más que darle la razón a todos aquellos hombres que me acusan.

—¿No vas a ir a la Ciudad de México a pedirle una explicación al virrey? Te la debe. Yo pienso que deberías pedirles un batallón para seguir luchando por la corona de España.

Agustín niega con la cabeza, no puede más, en su cuerpo frío, arde algo más… con un último esfuerzo alcanza a gritar:

—¡Lo hice por mí! ¡No tendré esa corona sobre mi cabeza!

Y cae sobre sus rodillas, levanta la cabeza para ver a su esposa por un momento, y se deja caer sobre el pasto.

No sabe más del cielo amplio, del juicio de su esposa, o de sus fantasías infantiles. El tiempo deja de existir.

Ana María se tapa la boca y suelta un grito.

Dos días después, María Josefa de Aramburu, ya con la juventud perdida en las arrugas que le enmarcan los ojos, y las líneas profundas que le rodean la boca, se apea del carro de caballos que la ha llevado hasta la hacienda de su hijo. Es mediodía cuando se apoya de una de las ruedas para tomar un poco de aire.

De inmediato, Ana María sale a recibirla.

—Mi querida señora Iturbide... no pensé que vendría hasta acá tan rápido.

—Ni yo tampoco, si no me hubieras mandado a uno de tus criados, estaría haciendo lo de siempre, pasar las horas entre bordados y evangelios. Con esta guerra, no tengo que decirte cómo están los caminos y los pueblos. Mira nada más las canas que traigo... ¡Jesús! Ni siquiera me dio tiempo de hervir las pieles de la nuez de Castilla para pintarme un poco el pelo. Ya sabrás lo que es la vejez, si Dios quiere vivirás muchos años. Mi esposo está en su hacienda arreglando unos negocios del comercio de algodón, ¿para qué me mandaste llamar?

Ana María la toma del brazo y camina con ella por el largo sendero que conduce a la entrada de la hacienda. Es difícil andar en la terracería con semejantes vestidos abombados y el sol de primavera calentando los rincones. Ya que están en el interior de la casa, Ana María le sirve un vaso de agua de limón con chía para que se refresque un poco.

María Josefa insiste:

—¿Para qué me llamaste? ¿Dónde está mi hijo?

—Ha sucumbido a una de las pestes que azotan al reino, seguramente de la que se originó en el sitio de Cuautla. Está muy mal, no hemos podido bajarle la fiebre, y las medicinas que mandamos comprar de la capital no lo curan ni tantito. Está recostado en su cama, sudando frío, delirando... yo creo que está delirando porque tiene los ojos bien abiertos y sus labios sólo susurran: *diecinueve, diecinueve*.

María Josefa hace tanta presión en el vaso, que éste se estrella y un poco de agua de limón se derrama sobre la alfombra.

—No te molestes —aclara María Josefa—, necesito saber qué dicen los médicos, ¿ya lo vio un sacerdote? Es importantísimo que te encomiendes a Santa Rita, y que mandes a pedir por su salud. Anda, no te quedes ahí callada, dime qué dicen los médicos.

Ana María traga saliva y una lágrima gruesa rueda por su mejilla derecha.

—¡Oh, señora Iturbide! Ninguna mujer debería usar negro tan joven. Cubrir el cuerpo no es tan difícil, casi como el disfraz de una obra de teatro. No importa que una se sienta triste, siempre debe aparentar estar más dolida. La viudez es un cuento, porque uno no puede vivir si lleva la muerte en el corazón. No sé cómo pintar mi alma de negro, ni sabría cómo vivir. Según los médicos, no le quedan más que unas horas de vida.

La bella María Josefa, a pesar de los años, se quiebra por dentro como el vaso y todo el dolor de su corazón se le vacía por los ojos, y en rezos a todos los santos que conocía, para que corran a auxiliar a Agustín, pero pasa el tiempo, y éste no cede en las fiebres y el cuerpo hinchado.

Todo indica que Agustín de Iturbide ha iniciado su tránsito hacia la muerte.

## CAPÍTULO 24
# La inconsciencia de las fiebres
### 1816

ANTE ÉL, se abre un campo eterno de figuras, cuadros brillantes pintados en el suelo, blancos y negros, intercalados; como un tablero de ajedrez infinito que cubre toda la tierra. Y sobre él, en un cielo de pasto líquido, brilla el gran ojo que todo lo mira, juzga, que está posicionado en lo alto de una pirámide egipcia de piedra azul que parece haber estado ahí por los siglos de los siglos... ¿O acaso podía describirse así aquel mundo sin tiempo?

Agustín delira en el etéreo tránsito hacia la muerte. Tal vez es la fiebre tan alta la que ha alterado sus sentidos, o tal vez la cercanía a la tumba lo hace penetrar otro mundo, lleno de demonios.

En aquel mundo lleno de colores inexistentes, donde las columnas griegas crecen como árboles, Agustín camina sin dirección alguna, preguntándose si aquello es el más allá, pero descarta la idea, pues en aquel reino no está Dios. Se siente un vacío desolador, un viento amarillo que lo enfría todo. Después de mucho caminar, ve a lo lejos una figura ancha, la misma que ha contemplado a lo lejos tras ganar una batalla en las Lomas de Santa María. Guardando su distancia, Agustín se encuentra esa figura de jade, también conocida como José María Morelos y Pavón, de labios gruesos y un paliacate bien amarrado a la cabeza. Le muestra la palma de las manos a Agustín, pero en lugar de piel, ve sangre y carne viva. La Santa Inquisición, al acusarlo de herejía, le arrancó la piel de las manos para que nunca más pudiera convertir un pedazo de pan en el cuerpo de Cristo.

Agustín, al comprenderlo, tiene lástima de Morelos.

De un momento a otro aparece con los ojos vendados por un trapo blanco y apretando un crucifijo de oro contra el pecho. El ojo del cielo ni siquiera parpadea. ¿De quién será ese ojo? ¿Tal vez del demonio, pero no de Dios? Finalmente se escucha una explosión, el aire se llena de un aroma a incienso y alcanfor, y Morelos cae en un charco de su propia sangre.

Agustín corre, quiere ayudarlo, pero no puede hacer nada por él. Muerto está. Humillado y muerto. Así es como Nueva España acaba con los rebeldes, los criollos, los mestizos, los indios... ¡Carajo! Así trata a todos los que se oponen al gobierno ya establecido.

Colgado de una de las columnas griegas hay una jaula de cobre, y en su interior, una cabeza, ya carcomida por los gusanos, sin ojos en las cuencas. Es la cabeza muerta del padre Hidalgo, que Agustín reconoce muy bien.

La cabeza abre la boca y salen moscas de ella. Se escucha una voz potente:

—Volveremos a encontrarnos cuando en tu camino haya más tiempo que vida...

Y el mundo entero se disuelve en la noche hasta desaparecer en la noche del mundo, la inconsciencia de las fiebres de Agustín.

Al volver del tránsito de la muerte, Agustín comprende que no sólo su cuerpo, sino su alma son diferentes. En aquellos delirios febriles todo su ser ha muerto, y al mismo tiempo, renacido. Abre los ojos como si viera la luz por primera vez, y estira los brazos como una mariposa que rompe el capullo. Siente cómo despierta su piel, el aire entra frío a sus pulmones, el sol azul por la ventana, el trinar de los pájaros; y hasta el aroma de un chorizo que se fríe en la cocina.

Se mueve entre las sábanas como un niño en el vientre de su madre, sólo para sentir sus piernas, torso y cuello... para recordar que es hombre. Con un susurro, casi erótico, como el que usó para seducir a Ana María años atrás, cita el libro de los Salmos:

—No he de morir; he de vivir para proclamar las maravillas del Señor. El Señor me ha castigado con dureza, pero no me ha entregado a la muerte.

Y confirma su decisión de no volver al campo de batalla por ninguno de los dos bandos, si la guerra civil por la emancipación de la América Española seguía, entonces que lo hiciera sin él.

# CAPÍTULO 25

# Esperanza, fe y caridad

## 1824

SUCUMBÍ, HIJO MÍO, a los horrores de la guerra; las enfermedades que azotaban al reino contaminaron mi cuerpo, y me permitieron comprender que la vida es frágil. Puedo decir que el efecto que produjo en mí fue el de sentirme agradecido por la misericordia de Dios. Cuando volví a enterarme de las noticias que llegaban desde la capital, supe que José María Morelos y Pavón había sido humillado en un juicio de la Santa Inquisición y, tras haber sido hallado culpable y amenazado con el infierno, Morelos traicionó a su movimiento y a sus amigos a través de una carta en la cual renunciaba a la causa independentista. Morelos murió, lamento escribirlo, fusilado por la espalda un 22 de diciembre de 1815.

La insurgencia había perdido a su mejor hombre. Sin él, la rebelión no tenía una cabeza fuerte. Por nombrar algunos de los militares que entonces luchaban por todo el reino, recuerdo a Manuel Mier y Terán en Tehuacán, Guadalupe Victoria en Puente de Rey, José Francisco Osorno en Zacatlán y los llanos de Apan, entre otros tantos; sin mencionar que un tal Vicente Guerrero empezaba a sonar en el sur.

Aunque no fueron brotes muy grandes, la reputación de Félix Calleja como virrey quedó mermada después del asesinato de Morelos, pues la saña con la que los realistas combatieron a los rebeldes no disminuyó. Se acusó al gobierno de crueldad, y circularon panfletos que exageraban la supuesta maldad de los realistas. Las autoridades en España se enteraron de esto y decidieron tomar el asunto como algo serio.

Fue a finales de 1816 que el hombre, al que alguna vez llamé "el más venerado general y más amado protector" fue llamado de regreso a España. Sin duda, este acto fue visto para muchos como un fracaso, de otro modo lo habrían premiado con más poder político u otros cargos de importancia.

Yo, debo reconocerlo, hijo mío, no sentí lástima por él porque todavía me sentía decepcionado por el trato recibido. Él se llevaba la gloria de lo que los militares criollos ganábamos, y ni siquiera nos llevábamos una felicitación. A veces siento que la soberbia, y no las armas, fue lo que hizo caer a los virreyes... y es cierto que escribo virrey solamente por costumbre. Bien sabes, hijo mío, que la Constitución de Cádiz acabó con ellos, y los sustituyó con una figura política llamada Jefe Político Superior, entonces Calleja nunca fue virrey en un sentido legal, sólo en el nombre popular que le daba el pueblo, y le doy yo en estas cartas.

Francisco Javier Venegas fue el primer jefe político, y una de sus primeras acciones fue la de proponer un indulto para los rebeldes. Se les perdonaría la vida si dejaban de luchar. Según mi conocimiento, pocos hombres lo aceptaron, menos de tres mil. Calleja, al tomar el poder, continuó con esa política de indultar a los rebeldes, y al mismo tiempo haciéndoles de su conocimiento, a través de diferentes publicaciones, que el acto de tomar las armas contra la corona era, por extensión, atentar contra Dios. La Iglesia católica daba su apoyo incondicional a la corona española, pues compartían el mismo poder.

Las amenazas del infierno pudieron funcionar contra Morelos en sus últimos momentos, pero no para el resto de los rebeldes. Poquísimos fueron los hombres que lo aceptaron entonces; ni Leona Vicario, ni Guadalupe Victoria, ni Vicente Guerrero.

Recuerdo que yo estaba tomando una taza de espumoso chocolate, una tarde de septiembre de 1816, cuando llegaron noticias desde la capital. El rey Fernando VII había escogido a un nuevo jefe político para Nueva España: Juan José Ruiz de Apodaca y Eliza. No quise, como en otros tiempos, mostrar mi lealtad a nombre de la familia Iturbide; pues mi padre estaba cansado de donar dinero a una causa realista que ya veía perdida y yo no quería volver al campo de batalla para que no se me reconocieran mis créditos.

Aquellos fueron tiempos en los que buscaba la paz, pero no para el reino, sino para mí. Puedes considerarme egoísta, pero creo que también es deber de todo hombre encontrar su bienestar, la felicidad con la mujer que escogió para él, la alegría de tener a sus hijos con él. ¿Es tan malo vivir la dicha propia, aunque se viva en un país ensangrentado y adolorido?

Me pregunté: ¿quién soy yo, Agustín de Iturbide, para buscar el fin de una guerra que ha puesto a un hermano contra otro como si se tratara de una historia escrita en la Sagrada Biblia?

Los primeros meses de mi vida en la hacienda no fueron tan fáciles como podría esperar, o al menos desear, pues Labarrieta seguía empeñado en destruir mi reputación, y mandó más cartas a Miguel de Bataller, y pidió entrevistarse con Juan Ruiz de Apodaca para insistir en que yo había sido un militar despótico, y que me había enriquecido gracias a mis trabajos en Guanajuato. De esto dieron cuenta amigos de mi padre que se encontraban en la capital, y le escribieron a Valladolid.

La naturaleza insistente de Labarrieta, sumado a las cartas de apoyo que amigos de la familia escribieron para apoyarme, hicieron que el asunto perdiera el interés del gobierno virreinal. Labarrieta no tuvo más opción que volver al Bajío para imaginar nuevas formas de atacar a los realistas.

Durante ese tiempo, hijo mío, tu madre insistió en que me defendiera de las acusaciones en mi contra y que tal vez eso ayudaría a que me devolvieran el mando que había perdido. Nunca entendió que no quería volver a luchar, y menos para defender mi reputación. Larga es la vida que nos otorga el Señor, y es un desperdicio gastar tanto tiempo en un asunto sin importancia.

Siguiendo la Santas Escrituras preferí poner la otra mejilla... y cuando el asunto dejó de ser popular, pude disfrutar de la hacienda.

*Recuerda bien lo que te escribo, hijo mío, porque no hay muchas verdades que pueda decirte sobre la vida. Quiero creer en que hay un dios que se sacrificó por nuestros pecados, que un padre bondadoso creó todo lo que existe... quiero creer, pero es más fácil que decirlo, y cuando más le haces preguntas a tu fe, más débil se vuelve, casi como la ceniza que queda después del carbón, que vuela al deshacerse con la brisa más pequeña: es entonces que los hombres se pierden.*

*La verdad que quiero contarte es ésta: nunca olvides quién eres, las lecciones de urbanidad y fe que tu madre y yo te dimos, las lecturas con las que llenabas tus tardes, las leyendas que te contaba tu nana antes de dormir, los postres que decoraban la mesa el día de tu santo y tu cumpleaños, los sueños que recordabas al despertar cada mañana, las memorias de la primera vez que montaste a caballo, y de la ocasión en que te llevé al altar para que tomaras el precioso cuerpo y sangre de Jesucristo en Sagrada Comunión.*

*Si alguna vez llegaras a perder el camino, y a sentir un vacío por dentro que no puedes explicar, entonces es momento de reencontrarte con tu alma. Como yo lo hice cuando estaba de regreso en la hacienda, volviendo a leer los libros que habían marcado mi infancia.*

*Pedí a mi padre que me enviara algunos volúmenes, y me adentré en las historias de los antiguos aztecas, y recordé la idea de que habían creado un gran imperio en estas tierras, interrumpido en 1521 por la cruel conquista que Hernán Cortés les impuso. Volví a recordar una pregunta que me hice entonces, ¿sería posible, después de casi trescientos años, que volviera a existir, sin pirámides, templos antiguos, ni sacrificios aztecas? ¿Podría el Imperio mexicano existir sin pedirle permiso a España?*

*Otro libro me llevó a recordar otra idea, que brilló en mi mente como si se tratara de una vela, o quizás un soplo del espíritu santo. Esa inspiración genial me llevó a reconocer en los reinos americanos, a las patrias hijas y herederas de España.*

*La América Septentrional, en la cual tú y yo habitamos en aquel lejano 1816, había nacido, como ya dije, en aquel parto doloroso que fue la* conquista. A lo largo de trescientos años, fue criada a través de la música y la sazón, del idioma y la pintura, pero sobre todo de la fe. La patria americana había sido una niña indefensa, pero la rebelión de 1810 había demostrado que Nueva España era ya una adolescente que deseaba vivir por su propia mano, pero sin olvidarse de la madre que le había dado todo, de la madre patria, de la madre que tampoco debía olvidar que tiene una hija... esa madre llamada España que siempre tendrá México.

Olvidándome de la política, me di cuenta de que, entre los libros que mi padre había enviado con su criado, se encontraba el poema de Dante Alighieri, llamado la Divina Comedia. En ella se describe el paso de Virgilio por el infierno, el purgatorio, y más tarde por el cielo. Llamó mi atención la representación de las virtudes teologales, siendo representadas como mujeres. La fe usaba una larga túnica del color de la nieve, como la que cubre los altos volcanes de Puebla y el Pico de Orizaba; la esperanza vestía de color esmeralda, como los largos campos de pasto y sembradíos que recorren Nueva España; por último, la esperanza portaba una tela cual fuego, similar a la sangre que día a día se derrama en esta lucha interminable entre los hombres que defienden la corona española, y los que desean emanciparse de ella.

Los colores permanecieron dentro de mí, hasta que comencé a soñarlos: esperanza, fe y caridad; esperanza, fe y caridad. Verde, blanco y rojo.

Entonces no supe, como ahora, que esos tres colores cambiarían la historia de Nueva España como muchos no han podido en el campo de batalla.


Intenté no pensar en lo que sucedía fuera de la hacienda, pero me llegaban noticias de que Calleja, al llegar a España, había sido condecorado con la Cruz de la Orden de San Hermenegildo, y con la insignia de la Orden de Isabel la Católica. Lo leí una mañana a través de las noticias que publicó la Gazeta de Madrid. Alejé de mí el pan dulce, y el café. Me quemaba el estómago, la garganta, la cabeza; permanecí calmado para los que me veían, pero en realidad estaba furioso. Me echaron a perder el apetito por varios días, pues todo lo que comía, me caía mal. Empecé a tener problemas digestivos, y Ana María mandó a pedir unas hierbas a Puebla para que me sintiera mejor.

Yo sabía que si quería que Fernando VII me condecorara, tendría que ir a España y hacer labor de convencimiento. Me preocupaba, sin embargo, que las acusaciones de Labarrieta hubieran llegado a oídos del rey. Escribí al virrey Venegas para pedirle su permiso de emprender el viaje, y él me recomendó no hacerlo, pues, aunque se me había declarado inocente, aún se investigaba mi caso.

Sin más, decidí quedarme en mi hacienda de la Intendencia de México, ubicada cerca de Chalco. Esta hacienda había pertenecido por mucho tiempo a los jesuitas, expulsados del reino cincuenta años atrás, y por lo mismo, todavía se le llamaba Hacienda de la Compañía de Jesús.

Lamentablemente, la guerra había lastimado la economía de Nueva España, y administrar las haciendas de la familia Iturbide no fue cosa fácil. Recurrí a un amigo de mi padre de nombre Diego Fernández de Ceballos, del que conseguí veinte mil pesos, a un interés anual del seis por ciento. Este préstamo, hijo mío, aún no ha podido pagarse.

Por lo demás, los días transcurrieron entre el polvo y la miseria, entre Valladolid, Chalco y la Ciudad de México. A veces visitando a mis padres y a mi hermana, otras sólo cabalgando para recordar los tiempos de guerra, en los que fui el dragón de hierro... reflexionando sobre lo amargado que me sentía. No fue hasta 1818, cuando comencé a retomar mis responsabilidades sociales, que recibí una invitación para acudir a una tertulia en casa del excelentísimo virrey Juan Ruiz de Apodaca. En la próxima carta te contaré por qué tu madre no estuvo contenta al respecto.

Tu padre, Agustín de Iturbide
Bury Street en Londres a 21 de marzo de 1824

# CAPÍTULO 26
# ¿Por qué tienen miedo?
## 1818

Desde el retorno de Agustín al hogar familiar, Ana María ha aprovechado cada momento para sentirlo, no sólo en la carne, sino en lo más profundo del corazón. Duermen juntos, sin descansar, porque el pecado les quita el sueño, y se entregan el uno al otro, buscando recuperar todo el tiempo que han perdido. De esta forma, Ana María se deleita con la espalda ancha y los muslos firmes de su esposo, y Agustín acaricia las delicadas clavículas de su mujer.

—¿Le vas a pedir al virrey que te devuelva las tropas que tenías bajo tu mando?

Él abre sus labios gruesos, pero no habla. Contrae los músculos, y se deja caer junto a ella.

—Ay, mejor quédate a mi lado —dice ella, y acaricia el vello húmedo que cubre el pecho de Agustín.

—Tengo que ir, llegó la invitación para la tertulia por alguna razón. Tal vez vuelva a interesarse en mí, o en la familia.

—O tal vez quiere más contribuciones, y Dios sabe que la familia Iturbide no está para resolver estos menesteres como en 1810. Tú y tu padre están endeudados hasta el cuello. Ya le pedí a mi padre los trescientos pesos, pero todavía no ha enviado el dinero. No vayas a ver al virrey, ¿para qué te arriesgas?

—Pues la invitación es para los dos, querida.

Ana María aprieta los labios, como si fuera víctima de una mala broma. Se levanta molesta, y rápidamente se cubre con una sábana, aunque debajo de la tela se adivinan dos senos prominentes y bien formados. De tal suerte, que Agustín queda desnudo, delineado por un haz de luna que se filtra por los cortinajes.

—No me gusta ir a la Ciudad de México; además, el médico me dijo que estoy esperando un bebé, no quiero que la preocupación del camino afecte mi salud o la del niño... porque va a ser niño, ya se lo pedí a Dios. Mejor quedémonos aquí, juntos... aprovecha mi luna, y yo me calentaré con tu sol.

Él niega con la cabeza.

Ana María finge un puchero, y vuelve a la cama, acercándose a su esposo como si de una sombra se tratara y comienza a acariciarle los hombros para despertar su pasión. Él le responde con un beso.

—Lo único que harás será que no deje de pensar en ti cuando vaya a la Ciudad de México. ¿Podrías disponer todo para el camino?

—Entonces volverás más rápido —susurra Ana María mordiéndose los labios—, arreglaré que un carro te lleve hasta la ciudad.

Y aprovechando la oscuridad, se cubren con la sábana para seguirse quitando el sueño, y acercándose al momento del amanecer.

Agustín deja que el amanecer lo sumerja, como quien se baña en el mar, y olas de luz, silenciosas y coloridas, hacen espuma en las sombras. El mundo es su playa; los átomos, arena infinita que llena el mundo. Un gallo canta a lo lejos; Agustín contempla el cuerpo blanquecino de su esposa sobre las sábanas arrugadas, y comprende que la ama. Es por ella que debe ir a visitar al virrey.

Las ciudades de Nueva España, aún en las noches estrelladas, lucen como ricos mosaicos vivos, en los que la luz de la luna proyecta diferentes colores sobre los caminos rurales, como si pasara a través del exquisito vitral barroco de una iglesia. Ésta es la conclusión a la que llega Agustín al caminar por las calles de la Ciudad de México con carretas que llevan cebollas, jitomates y chiles, y hasta cómodas talladas en caoba de largas patas de latón. Las damas caminan con grandes vestidos abombados de color negro y zapatos de tela con la suela desgastada, pues desde el inicio de la guerra, no han podido comprar otros. No hay sonrisas en aquellos semblantes lúgubres, ni alegría alguna en su forma de caminar. Es como si una pesadez y tristeza se les hubiera metido a todos en el corazón, como un signo más de la guerra.

No quiere caminar por calles laterales a las grandes casas, pues se amontona la basura, corren las ratas, y no falta el ladrón que, a punta de cuchillo, quisiera arrebatarle, las pocas monedas que llevaba en el bolsillo.

La casa en la que se hospedará está cerca de la entrada a la ciudad, sobre la antiquísima calle de Plateros. Agustín encuentra la puerta abierta, y al traspasar el umbral se envuelve con un cálido fulgor que proviene de las decenas de velas y cirios que iluminan el vestíbulo, y se reflejan en la deliciosa plata que adorna una vitrina de la esquina, el marco de un retrato en la otra pared, los candelabros de la sala, el manto plomizo de una Virgen de cerámica, y hasta la efigie de un Sagrado Corazón que descansa en una mesita cerca de las escaleras.

El aire no sólo está lleno del guajolote asado que se prepara en la cocina, sino de los instrumentos de cuerda con los que se ameniza aquella reunión. Agustín es recibido por un criado negro, casi un niño, de doce años, que lo acompaña a través del amplio comedor lleno de retratos al óleo, al patio abierto coronado por una fuente de piedra, y hasta un salón del otro lado de la casa, donde los hombres fuman tabaco costoso y las mujeres lucen sus mejores joyas al cuello.

Agustín no fuma, pero toma una de las copas de vino generoso que los criados ofrecen en charolas de plata. Bebe un poco y levanta la vista. Miguel Bataller, con su saco de terciopelo azul y su camisa blanca, lo contempla con sus grandes ojos negros.

—Buenas noches, señor Iturbide. Ya sé que no le da gusto que nos encontremos, después del juicio. A mí sí, aunque ya no sea tan insolente como la última vez.

—Mi educación no me permite hacerle una descortesía, y menos en público —respondió Agustín—, pero se podrá imaginar que digo estas palabras con desprecio.

Bataller no le responde, pues una hermosa mujer, ataviada con un largo vestido escarlata de seda, se acerca a ellos. Su cutis es blanco y liso como una princesa de porcelana encerrada en una vitrina. Sus rulos dorados son espirales infinitas que caen delicadamente sobre sus hombros. El carmín de sus labios es del mismo color que el atardecer de Valladolid. Agustín sólo conoce a dicha dama por reputación, mueve la cabeza a modo de saludo.

—Caballeros —exclama ella, con una voz tan clara como llena de autoridad—, espero que no estén discutiendo tonterías en una noche tan bella como ésta. ¿No oyen los grillos a través de la música? La América Española está llena de beldad. Además, no lo nieguen que lo escuché desde el otro rincón, estaban por defender sus caprichos infantiles y fingir pasiones como una de esas mujeres que cambian orgasmos por monedas. Así son todos los políticos de la Ciudad de México.

Bataller también hace una reverencia, mientras suelta una bocanada de humo.

—Siempre tan certera, mi Güera Rodríguez.

Ella sonríe con cinismo.

—Y usted, como buen político, tan falso, siempre hablando de más porque quiere decir menos. ¿Me permite unos momentos a solas con nuestro ilustre dragón de hierro?

Bataller mira a Agustín, luego a la Güera Rodríguez. Molesto, mueve su voluminoso cuerpo al otro lado del salón, donde apaga su cigarro en un cenicero de cristal, y bebe de golpe dos copas de vino.

La Güera Rodríguez, en cambio, toma a Agustín del brazo, como si se tratara de llevar un príncipe al baile, y camina con él lentamente de regreso al patio. Una luna menguante los corona. Como bien lo había dicho la dama, la música de los violines toca una melodía europea, y se mezcla con el canto de los grillos prehispánicos.

—No le haga caso, el señor Bataller está enojado y tiene miedo. ¿Le digo un secreto?

Agustín asiente, de modo que la Güera Rodríguez se inclina sobre el oído de éste, y así, muy cerca de él, le susurra:

—Todos los que han venido a la fiesta tienen miedo.

La cercanía con aquella mujer, tan seductora, tan hermosa, de los ojos de ángel y las manos cálidas, lo hace sentir un escalofrío.

—¿Por qué tienen miedo? —pregunta él, nervioso.

Ella lo lleva hasta el borde de la fuente y se sientan. Las estrellas son un espectáculo dramático.

—No se ponga nervioso, es usted uno de los militares más gallardos de todo el reino, y es lógico que... bueno, usted sabe. Soy más que una linda figura.

Agustín traga saliva, sin responder. De modo que ella continúa.

—Me temo, señor Iturbide, que lo hice venir con la esperanza de que se encontraría con el virrey aquí, y pensé que era la única forma en que aceptaría salir de su hacienda de Chalco. Lo engañé. Es usted famoso por sus hazañas militares y por quejarse, en cartas, de que no le han reconocido sus logros.

Agustín insiste.

—¿Por qué tienen miedo?

Antes de responder, la Güera Rodríguez le da unas palmaditas en el muslo. Él, inocente, quiere ocultar que sus poros despiertan, su corazón late a otro ritmo, y con la fuerza de un martillo que construye un cañón de guerra. Se avergüenza, y se le encienden las mejillas.

—Vamos, no sea modesto. Usted y yo somos adultos y, si me lo permite, más inteligentes que los hombres y mujeres que siguen en el salón. El virrey está por aprobar la nueva Constitución de Cádiz en los reinos de América. El rey Fernando VII ha tenido que confirmarla en España bajo presión. En el peor de los casos entrará en vigor en un par de años y eso es algo que no le conviene a muchos en el reino. Vamos, no me diga que no lo ha pensado. Es una Constitución liberal que considera a todos, o al menos a casi todos los habitantes de España como iguales. ¿Usted cree que a los nobles les va a gustar que la ley los trate igual que a los indígenas? ¡Vaya! No hablemos de tales extremos, comparar españoles nacidos en América con los españoles nacidos en la península traerá grandes problemas... y no empecemos con la Iglesia católica. Cuanto más poder tienen los hombres, más desean distanciarse de los demás. Ningún gobernante desea ser igual que sus gobernados, aunque sus discursos digan otra cosa.

Agustín levanta los hombros, como para pedirle más información.

—¿No me está oyendo? Es una Constitución liberal, quitarle derechos a la Iglesia.... ¡Vaya situación! Esos hombres que visten de sotana y profesan la pobreza son dueños de la mitad de las propiedades de Nueva España, cuando una mujer les estorba la enclaustran en un convento de monjas, si un hombre les es incómodo sólo tienen que inventarles un cargo ante un tribunal militar o de la Santa Inquisición. Ya ve, fíjese lo que son las cosas. A mí me acusaron ante la Santa Inquisición por ayudar a los insurgentes y pude salir, a usted ante un tribunal militar y fue declarado inocente. Aunque, la verdad sea dicha, estuvimos cerca de no contarle esta anécdota a nuestros hijos. Bataller está loco, grita como poseído que la Constitución de Cádiz es del demonio, y que algo se debe hacer para impedir que sea aprobada en América. ¿Usted cree que logre algo? Yo tampoco... pero es tan terco, que algo se le ocurrirá. No se lo juro por Dios, porque justamente lo único que no se ha relajado en mi alma es la fe.

Tres hombres de barbas largas, que vienen entrando por la puerta, pasan junto a ellos, y le hacen una reverencia a modo de saludo, mientras exclaman el consabido: buenas noches.

Agustín espera un poco a que aquellos hombres se alejen, y a que su propio corazón tome un ritmo normal.

—Conozco esos miedos, los tiene mi padre. Conozco las sanciones que se impondrán a los militares, los sufriré yo si vuelven a juzgar mi comportamiento en campaña antes de 1815 y Labarrieta me denuncia. Y conozco la forma en cómo piensan los insurgentes, si es que queda alguno... hasta mi hacienda llegó el rumor de la señora Leona Vicario, esposa de Andrés Quintana Roo. Dicen que ella aceptó el indulto del virrey y que dejará la lucha. Tal vez Vicente Guerrero y Guadalupe Victoria hagan lo mismo. Sólo así Nueva España encontrará de nuevo la paz.

La Güera Rodríguez se levantó y lo miró de reojo.

—Nueva España es como la luna, antes de renacer a la luz, deberá desaparecer en la noche. Me imagino que han notado nuestra ausencia en el salón, piense en lo que le acabo de decir, y conversemos después del postre.

La cena está exquisita, no sólo por el sabor tan extraordinario, sino por el lujo que le imprime la Güera Rodríguez. Desde antes de la guerra que no se ven cenas de cinco tiempos, trufas ahumadas, dulces de yema de huevo traídos de Puebla, vino de Castilla, y otros manjares. Se sientan a la mesa del comedor casi treinta invitados. La cubertería es de plata, la vajilla de talavera, y la cristalería de un antepasado de la misma Güera Rodríguez.

Ella, con el propósito de amenizar la plática, cuenta con lujo de detalles el amorío que tuvo con un joven de nombre Simón Bolívar, las visitas que hacía al taller del escultor Manuel Tolsá y las largas tardes al lado del barón Alexander von Humboldt, el sabio alemán que recorrió la Ciudad de México y la nombró la Ciudad de los

Palacios, y quien, en palabras de la Güera Rodríguez, que llaman la atención de Agustín, prefería investigar mariposas y sátiros que las caderas de una mujer.

La música continúa fluyendo desde el salón... lo que permite amenizar un poco los silencios incómodos, pues cuando la Güera Rodríguez termina alguna anécdota, todos permanecen callados. Agustín siente la mirada venenosa de Miguel Bataller, lo mismo de que otros hombres y mujeres de la mesa.

Después del postre, los hombres son invitados al salón, a beber un poco de licor de anís, las mujeres permanecen en la mesa, comiendo dulces.

La Güera Rodríguez, decide acompañar a los hombres. Sabe cómo mover el abanico para llamar la atención, planchar el vestido con las manos para que se le noten las pecas de los hombros, y los hombres presten atención a la forma de su busto, con la misma atención que a sus opiniones políticas.

Ciertamente, Agustín está embelesado por esa mujer, no le puede quitar el ojo, y no es muy bueno disimulándolo, lo que provoca que la Güera Rodríguez se le acerque.

—¿Le gustó la cena, señor Iturbide? Me gustaría enseñarle algo que sin duda encontrará muy interesante —y tras decir esto, la Güera Rodríguez le pide a uno de sus criados que vaya por la cigarrera de plata; éste sale un momento del salón y regresa con una cajita brillante.

La Güera Rodríguez la abre, saca un cigarro ya formado, y se lo ofrece a Iturbide.

—No fumo —responde él.

—Sería muy tonto si lo hiciera. Si yo fuera usted, lo guardaría para llevármelo a casa. ¿Regresa a su hacienda hoy por la noche?

Agustín asiente.

—Le recomiendo que tenga muchísimo cuidado, algunos de los rebeldes, al quedarse sin general, se volvieron salteadores de caminos. Y algunos realistas andan diciendo cosas, sobre una conversación entre cierto dragón de hierro y un amigo, durante una noche estrellada. Este dragón dijo que la América Española es hija de la España Europea, y que ya tenemos edad para la autonomía y la Independencia. Como dije, le recomiendo que tenga muchísimo cuidado, las paredes tienen oídos. Lleve ese cigarro y recuerde aquella noche. No olvide sus sueños, y tal vez obtenga que se cumpla su sueño de ser padre.

Jugueteando con el cigarro que tiene en la mano, lo guarda en el bolsillo de su saco.

—Ya tengo hijos.

La Güera Rodríguez con su sonrisa juguetona, le da unas palmaditas a Agustín en el pecho.

—Esta velada está por terminar y yo logré mis dos propósitos: el primero es que muestre interés en el futuro de este reino, Nueva España está en sus manos.

Agustín traga saliva y pregunta:

—¿Y el segundo?

Y ella, alejándose, responde con una voz suave:

—Entrar en sus sueños prohibidos...

Esa noche, Agustín no duerme, aunque bien le gustaría hacerlo con aquella dama de cabellera rubia. Aún con la ropa de la fiesta y el frío de la madrugada, pasa las horas en su despacho, abriendo cajones, desbaratando libros, armando el rompecabezas de lo que fue la guerra. Recuerda el grito que el cura Hidalgo dio en 1810, lee los documentos que ha conseguido del Congreso de Apatzingán, y sobre todo el que llama "Sentimientos de la Nación"; también ediciones de los periódicos *El Ilustrador Americano* y el *Semanario Patriótico*. Vuelve a leer sobre el imperio de Moctezuma, y recuerda algunas de sus batallas más importantes.

Piezas, ideas, frases, sentimientos; fantasmas, sueños de vírgenes. Ocho años de guerra, de sangre, de muerte sin sentido...

¿De verdad no hay otra forma? ¿Nueva España siempre permanecerá bajo el yugo de los peninsulares?

Está inspirado, se siente lleno de vida. La energía le quita el sueño. Una sola vela ilumina el escritorio. Agustín se sienta, se hace de un papel arrugado, un bote de tinta... y, venciendo su miedo a la página en blanco, escribe:

*Plan de Independencia de la América Septentrional*

## CAPÍTULO 27

# Infierno grande

## 1818

Hay un dicho en Valladolid que Ana María conoce muy bien, y aunque está en la hacienda de Chalco, acariciando su vientre mientras descansa en una mecedora, lo recuerda con amargura. Levanta la taza de la mesita, y bebe un poco de té de tila. Le punza la cabeza desde que ha escuchado los rumores que comienzan a circular en la Ciudad de México, y que los criados cuchichean mientras hierve el agua para lavar la ropa.

El té de tila, aunque es bueno para calmar los nervios, poco hace para disminuir los celos. Y es que le corroen por dentro, y no sabe si el dolor de estómago es a causa de su embarazo o del enojo. Ni siquiera el aire del abanico le permite calmarse un poco. Se levanta y camina por la hacienda, la cola de su vestido barre el polvo del piso.

Va apurada hasta el despacho de Agustín, y lo encuentra sentado en su despacho, haciendo garabatos en un papel.

—¿Qué haces? —pregunta ella.

Agustín continua escribiendo, sin levantar la mirada. Parece estar transcribiendo algo de un papel.

—Quiero incluirlo todo, Ana María.

Recostada en el marco de la puerta, lo ve en silencio. Inocente, pregunta:

—¿Estás haciendo cuentas de las ventas de la hacienda? Al menos no hemos tenido que pedir más dinero prestado. En cuanto Nueva España vuelva a la tranquilidad, arreglaremos el tema de dinero.

—No estoy calculando los ingresos de la hacienda, tal vez luego. Ahorita estoy pensando en nuestro porvenir...

Ella asiente y espera unos momentos para ver si su esposo dirá algo más. Al ver que no es así, da un paso al frente y cierra la puerta.

Agustín, al fin, levanta la cabeza y se vuelve hacia su esposa.

—¿Qué te pasa?

—¿No me miras porque estoy esperando a tu hijo, o porque quieres meterte en la cama de la meretriz más ilustre de la Ciudad de México?

—¿De qué me estás hablando? —pregunta Agustín, dejando a un lado su pluma.

—No se habla de otra cosa por todos estos rumbos. ¿O me vas a negar que cuando fuiste a la tertulia te viste en privado con esa mujer? ¿Qué te has escrito un par de veces con ella?

—Mi cuerpo no te ha traicionado, si eso es lo que preguntas.

Ella se le acerca, ya se nota el vientre abultado, pronto tendrá que dejar de usar corsé. A lo lejos, en el patio, los niños Iturbide corren tras una gallina, sus gritos y sus risas llenan la hacienda de color.

—Agustín... —pide ella, casi como si le estuviera rezando a Dios, en lugar de a su esposo.

—Mi cuerpo no ha tocado más cuerpo que el tuyo, te lo puedo repetir hasta que los tiempos terminen, pero si no me crees. ¿De qué me sirve?

Ella moja sus labios con la lengua, y cierra los ojos por un momento.

—¿Me has sido infiel de pensamiento?

Él sonríe:

—Los únicos hombres que no han sido infieles de pensamiento fueron Jesucristo porque no tenía maldad en su interior, y Adán porque no conocía más mujer que Eva... y no estoy muy seguro. ¿Sabes? He vuelto a interesarme en la vida, he descubierto un propósito para seguir adelante, para levantarme cada día.

—¿Hablas de ella, de esa... mujer?

Agustín levanta un papel manchado de tinta y se lo enseña a su esposa.

—¿Por qué hablaría de ella? Sólo me recordó lo que dije hace mucho, una noche en que imaginé que Nueva España podía alcanzar una nueva libertad. Los ideales que tenemos cuando somos jóvenes, no deben perderse cuando maduramos. Algunas patrias se construyen de sueños, otras de sangre derramada. Los héroes son quienes tienen la valentía de aprovechar el momento, y éste es mi momento.

Ana María toma el cigarro que descansa sobre la mesa, y lo vuelve a dejar.

—Pensé que no soportabas el amargo sabor que te deja el tabaco en el paladar, y ahora te veo con esto. De verdad que no te reconozco...

Agustín, con toda la paciencia, desenrolla el papel de arroz y le muestra el interior. Ahí, entre el polvo de tabaco, Ana María observa una delicada caligrafía en tinta negra. Dice en una línea: Apocalipsis 22:21, y en otra: Búscame si escribes la libertad.

—¿Eso qué quiere decir?

—Es el último versículo de la Biblia, a partir de ahí nace una nueva Jerusalén. Yo tengo que terminar de escribir este documento, porque tengo el tiempo encima... tengo que escribir...

Ella suspira con hartazgo y odio. Sale de ahí, arrastrando la cola de su vestido, presa de unos celos que le queman en la boca del estómago, y que le darán pesadillas por muchos meses más.

Agustín está seguro de su fidelidad, y de que los chismes no son otra cosa que gente aburrida que no entiende que sí puede existir una amistad sincera entre un hombre y una mujer.

Sigue escribiendo:

*Ha llegado el momento en que manifestéis la uniformidad de sentimientos, y que nuestra unión sea la mano poderosa que emancipe a la América...*

# CAPÍTULO 28

# ¡Americanos!

## 1824

UNO LLEGA A UNA EDAD, hijo mío, en que los suspiros se vuelven una necesidad, pues son la única forma para que el alma no se enferme de melancolía. Lo que sucede es que llega la noche y no podemos escapar de los recuerdos. Mi forma de exorcizarlos es ponerlos en el papel, y contarte mi historia. Que Dios me perdone si acaso he olvidado algo, pero la memoria se guarda en el corazón, donde habitan los sentimientos y los resentimientos.

Yo, Agustín de Iturbide, nunca hubiera logrado mis propósitos de no ser por intervención de María Ignacia Rodríguez de Velasco de Osorio Barba y Bello Pereyra, la Güera, y cuya belleza es tan legendaria, que el artista Manuel Tolsá la usó como modelo para esculpir la imagen de la Inmaculada Concepción que hoy puede venerarse en el Templo de la Profesa. Fue ahí, en dicho templo, donde ella cumplió la promesa que me había hecho de apoyarme.

La situación política de Nueva España era ya insostenible. Desde que el virrey Venegas había proclamado la Constitución de Cádiz, que entraría en vigor durante los últimos meses de 1820. Algunas órdenes religiosas tendrían que abandonar el reino, mientras que de otras no podía quedar más que una comunidad. Además, no podrían construirse nuevos conventos sin una orden del gobernante en turno.

Por lo mismo, la Iglesia católica había dejado de apoyar a la Corona, al menos en lo que a Nueva España se trataba. Sí, esa misma Iglesia católica que había ayudado a condenar al cura Hidalgo, al capitán Allende, a

Morelos, y a tantos más, ahora cambiaba de bando. Sí, pero faltaba algo más que un montón de sacerdotes, militares y aristócratas que dejaran de apoyar al gobierno en turno para que algo cambiara, pues no iban a apoyar a los insurgentes que quedaban, luchando en la selva.

Sí, lo que faltaba era cohesión, dirección, que todos volteáramos en el mismo sentido. Faltaba que fuéramos un grupo en común acuerdo. Por primera vez, en los últimos meses de aquella década fatídica, la emancipación de España fue un plan real, si no al menos posible.

Durante un par de años trabajé en un documento llamado "Plan de Independencia de la América Septentrional", y no solamente se lo enseñé a la Güera Rodríguez, a quien visité en muchas ocasiones en privado para que me ayudara a pulir mis ideas, pero ella se negó con la razón de que estaba bien hecho. También lo compartí con amigos cercanos, parientes y amistades de mis padres, quería que me dijeran qué opinaban de lo que había escrito.

Sé, hijo mío, que corría un gran riesgo al hacerlo, pues si cualquiera de ellos, por malicia o lealtad al rey Fernando VII, me hubiera denunciado, mi encarcelamiento hubiera sido seguro. Fue tal la aceptación de dicho documento, que no le hice cambio alguno.

Así, puedo decir, que el documento que estoy por transcribirte aquí es el mismo que trabajé todos esos años, y que aún no sabía qué hacer con él.

Americanos bajo cuyo nombre comprendo no sólo a los nacidos en América, sino a los europeos, africanos y asiáticos que en ella residen: tened la bondad de oírme. Las naciones que se llaman grandes en la extensión del globo fueron dominadas por otras; y hasta que sus luces no les permitieron fijar su propia opinión, no se emanciparon. Las europeas, que llegaron a la mayor ilustración y policía, fueron esclavos de la Romana, y este imperio, el mayor que reconoce la historia, asemejó al padre de familia que en su ancianidad mira separarse de su casa a los hijos y los nietos por estar ya en edad de formar otras, y fijarse por sí, conservándole todo el respeto, veneración y amor, como a su primitivo origen.

Trescientos años hace la América septentrional de estar bajo la tutela de la nación más católica y piadosa, heroica y magnánima. La España la educó y engrandeció, formando esas ciudades opulentas, esos pueblos hermosos, esas provincias y reinos dilatados, que en la historia del universo van a ocupar lugar muy distinguido.

Aumentadas la población y las luces, conocidos todos los ramos de la natural opulencia del suelo; su riqueza metálica, las ventajas de su situación topográfica, los daños que origina la distancia del centro de su unidad, y que ya la rama es casi igual al tronco: la opinión pública, y la general de todos los pueblos es la de la Independencia absoluta de la España, y de toda otra nación. Así piensa el europeo, y así los americanos de todo origen.

Esta misma voz que resonó en el pueblo de los Dolores el año de 1810, y que tantas desgracias originó al bello país de las delicias, por el desorden, el abandono y otra multitud de vicios, fijó también la opinión pública de que la unión general entre europeos y americanos, indios e indígenas es la única base sólida en que pueda descansar nuestra común felicidad. ¿Y quién pondrá en duda en que después de la experiencia horrorosa de tantos desastres no haya siquiera quien deje de prestarse a la unión para conseguir tanto bien? ¡Españoles europeos!, vuestra patria es la América, porque en ella vivís, en ella tenéis a vuestras amadas mujeres, a vuestros tiernos hijos, vuestras haciendas, comercio y bienes. ¡Americanos!, ¿quién de vosotros puede decir que no desciende de español? Ved la cadena dulcísima que nos une: añadid los otros lazos de la amistad, la dependencia de intereses, la educación e idioma, y la conformidad de sentimientos, y veréis son tan estrechos y poderosos que la felicidad común del reino es necesario la hagan todos, reunidos en una sola opinión, y en una sola voz.

Es llegado el momento en que manifestéis la uniformidad de sentimientos, y que nuestra unión sea la mano poderosa que emancipe a la América sin necesidad de auxilios extraños. Al frente de un ejército valiente y resuelto, he proclamado la independencia de la América septentrional. Es ya libre: es ya señora de sí misma, ya no reconoce, ni depende de la España, ni de otra nación alguna. Saludadla todos como Independiente, y sean vuestros corazones bizarros los que sostengan esta dulce voz, unidos con las tropas que han resuelto morir antes que separarse de tan heroica empresa.

No le anima otro deseo al ejército que el conservar pura la santa religión que profesamos y hacer la felicidad general. Oíd las bases sólidas en que funda su resolución:

1° La religión de la Nueva España es y será la católica, apostólica romana, sin tolerancia de otra alguna.

2° La Nueva España es Independiente de la antigua y de toda otra potencia, aun de nuestro continente.

3° Su gobierno será Monarquía moderada, con arreglo a la Constitución peculiar y adaptable del reino.

4° Será su Emperador el Sr. D. Fernando Séptimo, y no presentándose personalmente en México dentro del término que las Cortes señalaren a prestar el juramento, serán llamados en su caso, el serenísimo Sr. Infante D. Carlos, el Sr. D. Francisco de Paula, el Archiduque Carlos u otro individuo de Casa reinante, que estime más conveniente el Congreso.

5° Ínterin las Cortes se reúnen, habrá una Junta que tendrá por objeto tal reunión, y hacer que se cumpla con el plan en toda su extensión.

6° Dicha Junta, que se denominará gubernativa, debe componerse de los vocales de que habla la carta oficial del Excmo. Sr. Virrey.

7° Ínterin el Sr. D. Fernando Séptimo se presenta en México y hace el juramento, gobernará la Junta, o la Regencia, a nombre de S. M. en virtud del juramento de fidelidad que le tiene prestado la Nación; sin embargo de que se suspenderán todas las órdenes que diere ínterin no haya prestado dicho juramento.

8° Si el Sr. D. Fernando Séptimo no se dignare venir a México, ínterin se resuelve el Emperador que deba coronarse, la Junta o la Regencia mandará en nombre de la Nación.

9° Este gobierno será sostenido por el ejército de las tres garantías.

10° Las Cortes resolverán la continuación de la Junta, o si debe substituirla una Regencia, ínterin llega la persona que deba coronarse.

11° Las cortes establecerán en seguida la Constitución del Imperio Mexicano.

12° Todos los habitantes de la Nueva España, sin distinción alguna de europeos, africanos, ni indios son ciudadanos de esta Monarquía con opción a todo empleo, según su mérito y virtudes.

13° Las personas de todo ciudadano, y sus propiedades, serán respetadas y protegidas por el gobierno.

14° El clero secular y regular será conservado en todos sus fueros y preeminencias.

15° La Junta cuidará de que todos los ramos del estado queden sin alteración alguna, y todos los empleados políticos, eclesiásticos, civiles y militares en el estado mismo en que existen en el día. Sólo serán removidos los que manifiesten no entrar en el plan, substituyendo en su lugar los que más se distingan en adhesión, virtud y mérito.

16° Se formará un ejército protector que se denominará de las tres garantías, porque bajo su protección tomará lo primero, la conservación de la Religión católica, apostólica, romana, cooperando de todos los modos que estén a su alcance para que no haya mezcla alguna de otra secta, y se ataquen oportunamente los enemigos que puedan dañarla; lo segundo, la independencia bajo el sistema manifestado; lo tercero, la unión íntima de americanos y europeos, pues garantiendo bases tan fundamentales de la felicidad de Nueva España, antes que consentir la infracción de ellas se sacrificará dando la vida del primero al último de sus individuos.

17° Las tropas del ejército observarán la más exacta disciplina a la letra de las ordenanzas, y los jefes y oficialidad continuarán bajo el pie en que están hoy; es decir, en sus respectivas clases, con opción a los empleos vacantes, y que vacaren por los que no quisieren seguir sus banderas, o cualquiera otra causa, y con opción a los que se consideren de necesidad o conveniencia.

18° Las tropas de dicho ejército se considerarán como de línea.

19° Lo mismo sucederá con las que sigan luego este plan. Las que lo difieran; las del anterior sistema de la independencia, que se unan inmediatamente a dicho ejército; y los paisanos que intenten alistarse, se considerarán como tropas de milicia nacional, y la forma de todas para la seguridad interior y exterior del reino, la dictarán las Cortes.

20° Los empleos se concederán al verdadero mérito, en virtud de informe de los respectivos jefes, y en nombre de la nación provisionalmente.

21° Ínterin las Cortes se establecen, se procederá en los delitos con total arreglo a la Constitución española.

22° En el de conspiración contra la independencia se procederá a prisión sin pasar a otra cosa hasta que las Cortes decidan la pena al mayor de los delitos, después del de lesa majestad divina.

23° Se vigilará sobre los que intenten fomentar la desunión, y se reputan como conspiradores contra la independencia.

24° Como las Cortes que van a instalarse han de ser constituyentes, se hace necesario que reciban los diputados los poderes bastantes para el efecto; y como a mayor abundamiento, es de mucha importancia que los electores sepan que sus representantes han de ser para el Congreso de México, y no de Madrid, la Junta prescribirá las reglas justas para las elecciones, y señalará el tiempo necesario para ellas y para la apertura del Congreso. Ya que no puedan verificarse en marzo, se estrechará cuanto sea posible el término. —Iguala 24 de febrero de 1821.

Americanos: he aquí el establecimiento y la creación de un nuevo imperio. He aquí lo que ha jurado el ejército de las Tres Garantías, cuya voz lleva el que tiene el honor de dirigírosla. He aquí el objeto para cuya cooperación os invita. No se os pide otra cosa que lo que vosotros mismos debéis pedir y apetecer. Unión, fraternidad, orden, quietud interior, vigilancia y horror a cualquiera movimiento turbulento. Estos guerreros no quieren otra cosa que la felicidad común. Uníos con su valor para llevar adelante una empresa que por todos aspectos (si no es por la pequeña parte que en *ella ha tenido) debo llamar heroica. No teniendo enemigos que batir, confiemos en el Dios de los ejércitos, que lo es también de la paz, que cuantos componemos este cuerpo de fuerzas combinadas de europeos y americanos, de disidentes y realistas seremos unos meros protectores, unos simples espectadores de la obra grande, que hoy ha trazado y que retocarán y perfeccionarán los Padres de la patria. Asombrad a las naciones de la culta Europa; vean que la América septentrional se emancipó sin derramar una sola gota de sangre. En el transporte de vuestro júbilo decid: viva la Religión santa que profesamos; viva la América septentrional independiente de todas las naciones del globo; viva la unión que hizo nuestra felicidad.*

Es un gran documento, ¿no te parece? Como ya dije, estuvo hecho para reunir las ideas insurgentes que habían surgido en Nueva España, desde el cura Hidalgo hasta ese 1818. También contemplaba, desde luego, respetar la jerarquía e importancia de la fe católica y de sus ministros, y mantenía el pasado español de la América Septentrional, hecho que, en mi opinión, ayudaría a lograr mi propósito.

Sólo había un problema, hijo mío, aquéllas eran sólo palabras y sentimientos que había escrito en privado, no tenían utilidad alguna por más que la Güera las aplaudiera y Ana María se esforzara en no entenderlas.

Faltaba algo, mucho en realidad. Las guerras no se ganan con buenos deseos y frases cortas de protesta, los gobiernos no cambian con quejas, las revoluciones no son para los que permanecen en casa. Nunca tengas miedo de defender a tu patria.

La Güera Rodríguez era una verdadera dama, por cuanto a su inteligencia se refiere. Y es que no solamente se reunía conmigo para convencerme de seguir con el plan de Independencia que había soñado años atrás, sino que le pidió a autoridades políticas y religiosas que se reunieran, como ya dije, en el Templo de la Profesa. Ahí conspiraron. Ahí imaginaron un nuevo gobierno libre de otros. Ahí desearon lo mejor para que la Iglesia católica no perdiera el poder.

Estas reuniones, aunque fueron organizadas por la Güera Rodríguez, fueron presididas por el canónigo Matías de Monteagudo, y en ellas se definió el futuro de Nueva España. Desde luego, yo era una pieza importante del plan, porque ¿cuándo un político americano ha realizado una labor notable sin apoyarse en la milicia? Entonces, la Güera Rodríguez me visitaba en la Hacienda de Chalco y me contaba. Tu madre nunca le tuvo confianza, pero yo estaba seguro que el futuro me deparaba algo importante.

Y cuando por fin los conspiradores se pusieron de acuerdo en cuál sería mi papel en todo este asunto, acudieron con el virrey a decirle que era momento de terminar con la insurgencia y que sólo yo podría acabar con Vicente Guerrero en el sur. Le dijeron que era la mejor forma de asegurar que la Constitución de Cádiz pudiera funcionar en Nueva España.

El excelentísimo virrey lo pensó largamente antes de continuar, y selló el destino de la América Septentrional al escribirme una carta para que fuera a verlo.

Tu padre, Agustín de Iturbide
Bury Street en Londres a 23 de marzo de 1824

# CAPÍTULO 29

# Dirán que soy cruel

## 1820

AGUSTÍN ESTÁ SATISFECHO por su buena fortuna, y la sonrisa que lleva en los labios era sólo una pequeña muestra de lo que realmente siente en todo el cuerpo. Le agradece a Dios muchas veces en silencio, y hasta manda a sus hijos a que recen el rosario al menos una vez al día.

—No te entiendo —le dice Ana María un día que regresan de misa y se sientan en la sala—, durante mucho tiempo me dijiste que no querías volver al campo de batalla, y ahora aparece esa mujer, te ofrece, a través del virrey, la oportunidad de luchar contra Vicente Guerrero, y tú aceptas.

—Ya te lo expliqué...

Ana María mueve furiosamente el abanico.

—¿Será que los rumores son ciertos, y si el río suena es porque agua lleva? Seguramente te gusta tener a dos mujeres enamoradas.

—Ana María, sé sensata. Te lo he dicho mil veces, no te he engañado con la Güera. No tengo más que respeto hacia ella, y amor hacia ti. ¿Cuántas veces tengo que decirte que no voy al campo de batalla con ella?

Con aquellas últimas palabras, Ana María olvida un poco los celos que siente. Por supuesto ha leído el Plan de Independencia de la América Septentrional, y está de acuerdo con él.

—Además —añade Agustín—, ya dejé instrucciones detalladas de cómo se administrará la hacienda en lo que me encuentro fuera, en cuestión de qué hacer con el maíz y la cebada, quiero decir. El virrey ofreció pagarme seis mil pesos más. Si me preguntas, yo creo que fue un cargo de conciencia porque nunca se me absolvió públicamente de las acusaciones que hizo el padre Labarrieta en mi contra. En unos días marcharé a la Ciudad de México, y de ahí me iré a Teloloapan.

—Te será fácil acabar con Guerrero…

Agustín se acomoda en el sillón.

—Guerrero no es Morelos, si de verdad quisiera acabar con él me tomaría sólo un par de semanas. En la guerra, como en el poder, hace falta pensar, no nada más disparar. Ya sé que las buenas conciencias de la capital dirán que soy cruel, pero tú y yo sabemos que eso no importa; el padre que castiga a su hijo malcriado no es cruel, tampoco un médico que opera una gangrena a fuego y acero.

Sonriendo como un cuervo, Ana María exclama con una voz ronca.

—Tu plan es, sin duda, no convencional…

—Y por eso, querida mía, es que habrá de funcionar —le da un beso en la frente.

Agustín cabalgaba hacia Teloloapan, donde recibirá el mando de mil ochocientos hombres que le entregará el general José Gabriel de Armijo, un militar realista que ha luchado sin éxito contra Vicente Guerrero.

Esa tarde es maravillosa, pues se siente de nuevo sobre Sansón como un valeroso caballero a punto de enfrentar al dragón. Recordando lo que su padre le había enseñado dibujó, con su pulgar, una cruz en su frente para evitar los malos pensamientos, en los labios para no pronunciar malas palabras, y en el pecho para no caer en las malas obras.

Sin saberlo, en Valladolid, la bella María Josefa daba su último suspiro a la edad de sesenta y dos años.

Al enterarse, horas después, Agustín se excusa y, a solas, escribe:

*¡Ah! Las lágrimas parecieran un signo de debilidad. pero son curativas. Primero sientes una ola de tristeza. y comienzas a llorar sin poderte controlar. el abismo que sientes en el corazón es una herida que se abre… y duele. ¡Duele muchísimo! Uno llora por un tiempo. y cuando termina. se siente un poco mejor. Tan sólo un poquito. pero de poquito en poquito es como uno va sobrellevando el duelo. Llorar antes de dormir va curando el alma. y Roma no se hizo en un día. Llorar te devuelve la fuerza. y te recuerda que*

*eres humano. En ciertos momentos de la vida, se vuelve necesario, te re-*
*cuerda que el pasado no es una·herida abierta, y que el futuro se reinventa*
*desde el presente, como la familia y la amistad.*

*Llorar limpia las culpas, lava las penas, porque se llora de pena y ale-*
*gría, en lo privado para que no nos vean, y en lo público para que nos con-*
*suelen. Yo he llorado mucho desde la muerte de mi madre, y quizás tome*
*muchas lágrimas más para que encuentre la paz, pero reconozco que llorar*
*me permite sentir lo bueno y lo malo, cada aspecto de mi existencia. Lloro*
*hoy, para que mañana las lágrimas no me estorben para reír.*

Luego rompe el papel en que escribió, y llora. Ha perdido a la mujer
que le dio la vida.

El mundo, sin embargo, gira a pesar del duelo, y sigue su marcha
hacia Teloloapan.

# CAPÍTULO 30

# México

## 1824

Hijo mío, Agustín, hasta el momento me has leído escribir de Nueva España como parte de todo un reino, o más bien de un país español perteneciente a América, y a los mexicanos únicamente como los habitantes de la Ciudad de México. Te preguntarás, entonces, ¿cuándo comenzó a pensarse en México como todo un país de magníficas proporciones? La idea surgió durante la insurgencia, vino a mí como llegó al cura Hidalgo, a Morelos, a Leona Vicario, y hasta a tu madre, en las largas noches de soledad en que sólo añoraba mi presencia.

Todos nosotros imaginamos que la caída de la Gran Tenochtitlan en 1521 no había sido sino una civilización que, de improvisto, había quedado dormida. El Imperio Mexica estaba, de alguna forma vivo, en sus indígenas, en sus costumbres, en sus sabores y, si me permites el atrevimiento, en sus edificios, pues las viejas casonas de la Ciudad de México se habían construido con las piedras que antes habían servido para levantar los templos. De este modo, la Independencia de Nueva España, del Imperio español, no era más que despertar ese pasado. El Imperio tendría que volver a vivir de alguna forma, tal vez un poco más parecido a la usanza romana, pero lleno de esplendor. Nueva España se transformaría en México, y la capital, sin cambiar de nombre, en la Nueva Tenochtitlan. Dejaríamos de ser novohispanos, tan sólo para ser mexicanos.

¡Ah, México! Es un gran nombre, ¿no te parece? Dicen que significa el ombligo de la luna, y en verdad lo creo porque Dios, Nuestro Señor, lo dotó de una belleza singular, lo construyó a partir de las estrellas más convulsas y le otorgó uno de los milagros más grandes que se han producido en la historia de la humanidad: la aparición de la Virgen de Guadalupe.

¿Qué estaría pensando Dios cuando soñó que en un mismo país podían convivir la selva más apantanada, con el desierto seco, pero lleno de vida? ¿Acaso las ciudades tienen la capacidad de rivalizar con la antigua Babilonia, y las historias que cuentan las niñeras a los niños tienen la misma fuerza dramática que la Ilíada de Homero? ¿Pueden los dulces de yema de las monjas de Puebla, el mole de Oaxaca, los pescados de Veracruz, los tamales de Chiapas, el chocolate de Valladolid, las garnachas de la Ciudad de México o el aguardiente de Guanajuato ser más deliciosos que la ambrosía que comían los antiguos dioses griegos? ¿Cómo explicar las fiestas y los jolgorios, esas burlas constantes al hecho de que algún día habremos de morir, ese fervor al pasado de los indios, los colores, las estrellas? ¿Acaso se puede describir México con unas cuantas palabras?

Es tan complicado describir una tierra que no tiene principio ni fin, donde las montañas se levantan por obra de los ángeles y donde, es verdad, crecí, pero también, debo reconocerlo, sólo tiene una parte de mi corazón, porque Nueva España era parte de España, y mis padres de alguna manera son españoles también. No sé lo que significa que tu alma tenga más de una patria. Me gusta pensar que soy parte de las dos, y sin embargo me aterra pensar que no soy parte de ninguna.

Por lo pronto, cuando cierro los ojos veo a México, con sus callejuelas trazadas en curvas graciosas, en los fantasmas que se asoman desde las ventanas, los cielos ancestrales que parecen contemplarme de regreso como si se tratara de abismos nocturnos. Veo el pasado hispánico, y el pasado prehispánico, que no forman parte de México, pero ayudaron a construirlo.

México, una palabra que encierra una Biblia de historias, sentimientos que erizan la piel. ¿Cómo tú, al leer esto, puedes responder a la pregunta de qué es México? Tal vez un color, un sentimiento, un latido... o para ti, es algo más.

Sé, hijo mío, que estas cartas que día con día escribo son injustas, pues son una forma de que conozcas a tu padre, en lugar de que yo hubiera estado contigo. Hay mucha crueldad en ellas, pues te conté de mi tierna infancia jugando a los soldaditos de plomo, y no estuve ahí para ti o tus hermanos. Solitario es el destino de todos los hombres, siempre nos damos cuenta demasiado tarde. La grandeza requiere, muchas veces, el sacrificio de la familia. Uno cambia una felicidad por otra: era la vida familiar o la vida militar. Hice lo que creí mejor para la patria, pero ¿fue lo mejor para mi familia?

Tal vez, como yo no tuve una relación cercana con mi padre, no supe cómo tenerla contigo. Si acaso te lastimé, ha sido porque a mí también me lastimaron. No quiero escribirlo como una excusa, sino para que a través de ella entiendas y comprendas quién fui. ¿Estarás orgulloso alguna vez de tu padre como yo lo estoy de ti?

El nacimiento de México fue por ti, por tu madre, por todos los americanos y españoles. Por eso, vuelvo a la misma pregunta. ¿Qué es México para ti?

Mientras yo cabalgaba a la misión que me había encargado el virrey, la Güera Rodríguez se había encargado de seguir adelante con su pequeña conspiración. Verás, hijo mío, después de la proclamación de la Constitución de Cádiz, fue necesario que Nueva España enviara diputados a España, para que participaran en las cortes. La Güera, conociendo a los hombres y mujeres más importantes de la Ciudad de México, los invitó a comer a su casa. No dudo que sus encantos culinarios fueran tan magníficos como sus dotes físicas y su conocimiento de vinos.

De este modo, ella, en privado, les enseñó mi Plan de Independencia de la América Septentrional, con la idea de que era lo mejor para Nueva España. De este modo, los diputados americanos, mientras estuvieran en España, podían hacer política a favor de mi causa.

Nueva España estaba suspendida en un delicado hilo de vidrio, místico. De mí dependía su destrucción o que continuara muchos años más.

Aunque, si de algo estaba seguro, es que la insurgencia moría. Su única fortaleza era el recuerdo del cura Hidalgo, pero era suficiente para mantenerla viva.

Tu padre, Agustín de Iturbide
Bury Street en Londres a 25 de marzo de 1824

# CAPÍTULO 31

# La insurgencia es un hecho ya perdido

## 1821

VICENTE GUERRERO es un joven de rostro broncíneo, alto y fornido, de nariz aguileña, los ojos vivos y claros; además de grandes patillas. Sobre su cabeza tiene un pelambre grueso que le es difícil peinar, aunque ello no le importa mucho mientras está en la guerra. Le gusta vestir como arriero, es decir, usa chaqueta de paño verde oscuro con agujetas de plata y botas de montar con ataderos bordados.

Cuida de sus hombres, trata bien a las soldaderas y, sobre todo, muestra un especial afecto a su caballo, un rocín de pelaje gris, que lleva varios días recostado y sin ganas de levantarse. Acude de Oaxaca un hombre que hace las veces de veterinario en esos casos. Revisa la pata, y le aplica algunos empastes de hierbas, junto con una buena friega de alcohol. El nombre de aquel veterinario es José Faustino Díaz Orozco, y se acerca a Guerrero una mañana de febrero.

—Ha hecho un buen trabajo, don Faustino. Mire, la mera verdad es que no creo que la guerra dure mucho tiempo más. Estamos todos cansados de tanta muerte y tanta pólvora. Así está la cosa, o el gachupín de Iturbide me vence o yo lo derroto en campaña y luego vendrá otro a ganarme. La insurgencia es un hecho ya perdido. Nueva España nunca conseguirá la libertad. Yo le quiero agradecer el servicio que nos ha dado en los últimos años, además de la paga que le voy a dar en unos momentos.

—Como usted ordene —responde José Faustino, quien es en realidad un hombre tosco, de bigote de aguacero.

—Lo voy a mandar de regreso a Oaxaca con el grado de capitán. Fíjese lo que le digo, aproveche sus ahorros para comprar un mesón importante en la ciudad, llévelo con su esposa Petrona Mori, y tengan hijos que le den gloria a la patria. No tengo otra cosa que decirle, más que expresar mi más sincero agradecimiento. Vaya con Dios.

Asintiendo levemente, el hombre se retira por las pesadas sombras de la selva; la humedad está presente en las hojas vivas lo mismo que en el sudor de los hombres y mujeres.

Teloloapan es apenas un pueblo, lejos de compararse con Valladolid, pero conocido por su preparación de mole verde hecho de semillas de calabaza y de mezcal de maguey. También porque cerca de él se esconde Guerrero con todos sus hombres.

De nuevo, comienza a escucharse el tronar de los cañones, y a lo lejos se eleva una vaporosa nube negra de pólvora. Guerrero siente una llama en el estómago, un valor que siempre lo llama a cumplir cabalmente en el campo de batalla. Da la orden, y corre hacia los ruidos, pronto descubre que sólo unos cuantos soldados realistas intentaban avanzar entre los terrenos pantanosos.

Acabar con ellos es fácil, Guerrero ordena envolverlos y luego atacarlos. Veinte minutos después, todo ha terminado. Guerrero cuenta sólo tres muertos del bando realista, y varios hombres capturados, y entonces se pregunta ¿Por qué Agustín de Iturbide no se encargaba personalmente de las batallas si es tan buen militar como estratega? ¿Por qué no les ordena a todos sus hombres que ataquen al mismo tiempo en lugar de organizar pequeñas batallas que siempre le eran adversas? Guerrero recuerda que antes de 1816, Agustín era famoso por ganar todas sus batallas, y ahora en 1821, por perderlas.

De vuelta al campamento, Guerrero va a buscar a su padre, cuando uno de sus hombres se le acerca corriendo.

—Vino uno de los hombres de Iturbide y de su mano derecha. ¿Cómo se llamaba? Ah, sí, José Antonio de Echávarri. Traía una carta para usted.

—Va a ser que tramó un ataque para distraernos y así entregarnos la carta. A ver, dame para acá ese sobre. Vamos a ver qué dice...

Guerrero abre y lee:

*Muy señor mío:*

*Las noticias que ya tenía del buen carácter e intenciones de usted, y que me ha confirmado D. Juan Davis Bradburn, y últimamente el teniente* coronel D. Francisco Antonio Berdejo, me estimulan a tomar la pluma en favor del bien de la patria.

Sin andar con preámbulos que no son del caso, hablaré con la franqueza que es inseparable de mi carácter ingenuo. Soy interesado como el que más en el bien de esta Nueva España, país en que como usted sabe he nacido, y debo procurar por todos los medios su felicidad.

Usted está en el caso de contribuir a ella de un modo muy particular, y es cesando las hostilidades, y sujetándose con las tropas de su cargo a las órdenes del gobierno; en el concepto de que yo dejaré a usted el mando de su fuerza, y aún le proporcionaré algunos auxilios para la subsistencia de ella.

Esta medida es en consideración a que habiendo ya marchado nuestros representantes al congreso de la Península, poseídos de las ideas más grandes de patriotismo y de liberalidad, manifestarán con energía todo cuanto nos es conveniente; entre otras cosas, el que todos los hijos del país sin distinción alguna, entren en el goce de ciudadanos, y tal vez que; venga a México, ya que no puede ser nuestro soberano el señor don Fernando VII, su augusto hermano el señor don Carlos, o don Francisco de Paula; pero cuando esto no sea, persuádase usted que nada omitirán de cuanto sea conducente a la más completa felicidad de nuestra patria.

Mas si contra lo que es de esperarse no se nos hiciese justicia, yo seré el primero, en contribuir con mi espada, con mi fortuna y con cuanto pueda, a defender nuestros derechos; y lo juro a usted y a la faz de todo el mundo, bajo la palabra de honor en que puede usted fiar, porque nunca la he quebrantado ni la quebrantaré jamás.

No espero que se falte a la justicia en el congreso, porque en España reinan hoy las ideas liberales que conceden a los hombres todos sus derechos; y se asegura en cartas muy recientes que Fernando VII no ha querido que en las cortes se decidan reformas de religiones y otros puntos de esta importancia, hasta tanto no lleguen nuestros representantes, lo que manifiesta con claridad que estos países le merecen a Su Majestad el debido aprecio.

Ya sabrá usted también cómo por los mismos principios han sido puestos en libertad los principales caudillos del partido de usted que se hallan presos, quisiese enviar algún sujeto que merezca su confianza para que hable conmigo y se imponga a fondo de muchas cosas de las noticias que podré darle, y de mi modo de pensar. Puede usted dirigirlo por Chilpancingo, que si no hubiese llegado yo allí me espere, que no será mucho tiempo lo que tenga que aguardar, para luego volver libre a unirse a su tropa cuando no le acomoden las proposiciones mías.

Supongo que usted no inferirá de ninguna manera que esta carta es por otros principios, ni tiene otro móvil que el que le he manifestado; porque las pequeñas ventajas que usted ha logrado, de que ya tengo noticia, no pueden poner en inquietud mi espíritu, principalmente cuando tengo tropa sobrada de que disponer, y que si quisiese me vendría más de la capital; sirviendo a usted de prueba de esta verdad, el que una sección ha marchado ya por Tlacotepec, al mando del teniente coronel Francisco Antonio Berdejo, y yo con otra iré por el camino de Teloloapan dejando todos los puntos fortificados con sobrada fuerza, y dos secciones sobre Pedro Alquisira.

Si usted oye con imparcialidad mis razones, seguro de que no soy capaz de faltar en lo más mínimo, porque esto sería contra mi honor que es la prenda que más estimo, no dudo que entrará en el partido que le propongo, pues tiene talento sobrado para persuadirse de la solidez de estos convencimientos.

El Dios de los ejércitos me conceda este placer; y usted entretanto disponga de mi buena voluntad, seguro de que le complacerá en cuanto sea compatible con su deber, su atento servidor que le estima.

Agustín de Iturbide

Guerrero termina la carta sin creer lo que acaba de leer. Tiene que hacerlo de nuevo para entender bien lo que dice.

¿Qué trama Agustín de Iturbide al entrevistarse con él?

¿Por qué un general realista querría pactar con uno insurgente?

—Tráiganme papel y pluma —ordena Vicente Guerrero—, es tiempo de darle unas lecciones de dignidad al tal Iturbide.

El padre de Vicente Guerrero, sentado en una vieja silla de madera, levanta la mano y exclama:

—Hijo, por favor. Acepta el indulto. ¿Nos ves que la suerte no te favorece?

—Padre, sabe que a usted lo quiero y lo respeto, pero la patria es primero.

Agustín se ha refugiado en una casa blanca, de patio abierto y tablones largos a forma de techo. Las ventanas no pueden mantenerse cerradas por la brisa invernal que llega de repente, y agita todos los papeles, sacude los cuadros empolvados de las paredes y provoca escalofríos en todos los soldados. Enjambres de insectos verdes llegan zumbando, se acercan a la comida en remolinos pestilentes, y luego se alejan por el tragaluz de la cocina.

Por lo mismo, Agustín cree que las condiciones en las que se encuentra Vicente Guerrero son mucho peores, pero sabe que aquél es un hombre fuerte y continuará resistiendo.

Desde su llegada ha comenzado a trabajar con un militar español de nombre José Antonio de Echávarri; que a los ojos de Iturbide no es otra cosa que un señor de grandes patillas y bigote justo, con una nariz larga y calvicie temprana; un hombrecillo taciturno que hace muecas, bufa cuando no está de acuerdo con algo, y se acaricia los nudillos cuando quiere decir algo, pero no sabe cómo expresarlo.

—Sois desleal a la corona de Fernando VII, y al excelentísimo virrey —le dice constantemente a Agustín, como un reproche burdo.

—El virrey ya está guardando lo que puede, porque se va de regreso a Europa. Lo demás es estrategia. Necesito que Guerrero confíe en mí para que mi plan funcione.

Una noche, la conversación va un poco más lejos, y Echávarri comete la insolencia de preguntar.

—¿Vuestra estrategia es derrotar a Vicente Guerrero?

—No —responde Iturbide con toda calma—, mi estrategia es conseguir la victoria.

Si no discuten más es porque se escucha un alboroto afuera de la casa, y un hombre de tez bronceada entra al comedor donde Agustín y Echávarri cenan con vino. El hombre habla:

—Me dijeron que viniera acá, y que le entregara una carta a un señor llamado Agustín de Iturbide.

Agustín ríe, se limpia los labios con una servilleta y extiende la mano para que aquel hombre le dé tres cuartillas de papel doblado por la mitad. Lo lee.

*Muy señor mío:*

*Hasta esta fecha llegó a mis manos la atenta carta de usted, y como en ella me insinúa que el bien de la patria y el mío le han estimulado a ponérmela, manifestaré los sentimientos que me animan a sostener mi partido.*

*Como por la referida carta descubrí en usted algunas ideas de liberalidad, voy a explicar las mías con franqueza, ya que las circunstancias van proporcionando la ilustración de los hombres y desterrando aquellos tiempos de terror y barbarie en que fueron envueltos los mejores hijos de este desgraciado pueblo. Comencemos por demostrar sucintamente los principios de la revolución, los incidentes que hicieron más justa la guerra, y obligaron a declarar la Independencia.*

*Todo el mundo sabe que los americanos, cansados de promesas ilusorias, agraviados hasta el extremo, y violentados por último, de los diferentes Gobiernos de España que, levantados entre el tumulto uno después de otro, sólo pensaron en mantenernos sumergidos en la más vergonzosa esclavitud y privarnos de las acciones que usaron los de la Península para sistemar su gobierno durante la cautividad del rey, levantaron el grito de libertad bajo el nombre de Fernando VII, para sustraerse sólo de la opresión de los mandarines. Se acercaron nuestros principales caudillos a la capital para reclamar sus derechos ante el virrey Venegas, y el resultado fue la guerra.*

*Ésta nos la hicieron formidable desde sus principios, y las represalias nos precisaron a seguir la crueldad de los españoles. Cuando llegó a nuestra noticia la reunión de las Cortes de España, creímos que calmarían nuestras desgracias en cuanto se nos hiciera justicia.*

*¡Pero qué vanas fueron nuestras esperanzas! ¡Cuán dolorosos desengaños nos hicieron sentir efectos muy contrarios a los que nos prometíamos ¿Pero cuándo y en qué tiempo?*

Cuando agobiada España, cuando oprimida hasta el extremo por un enemigo poderoso, estaba próxima a perderse para siempre, cuando más necesitaba de nuestros auxilios para su regeneración, entonces... descubren todo el daño y oprobio con que siempre alimentan a los americanos; entonces declaran su desmesurado orgullo y tiranía; entonces reprochan con ultraje las humildes y justas representaciones de nuestros Diputados; entonces se burlan de nosotros y echan el resto a su iniquidad; no se nos concede la igualdad de representación, ni se quiere dejar de reconocernos con la infame nota de colonos, aún después de haber declarado a las Américas parte integral de la monarquía.

Horroriza una conducta como ésta tan contraria al derecho natural, divino y de gentes. ¿Y qué remedio? Igual debe ser a tanto mal. Perdimos la esperanza del último recurso que nos quedaba, y estrechados entre la ignominia y la muerte, preferimos ésta y gritamos: ¡Independencia y odio eterno a aquella gente dura! Lo declaramos a nuestros periódicos a la faz del mundo; y aunque desgraciados y que no han correspondido los efectos a los deseos, nos anima una noble resignación y hemos prometido ante las aras del Dios vivo ofrecer en sacrificio nuestra existencia, o triunfar y dar vida a nuestros hermanos. En este número está usted comprendido. ¿Y acaso ignora algo de cuanto llevo expuesto? ¿Cree usted que los que en aquel tiempo en que se trataba de su libertad y decretaron nuestra esclavitud, nos serán benéficos ahora que la han conseguido y están desembarazados de la guerra? Pues no hay motivo para persuadirse que ellos sean tan humanos. Multitud de recientes pruebas tiene usted a la vista; y aunque el transcurso de los tiempos le haya hecho olvidar la afrentosa vida de nuestros mayores, no podrá ser insensible a los acontecimientos de estos últimos días.

Sabe usted que el rey identifica nuestra causa con la de la Península, porque los estragos de la guerra, en ambos hemisferios, le dieron a entender la voluntad general del pueblo; pero véase cómo están reputados los caudillos de ésta y la infamia con que se pretende reducir a los americanos. Dígase, ¿qué causa puede justificar el desprecio con que se miran los reclamos de los americanos sobre innumerables puntos de gobierno, y en particular sobre la falta de representación en las Cortes? ¿Qué beneficio le resulta al pueblo cuando para ser ciudadano se requieren tantas circunstancias, que no pueden tener la mayor parte de los americanos? Por último, es muy dilatada esta materia, y yo podría asentar multitud de hechos que no dejarían lugar a duda; pero no quiero ser tan molesto, porque usted se halla bien penetrado de estas verdades, y advertido de que cuando todas las naciones del universo están independientes entre sí, gobernadas por los hijos de cada una, sólo América depende afrentosamente de España, siendo tan digna de ocupar el mejor lugar en el teatro universal.

La dignidad del hombre es muy grande, pero ni ésta ni cuanto pertenece a los americanos, han sabido respetar los españoles.

¿Y cuál es el honor que nos queda, dejándonos ultrajar tan escandalosamente? Me avergüenzo al contemplar sobre este punto y declamaré eternamente contra mis mayores y contemporáneos que sufren tan ominoso yugo.

He aquí demostrado, brevemente, cuanto puede justificar nuestra causa, y lo que llenará de oprobio a nuestros opresores. Concluyamos con que usted equivocadamente ha sido nuestro enemigo, y que no ha perdonado medios para asegurar nuestra esclavitud; pero si entra en conferencia consigo mismo, conocerá que siendo americano, ha obrado mal, que su deber le exige lo contrario, que su honor le encamina a empresas más dignas de su reputación militar, que la patria espera de usted mejor acogida, que su estado le ha puesto en las manos fuerzas capaces de salvarla y que si nada de esto sucediera, Dios y los hombres castigarán su indolencia.

Éstos a quienes usted reputa por enemigos, están distantes de serlo, que se sacrifican gustosos para solicitar el bien de usted mismo; y si alguna vez manchan sus espadas en la sangre de sus hermanos, lloran su desgracia, porque se han constituido sus libertadores y no sus asesinos; mas la ignorancia de éstos, la culpa de nuestros antepasados, y la más refinada perfidia de los hombres, nos han hecho padecer males que no debiéramos, si en nuestra educación varonil nos hubiesen inspirado el carácter nacional. Usted y todo hombre sensato, lejos de irritarse con mi rústico discurso, se gloriarían de mi resistencia y sin faltar a la racionalidad, a la sensibilidad de la justicia, no podrían redargüir a la solidez de mis argumentos, supuesto que no tienen otros principios que la salvación denuestra patria, por la que usted se manifiesta interesado.

Si ésta inflama a usted, ¿qué pues, hace retardar el pronunciarse por la más justa de las causas? Sepa usted distinguir y no se confunda, defienda sus verdaderos derechos y esto le labrará la corona más grande; entienda usted: yo no soy de aquellos hombres que aspiran a dictar leyes ni pretendo ser tirano de mis semejantes; decídase usted por los verdaderos intereses de la Nación, y entonces tendrá la satisfacción de verme militar a sus órdenes y conocerá un hombre desprendido de la ambición e intereses, que sólo aspira a sustraerse de la opresión y no a elevarse sobre la ruina de sus compatriotas.

Ésta es mi decisión y para ello cuento con una regular fuerza, disciplinada y valiente, que a su vista huyen despavoridos cuantos tratan de sojuzgarla; con la opinión general de los pueblos que están decididos a sacudir el yugo o morir, y con el testimonio de mi propia conciencia, que nada teme, cuando por delante se le presenta la justicia en su favor.

Comprenda usted que nada me sería más degradante como el confesarme delincuente y admitir el indulto que ofrece el Gobierno contra quien he de ser contrario hasta el último aliento de mi vida; mas no desdeñaré ser subalterno de usted en los términos que digo; asegurándole que no soy menos generoso y que con el mayor placer entregaría en sus manos el bastón con que la Nación me ha condecorado.

Convencido, pues, de estas terribles verdades, ocúpese usted en beneficio del país donde ha nacido, y no espere el resultado de los Diputados que marcharon a la Península; porque ni ellos han de alcanzar la gracia que pretenden, ni nosotros tenemos necesidad de pedir por gracia lo que se nos debe de justicia, por cuyo medio veremos prosperar este fértil suelo y nos eximiremos de los gravámenes que nos causa el enlace con España.

Si en ésta, como usted me dice, reinan las ideas más liberales que conceden a los hombres todos sus derechos, nada le cuesta, en ese caso, el dejarnos a nosotros el uso libre de todos los que nos pertenecen, así como nos lo usurparon el dilatado tiempo de tres siglos.

Si generosamente nos deja emancipar, entonces diremos que es un Gobierno benigno y liberal; pero si como espero, sucede lo contrario, tenemos valor para conseguirlo con la espada en la mano. Soy del sentir que lo expuesto es bastante para que usted conozca mi resolución y la justicia en que me fundo, sin necesidad de mandar sujeto a discurrir sobre propuestas ningunas, porque nuestra única divisa es libertad, independencia o muerte.

Si este sistema fuese aceptado por usted confirmaremos nuestras relaciones; me explayaré algo más, combinaremos planes y protegeré de cuantos modos sea posible sus empresas; pero si no se separa del constitucional de España, no volveré a recibir contestación suya, ni verá más letra mía.

Le anticipo esta noticia para que no insista ni me note después de impolítico, porque ni me ha de convencer nunca a que abrace el partido del rey, sea el que fuere, ni me amedrentan los millares de soldados con quienes estoy acostumbrado a batirme.

Obre usted como le parezca, que la suerte decidirá, y me será más glorioso morir en la campaña, que rendir la cerviz al tirano. Nada es más compatible con su deber que el salvar la patria, ni tiene otra obligación más forzosa.

Concluyo con asegurarle que en vista de las circunstancias favorables a que hemos llegado, la Nación está para hacer una explosión general, que pronto se experimentarán sus efectos y que me será sensible perezcan en ellos, los hombres que como usted, deben ser sus mejores brazos.

He satisfecho el contenido de la carta de usted, porque así lo exige mi crianza; y le repito que todo lo que no sea concerniente a la total independencia, lo disputaremos en el campo de batalla.

Si alguna feliz mudanza me diera el gusto que deseo, nadie me competirá la preferencia de ser su más fiel amigo y servidor, como lo protesta su atento que su mano besa.

Vicente Guerrero

Agustín vuelve a doblar los pliegos de papel, tal como se los habían entregado. Aprieta la quijada hasta que le crujen los huesos, y los músculos del cuello. Es un momento tenso. Le tiemblan las manos por el enojo.

Echávarri hace un movimiento con los labios, de forma que su larga nariz se mueve. Su piel cuarteada se ve terrible en los pómulos hundidos.

—¿Habéis logrado el triunfo?

Agustín toma el vino que hay en su copa, de un sólo trago y pide que le sirvan más. Tiene una respuesta que escribir.

Vicente Guerrero no espera recibir una carta de Agustín de Iturbide tan pronto. Se va el invierno, y comienzan los sopores selváticos propios de la región. Guerrero abre el sobre que había recibido de uno de los soldados realistas, y observa las palabras en tinta negra, como insectos impuestos sobre el papel.

*Estimado amigo:*

*No dudo darle a usted este título, porque la firmeza y el valer son las cualidades primeras que constituyen el carácter del hombre de bien, y me lisonjeo de darle a usted en breve un abrazo que confirme mi expresión. Este deseo que es vehemente, me hace sentir que no haya llegado hasta hoy a mis manos la apreciabilísima carta de usted; y para evitar estas morosidades como necesarias en la gran distancia, y adelantar el bien con la rapidez que debe ser, envío a usted al portador, para que le dé por mí las ideas que sería muy largo de explicar con la pluma; y en este lugar sólo aseguraré a usted que dirigiéndonos usted y yo a un mismo fin, nos resta únicamente acordar por un plan bien sistemado, los medios que nos deben conducir indubitablemente y por el camino más corto. Cuando hablemos usted y yo se asegurará de mis verdaderos sentimientos.*

*Para facilitar nuestra comunicación me dirigiré luego a Chilpancingo, donde no dudo que usted se servirá acercarse, y que más haremos sin duda en media hora de conferencia, que en muchas cartas.*

*Agustín de Iturbide*

Vicente Guerrero baja el papel, y le echa una mirada rápida al joven escuálido que ha llevado la carta y, aunque pasó por su mente fusilarlo, se dirige a uno de los hombres que lo acompañaba:

—Diles a las soldaderas que preparen la mesa, que cualquier guiso está bien. Hoy este muchacho será mi invitado de honor.

Un par de horas más tarde, en un comedor improvisado, aquel muchacho le cuenta a Vicente Guerrero sobre aquel documento llamado Plan de Independencia de la América Septentrional.

Una semana después, en un mediodía luminoso y lleno de viento, Agustín escribe una carta más, mientras Echávarri lo juzga en silencio.

*Amigo querido:*

*Aunque estoy seguro usted no dudará un momento de la firmeza de mi palabra, porque nunca di motivo para ello, pero el portador de ésta Don Antonio Mier y Villagómez la garantizará a satisfacción de usted por si hubiese quien intente infundirle la menor desconfianza.*

*No debe dudar que ninguno en la Nueva España es más interesado en la felicidad de ella, ni la desea con más ardor, que su muy afecto amigo que ansía comprobar con obras esta verdad. Mi propuesta es que nos reunamos en Acatempan el 10 de febrero de 1821.*

*Agustín de Iturbide*

Luego escribió dos cartas, para mantener al tanto a Ana María y a la Güera Rodríguez.

José Antonio de Echávarri vuelve a declarar.

—Sois desleal a la corona de Fernando VII, y al excelentísimo virrey que sustituya a Don Juan Ruiz de Apodaca.

Esta vez, sus críticas no reciben respuesta, sólo una sonrisa y un guiño travieso de parte de Agustín.

## CAPÍTULO 32

# Acatempan

## 1821

AGUSTÍN SIENTE PALPITACIONES en el pecho la mañana en que va a conocer a Vicente Guerrero. Le tiemblan las piernas y se le entumecen las puntas de los dedos. Se viste con su mejor chaqueta, y se asegura que sus botas de montar estén lustradas. Incluso se peina las largas patillas que llegan hasta la quijada. No juega a hacer la guerra, como sus primeras experiencias en el campo de batalla. se trata de una estrategia más elegante, algo llamado diplomacia.

Sabe por los informes de José Antonio de Echávarri que Vicente Guerrero llegó un día antes al punto de encuentro y, con todos sus hombres, montó un campamento.

Agustín sale de la habitación, y ordena a sus hombres que lo sigan. Se siente bíblico, a pesar de su terrible nerviosismo. Recuerda la historia de Jacob corriendo al encuentro de su hermano Esaú, años después de haberlo estafado para robarle su primogenitura. Jacob y Esaú, hermanos distanciados, pero reencontrados.

Cabalga en un caballo gris, y el ejército realista lo sigue. Agustín había descubierto, muchos años atrás, que la mejor manera de enfrentar el miedo es fajarse los pantalones, respirar profundo y demostrar hombría.

El miedo no se va nunca, ¿por qué huir de él?

Avanza por un campo amarillo de hojas de pasto que se inclinan graciosas, hasta que Agustín divisa las improvisadas tiendas de campaña del ejército insurgente. Los hombres están reunidos en círculo, silenciosos. Mujeres en faldas largas, se mueven entre ellos. Deben avisarle a Guerrero que Agustín se acerca, porque aparece entre su tropa, y comienza a acercarse hacia el ejército realista.

Es la primera vez que Agustín ve a Vicente Guerrero, y ciertamente se admira de su pelambre negro y el tono bronceado de su piel.

Agustín baja del caballo y camina a su encuentro con una sonrisa, y exclama:

—No puedo explicar la satisfacción que experimento al encontrarme con un patriota que ha sostenido la noble causa de la independencia y ha sobrevivido él solo a tantos desastres, manteniendo vivo el fuego sagrado de la libertad.

Vicente Guerrero extiende los brazos, y responde:

—Yo señor, le digo, felicito a mi patria porque recobra en este día un hijo cuyo valor y conocimientos le han sido tan funestos.

Cuando están de frente Agustín y Guerrero, Jacob y Esaú, bandos contrarios de una guerra; hombres que no están de acuerdo uno con el otro, pero que aprueban la misma causa; se detiene el tiempo mientras se dan un abrazo, profundo, momentáneo, y al mismo tiempo largo. En cierta forma, hipócrita, pero importante al fin y al cabo. Ahí están, el jefe del ejército realista y el jefe del ejército insurgente, tomando un común acuerdo.

¿Quién hubiera pensado en 1810 que algo así sucedería once años después?, piensa Agustín al romper el abrazo.

—Me he informado de su plan de Independencia —continúa Guerrero— y estoy de acuerdo con él por dos puntos importantísimos que le quiero exponer. El primero se trata de la Independencia total y absoluta de España, para crear una nueva nación.

—El Imperio de los Mexicas, interrumpido en 1521, volverá a su gloria. Volveremos a ser ese Imperio Mexicano que podrían envidiar los emperadores romanos, pero quiero también lo mejor para España. Ella siempre será la madre patria de México. El futuro no puede alterar el pasado.

—El segundo punto que le quiero exponer es la igualdad de derechos para todos, no nada más entre españoles y americanos, sino también a los mulatos y asiáticos. Es un plan que, a diferencia de la Constitución de Cádiz, contempla a todos. Igualdad e Independencia.

—Y la religión católica como única forma de mantenerlas. Ésas son las tres garantías de mi plan, mi querido amigo: la religión, la independencia y la unión. Mi respeto a las tres virtudes más importantes:

la esperanza, la fe y la caridad. Los tres colores que lo representan: verde, blanco y rojo.

Vicente Guerrero vuelve a estrechar a su nuevo amigo.

—Entonces, cuente conmigo para unirse al Ejército de las Tres Garantías, siempre y cuando cumpla con lo que ha prometido. Estaremos vigilando su carrera muy de cerca, señor Iturbide.

—¡Cómo podría decepcionar la patria de la que vengo! —exclama Iturbide.

Sellaron su nueva amistad tomando aguardiente, y conversando sobre trivialidades.

En la Ciudad de México, el arzobispo oficia misa, el virrey aprueba la compra de una nueva joya para su esposa, y la Güera Rodríguez se polvea las mejillas para acudir a una nueva tertulia.

Una paz inusual cae sobre la agonizante Nueva España.

Desde que Agustín le escribió para informarle que se reuniría con Vicente Guerrero, Ana María no ha vuelto a saber de él, ni a través de rumores o de otras cartas. En aquel largo silencio de febrero de 1821, Ana María comienza a tener pesadillas sobre una gran ciudad cubierta de niebla, y luego despierta agitada y sudorosa.

Imagina que su querido Agustín le escribe a la Güera de la Ciudad de México, y no quiere perderlo. Es el amor de su vida, y no sabe que precisamente tampoco a ella le ha escrito. Entonces, decide que hará un viaje a la Ciudad de México para no pensar en su esposo. Se lo informa a todos los criados, y pide que preparen a sus hijos y los vistan elegantes. Piensa viajar temprano, tomar misa en Catedral, visitar la Plaza de Armas y volver antes de que caiga el sol.

Todo se hace como ella quiere, pero al llegar a la Ciudad de México, nada más cruzando el umbral que lleva a la calle de Plateros, se da cuenta que la ciudad no está en calma. Hombres de todas las clases sociales discuten sobre un plan político que se ha promulgado en Iguala, y que se ha impreso en hojas de papel grueso, que reparten en las diferentes plazas de Nueva España.

De lo que Ana María escucha mientras camina por los empedrados y la terracería, muchos hombres están de acuerdo con aquel escandaloso documento, pero están seguros que el virrey y el arzobispo pondrán el grito en el cielo. ¡Ni hablar de cuando esa noticia llegue a España!

Pronto, Ana María comprende que aquel Plan proclamado en Iguala, no es otra cosa que el Plan de Independencia de la América Septentrional, y que Agustín no le manda cartas porque ha estado escribiendo a cuanto señor fuera importante en toda Nueva España, para invitarlos a unirse a su plan y a su Ejército Trigarante. Rebeldes y realistas, cansados de la guerra, el hambre, la muerte y la pobreza, aceptan.

Ana María escucha que Antonio López de Santa Anna se unió al Plan de Iguala en Veracruz. Lo mismo que los generales Luis Cortázar y Anastasio Bustamante en el Bajío, Vicente Filisola en Zitácuaro. Además, el Ejército Insurgente, ya compuesto por insurgentes y realistas, comienza a ganar plazas en todo el territorio, ya fuera por la paz, o por pequeñas batallas que era imposible no ganar.

Ese día, Ana María no va a misa a Catedral, ordena que regresen a la Hacienda de Chalco, mientras pide a Dios que todo salga bien. De pronto, su esposo está en boca de todos e intuye que corre un peligro grandísimo. Ana María cambia los celos por un sentimiento aún peor: el miedo a la muerte... y es que sin saberlo, mientras vuelve a casa, el virrey escribe a Madrid:

*Este pérfido e ingrato comandante, olvidando su deber y abusando de una manera, sin precedentes, de la confianza depositada en él, ha enarbolado, bajo pretextos engañosos, el estandarte de una nueva rebelión. Ha hecho causa común con los insurgentes, ha dado a conocer planes quiméricos contra la nación y el rey. Este nuevo caudillo es un enemigo terrible para la dignidad, el decoro y la paz.*

TERCERA PARTE

# UNIÓN

AGOSTO DE 1821-JULIO DE 1824

## CAPÍTULO 33
# El infierno del porvenir
### 1821

LA LUNA ES COMO UN FANTASMA en lo alto, apenas desvanecida por las nubes que pasan frente a ella. Como si les diera vergüenza que una fémina menguante, flotara desnuda. Las aguas del Golfo de México parecen tranquilas, apenas formando arrugas en el borde, tan similar a un pañuelo de seda azul que es agitado por una brisa veraniega.

Juan de O'Donojú está en la cubierta, con un frío que viene desde la costa y le delinea las facciones de la cara. Se le mete entre la tela del saco y la camisa, lo acaricia desde adentro y le da escalofríos. Puede asegurar que no es el viento, sino un cúmulo de antiguos espíritus indígenas que le advierten que algo está por suceder. ¿Un peligro, quizás? No muy lejos, se puede ver una masa alargada, negra, casi deforme. Le han dicho que es la fortaleza de San Juan de Ulúa, quieta, como un cuervo que ha sido convertido en piedra marina para toda la eternidad.

Camina hasta el final del barco. Con la mano izquierda aprieta el barandal de madera y con la derecha la boca del estómago. ¡Cómo le quema! Lleva días que no puede comer demasiado porque todo le es indigesto: el queso, el pan, hasta la fruta antes de dormir. El vino cae como ácido al estómago y en más de una ocasión ha tenido que levantarse a la mitad de la noche a vomitar, hecho que le resulta raro pues en ninguno de sus viajes había sufrido mareos.

La razón de tantos malestares no se debe a alguna enfermedad que lo aqueja, sino más bien de saber que llega a una Nueva España convulsa, que algunos diputados americanos de las Cortes de Cádiz lo han puesto sobre aviso acerca de los planes de un tal Agustín de Iturbide, y que no puede pisar el Puerto de Veracruz si antes no lo autoriza un teniente coronel realista, simpatizante de Iturbide, un hombre llamado Antonio López de Santa Anna.

¡Qué extraña tierra es aquella! Parece brotar de alguna magia antigua, quimera entre civilizaciones antiguas y el conocimiento europeo. Jamás a sus cincuenta y nueve años, O'Donojú se imaginó gobernando un pueblo americano. Tampoco comprende la situación de éste, pues no le han dado parte oficial real de qué sucede. ¿Acaso los diputados americanos que se han entrevistado con él en secreto y lo han puesto al tanto de los planes de Agustín de Iturbide mienten o exageran?

Se acaricia el rostro alargado y seco, y responde con un murmullo: pronto descubriré si puedo desembarcar en Veracruz y tomar el poder; sea o no el caso, tendré que tomar una decisión acerca del tal Iturbide.

Desde luego, Agustín está al tanto de que en esos días de agosto llegará el nuevo Jefe Político de Nueva España, pero no está preocupado. Con el paso de los días, llegan más cartas de adhesión al Plan de Independencia de la América Septentrional que proclamó en Iguala. Algunos incluso comienzan a llamarlo Plan de Iguala, por facilidad. Parece que, por primera vez, hay una causa independentista a la que todas las clases se pueden unir: médicos, curas, artesanos, militares de diferentes ejércitos, realistas, rebeldes, negros, políticos... estén o no de acuerdo con Iturbide, sí lo están con su plan.

Es un domingo que Agustín quiere estar con su esposa, pues es bien sabido que la mejor forma de celebrar un grato acontecimiento es a través de los sabores y el licor. Por eso, dejando a los niños al cuidado de los sirvientes, decide que se llevará a Ana María a caminar a Puebla, a visitar la Catedral y a comer al convento de las monjas agustinas, de quienes se dice pueden confeccionar el mejor mole de toda la región. Ana María acepta, no porque quiere caminar en Puebla, sino porque, desde que su esposo se ha convertido en el general al mando del Ejército de las Tres Garantías, lo ha visto muy poco.

Desde la tierna mañana se suben a un coche que los lleva a Puebla, y caminan juntos como cuando apenas eran jóvenes, y soñaban con casarse, cuando el amor era algo más que un sueño, y se querían sin necesidad de probarlo a través de la lejanía provocada por la guerra. Es en este momento que Ana María vuelve a enamorarse de Agustín, y Agustín de Ana María. Descubren que el secreto de la felicidad no es encontrar el amor correcto una vez, sino enamorarse muchas veces de la misma persona.

Acuden a las dos de la tarde de un día caluroso, y al atravesar el portón descubren un edificio de piedra fresca. Las monjas están todas reunidas, no tanto por obedecer a la madre superiora, sino porque todas ellas quieren contemplar el rostro del militar que les han dicho tiene las facciones tan lisas como los ángeles, y que ha demostrado su valor en el campo de batalla en múltiples ocasiones. No hay tiempo para dar un paseo por el convento, pues que se acerca la hora de comer, y los aromas ya se agolpan en el aire: de las nueces tostadas, el chocolate, los chiles y el caldo del guajolote, pero cuando se sientan en el gran comedor, la madre superiora, una monja regordeta de marcadas facciones arrugadas, se sienta a la mesa y anuncia que Agustín tiene un visitante. Entran dos caballeros vestidos de traje militar español, de color azul.

Habla el primero de ellos:

—Su excelencia, don Juan de O'Donojú, me manda desde la Fortaleza de San Juan de Ulúa, con una carta para vos. Me ha pedido vuestra pronta respuesta, pues dos sobrinos suyos, siete oficiales de su comitiva y cien hombres de la tropa y marinería del navío Asia han muerto de vómito.

—Pestes hay en todo el reino, dele las gracias a su amigo Calleja, que yo se las daré a Morelos cuando lo vea en el tribunal de Dios.

Ana María se inclina desde su silla para ver la carta.

—¿Qué dice?

Las monjas se acercan para escuchar, mientras Agustín lee:

*Muy señor mío y amigo:*

*Permítame usar de este título. que me honra y deseo merecer. Acabo de llegar a este puerto con el objeto de dirigirme a México. en donde había de tomar posesión de los mandos militar y político de estas provincias, en virtud de haber sido nombrado por el gobierno capitán general. y jefe superior político de Nueva España. como sabrá. Aún no había puesto el pie en tierra. cuando me instruyeron de las últimas ocurrencias del reino. y del estado de las provincias: quedé sorprendido con tamañas novedades que* no esperaba, ni esperaría ninguno que se hallase en mi lugar, que tuviese los antecedentes que yo, y que estuviese en correspondencia y relaciones de amistad con los americanos más conocidamente decididos por la verdadera felicidad de su patria.

En efecto, accediendo a sus insinuaciones admití las honras del gobierno cuando ya no pensaba sino en descansar, y aventuré mi salud y mi vida, sacrificando mis comodidades, sin otra ambición que la de adquirirme el amor de estos habitantes; sin otros deseos que el de satisfacer los de mis amigos; sin otros sentimientos que el anhelo de tranquilizar estas desastrosas inquietudes; no consolidando el despotismo, no prolongando la dependencia colonial, ni incurriendo en las funestísimas debilidades de muchos de mis antecesores, combinados por un sistema de gobierno que se resentía del barbarismo de los siglos en que se estableció y que felizmente no existe ya entre nosotros; sino rectificando las ideas, calmando las pasiones exaltadas y poniendo a los numerosos pueblos en estado de conseguir con más seguridad y sin sacrificios horribles, lo que la propagación de las luces les hizo desear, cuyos deseos jamás puede desaprobar ningún hombre sensato.

En manos, pues, de usted están realizadas, dando más realce a sus virtudes, y proporcionándome a mí el seguro pase que necesito para poder conciliar desde la capital las medidas necesarias para evitar toda desgracia, inquietudes y hostilidad a este precioso reino, en tanto que el rey y las Cortes aprueban el tratado que celebremos y que usted tanto ha anhelado.

Si, como justamente debo esperar y prometerme de su bondad, siempre solícito de la felicidad de su patria, quiere apresurarla con placer de todos los sensatos de todas las naciones, dispondrá los más prontos medios de realizar mis sinceros deseos, en tanto que puedo más adelante y con más inmediación y en lugar más proporcionado, tener el honor de hacerle otras comunicaciones, a más de las que tengo hechas, mediante las que será usted conducido al mejor acierto, como de sumo interés a sus ideas, al mejor servicio del rey como tiene ofrecido, y a la seguridad, gloria y generosidad de la nación española, para la prosperidad de esta privilegiada parte del Nuevo Mundo.

*Esta carta será entregada por el teniente coronel Gual y el señor capitán Vélez, por cuyo medio espero contestación pronta que me constituya en la grata retribución obligatoria de nombrarme agradecido amigo.*

*Juan de O'Donojú*

Terminada la lectura de la carta, Agustín la guarda, y se la devuelve al hombre que la ha traído.

—¿De verdad crees que el nuevo virrey no sabía nada de tu plan? —pregunta Ana María.

Agustín niega con la cabeza, y toma un sorbo de vino.

—En política, ante la indecisión es mejor fingir ignorancia, así se enmascara mejor la debilidad. Siempre duda de lo que diga cualquier hombre que tenga el poder, porque la primera regla para conservarlo es ser egoísta. Comamos, querida, festejemos tú y yo nuestro triunfo, y entonces escribiré la respuesta.

Luego, levanta la copa hacia sus anfitrionas, añade:

—Celebremos que hasta Nuestro Señor se permitía gozar de estos placeres terrenales.

Ana María lo imita, un tanto nerviosa.

¡Extraña fortaleza era San Juan de Ulúa! Parece construida del mar, con piedra de coral, rodeada de aire salino, siempre arrullada por el choque de las olas y la furia del mar. La comida es diferente, las estrellas más brillantes, los atardeceres veracruzanos completamente sensuales y las leyendas que le cuentan tenían cierto tono musical. Regresan los dos hombres que han mandado, y le entregan la respuesta de Agustín.

Desde su pequeña oficina, ve pasar dos gaviotas cerca de la ventana. Abre el sobre y lee:

*Excelentísimo señor:*

*Si las relaciones íntimas de la sociedad y el interés particular son las que constituyen las amistades, nunca con más justo título puedo dar a vuestra excelencia el nombre de amigo, honrándome con este honor, seguro de la sinceridad de mi protesta. Las noticias que tengo de las ideas filantrópicas y liberales de vuestra excelencia, no menos que de sus conocimientos políticos, me aseguran de que, libre de las ideas miserables de opresión e interesado en el bien de los hombres en general, y particularmente del de los españoles, celebrará la oportunidad de poder sacar en favor de ellos las ventajas, si usted lo considera oportuno el 24 del presente en la villa de Córdoba. Antonio López de Santa Anna, sin duda, apoyará su traslado a dicho lugar.*

*Vuestra Excelencia, está en el caso de hacer un buen servicio a este imperio, muy particularmente a España. Tendré particular satisfacción en contribuir a ello, así como la tiene de ofrecerse a la disposición de Vuestra Excelencia con la debida consideración atento servidor y afectísimo amigo.*

*Agustín de Iturbide*


Juan de O'Donojú baja la carta, enjuto el rostro, encogido el corazón. Le tiemblan las manos y la voz cuando declara:

—Estoy entre la espada y la pared, con un pie en el infierno del porvenir y otro en la gloria del olvido. No importa la decisión que tome, tendré de enemigo a un reino.

Nunca sabrá cuánta verdad tendrían esas palabras.

## CAPÍTULO 34

# Desatar el apretado nudo

## 1821

CÓRDOBA ES UN PUEBLO RICO EN HISTORIA y leyendas que está construido a la orilla de la cordillera montañosa. En agosto, el cielo se cubre del claroscuro de las nubes y en las tardes se vuelve lluvioso, lo que se junta con el calor propio de Veracruz para crear un ambiente ensopado que se disfruta con las infusiones de café y los riquísimos dulces que se preparan en las cocinas.

Agustín suda debajo de su traje militar, la tela se le pega a los muslos, y tiene húmeda la espalda. Se limpia la frente con un pañuelo y, escoltado por dos hombres, entra a una suntuosa casa de dos pisos en la que ha acordado reunirse con Juan de O'Donojú, el cual llega desde el puerto de Veracruz, con una guardia de honor escogida por el propio Antonio López de Santa Anna.

Ambos hombres habían escuchado misa, por separado, antes de reunirse en aquel cuarto del piso superior, para tener mayor privacidad. Al verse, se saludan, primero con respeto, con un frío apretón de mano y una sonrisa tímida. Luego, lo hacen con mayor estima, y se dan un caluroso abrazo y se palmean las espaldas. Incluso ríen un poco. Quizá porque Agustín comprende que aquel hombre de carnes secas puede ser su amigo, y don Juan entiende que aquella reunión no ha sido planeada para secuestrarlo ni para causarle mal alguno.

Se sientan en una sala improvisada, cada uno en su silla cubierta de terciopelo verde. Del cielo gris se desprende una brisa húmeda que, a pesar del clima, no trae lluvia. En la mesa, han dispuesto una licorera llena de vino de jerez y dos pequeñas copas de cristal, que se quedan vacías de momento.

—Y aquí estáis... —dice don Juan de O'Donojú—, el héroe del momento, el caballero de la hora presente. ¿Habéis tenido mucho trabajo entre febrero y agosto para convencer a vuestros compatriotas del Plan de Iguala? Es usted la prueba de que una buena pluma puede ganar más batallas que una mala espada.

—Han sido meses de escribir muchas cartas, batirme en el campo de batalla, y tomar plazas. De convencer a todos de que mi plan es lo mejor... hace años comencé a escribir ese documento y aquí estamos. Esta es la culminación de mi plan. Para llegar a la gloria, primero se debe soñar con ella, ¿no le parece?

—Sois inteligente, planteasteis muy bien el terreno. No me has dejado otro remedio que venir a veros. Consideremos, pues, los intereses recíprocos de ambas Españas. Me parece que el amor que por la Vieja España y el cariño que ahora tengo por los que se han proclamado a sí mismos mexicanos, me inspiran dignos deseos que me animan.

—No encontré otra forma de obrar. Seis meses bastaron para desatar el apretado nudo que ligaba a los dos mundos. Sin sangre, sin incendios, sin robos, ni depredaciones, sin desgracias y de una vez sin lloros y sin duelos, mi patria se está liberando y transformando de colonia en grande imperio. ¿Cómo podría provocar otro río de sangre como el que se dio en la Alhóndiga de Granaditas?

Estas últimas palabras hacen que don Juan de O'Donojú palidezca de repente, seguramente ha escuchado historias terribles sobre los primeros años de la lucha insurgente. Agustín le sirve un poco de vino.

—Os aseguro, señor Iturbide, que ninguna negociación que entable perjudicará los intereses legítimos de España. Es decir... que uno de los objetivos más sagrados que me he propuesto obtener es el de brindar una garantía confiable de las personas y las fortunas de los europeos residentes en Nueva España.

Agustín sonríe.

—Y yo le aseguro, que no vengo ante usted como europeo o americano, sino como un hombre cristiano, partidario de la razón. Conozco el tamaño de los males que amenazan al reino y a mi persona. Me he persuadido de que la única forma de evitarlos es la que ya he propuesto en Iguala. Ahora la decisión está en sus manos, su excelentísima: religión, paz, felicidad o confusión, sangre y desolación para la América Septentrional.

—Mientras me acercaba a la ciudad de Córdoba leí, con mucho interés, el Plan de Iguala, que me hizo llegar el señor Santa Anna. Su plan, ¿no es cierto?

—Llamo al Plan de Iguala mío, porque yo mismo lo concebí, lo extendí, lo publiqué y lo ejecuto a través de mis acciones. Puedo decirle, con toda honestidad, que no ha sido formado por la conspiración de hombres que se reunió en el Templo de la Profesa de la Ciudad de México, sólo ayudaron a realizarlo.

Leen punto por punto cada rincón del Plan de Iguala. Es don Juan de O'Donojú quien gruñe cuando llegan al importante punto de quién gobernará la nueva nación. Agustín había propuesto que el mismo rey Fernando VII se encargara del gobierno, o que mandara a un representante de la Casa de los Borbones.

Juan de O'Donojú parece disgustado. Tensa la quijada y sacude la cabeza.

—Ningún monarca, en su sano juicio, se atrevería a mandar un gobernante a tierras que antes fueron un reino de su propiedad. Si me permite el atrevimiento, no creo que España acepte su plan. Le recomiendo señor Iturbide, que penséis en una acción que podría llevarse a cabo en caso de que vuestra excelencia, Fernando VII, rechace el trono de México. Pues lo rechazará. Os aseguro, que todo monarca europeo que acepte venir desde el viejo continente a tomar la corona del Imperio Mexicano conocerá la muerte antes de tiempo.

—Así se hará. Entonces, ¿acepta usted el Plan que he trazado para México? Para dejar de llamarle Nueva España.

—Convocad a una junta de notables que gobierne en caso de que Fernando VII no venga, ponedme en ella, y firmaremos el trato. Que sea la junta la que convoque a un congreso y elija a un gobernante para la monarquía constitucional que ha planteado. He sido llamado para asegurar la felicidad de esta tierra. Eso haré.

Agustín levanta la copa.

—Firmemos un tratado para asegurar que usted confirmará la Independencia.

—Sí, firmemos los Tratados de Córdoba. Así se llamarán a partir de ahora.

La reunión dura dos o tres horas, para cuando han llegado a un acuerdo, poco queda del vino en la licorera de cristal, pero hay que celebrar el acuerdo al que han llegado. Tanto Agustín como Juan de O'Donojú hacen pasar a sus hombres más cercanos para anunciar la resolución. Echávarri parece molesto, y Agustín reconoce que le hubiera gustado tener a su viejo amigo Vicente Filisola ahí.

Esa noche, Agustín le escribe a su esposa para decirle que necesita volver a verla. Además le revela la fecha exacta en que ha de llevarse a cabo la Independencia de México.

Don Juan de O'Donojú continúa hacia la Ciudad de México, escoltado por sus propios soldados. Cabalga con su comitiva, pero no deja de maravillarse por la cantidad de colores, criaturas, olores, personas y paisajes que va descubriendo. El cielo puede tornarse, lo mismo azafrán que violeta, y los campos pasan con facilidad del naranja al verde. Le causa tristeza ver que los pueblos han sufrido las consecuencias de la Guerra de Independencia, pues encuentra casas quemadas, plantíos secos, y ríos pestilentes.

Con razón, se dice, Iturbide ha escrito el Plan de Iguala, y tantos se habían adherido a él. Era la única forma de detener la guerra y de encontrar la paz anhelada.

Sus primeras impresiones de la Ciudad de México fueron de contrastes. Por un lado, la ciudad era más pequeña de lo que había imaginado, esperaba encontrar algún vestigio mexica, pero sólo halló la Piedra del Sol recargada sobre una de las paredes de la Catedral, pero encontró de una gran belleza la cantidad de edificios que se habían construido, y la Plaza de Armas, con sus cuatro fuentes.

Fue en el Real Palacio donde encontró el gobierno provisional al que le había de entregar el poder como Jefe Superior de Nueva España, y ese grupo de hombres, que habían pasado varios meses predicando en contra de la influencia política de Agustín de Iturbide, enfurecieron en cuanto Juan de O'Donojú les habló de la reunión que había sostenido en la villa de Córdoba y de los tratados que habían firmado.

Hubo reclamos, por supuesto, hasta que O'Donojú, en su hartazgo, atinó a gritar:

—Sólo a Madrid rendiré cuentas. La Independencia era un hecho ya consumado, Agustín de Iturbide tiene el apoyo popular de todas las clases de Nueva España, y el Plan que quieren promulgar pide que un miembro de la Casa Real española venga a gobernaros. Si el rey dejara su orgullo a un lado, podría mandar en México, y así recuperarlo.

Eso mismo fue lo que escribió Juan de O'Donojú a Madrid, y leyó Fernando VII semanas más tarde, encolerizado.

No cedería el territorio de Nueva España tan fácilmente.

# CAPÍTULO 35
# Nueva España agoniza
## 1821

POR OTRO LADO, Agustín resuelve ir a la ciudad de Puebla a planear cómo habrá de llevarse a cabo la Independencia. La noticias sobre la firma de los Tratados de Córdoba entre Agustín y O'Donojú recorre todo el reino, lo que causa gran júbilo.

A las monjas agustinas del convento de Santa Mónica también les llega la buena nueva, y deciden celebrarlo el 28 de agosto, curiosamente fecha en la que, de acuerdo con el santoral católico, se conmemora a san Agustín de Hipona. Piensan cuidadosamente en la receta, y por varias horas se les ve correr por los pasillos del convento, completamente distraídas de sus labores. Algunas quieren celebrar las victorias políticas de Agustín, otras su santoral, pero la mayoría, en secreto, admiran sus facciones finas y sus ojos de nuez (aunque luego confiesen esos malos pensamientos).

Después de mucho cavilar, llegan a la conclusión de que el platillo de dicho festejo debe representar a la fe, la esperanza y la caridad; al mismo tiempo también a las tres garantías. No se les ocurre otra cosa que recrear un antiguo postre que lleve esos tres colores.

Y se encierran en la cocina, hasta cocinar un sabor inigualable.

A Agustín le gusta que Ana María lo acompañe en ese momento tan especial para él. De su tropa selecciona, al azar, a cinco soldados que estén a su lado en el convento de Santa Mónica, para aceptar la invitación que le hicieron las monjas. Vestido de militar, con una banda de verde, blanco y rojo a través del pecho, y sus mejores botas, bien lustradas, atraviesa el portón de madera gruesa y se encuentra con un espacio fresco, lo que agradece en pleno verano.

Lo reciben con un vaso de fresca agua de limón, aplausos y el grito de una monja regordeta que retumba en los rincones: ¡Viva Agustín de Iturbide! ¡Viva el nuevo Moisés!

Y Agustín no puede evitar sonreír, un tanto sonrojado. No sabe qué decir, porque no es bueno reaccionando a las adulaciones, y simplemente hace un gesto. No baja la cabeza, pero se enternece al sentir el brazo de su esposa.

Las monjas lo llevan hasta un comedor que conoce bien, de paredes blancas, techos altos y pinturas colgadas en las paredes.

Agustín se sienta en la cabecera, y espera paciente.

Lo que le ponen enfrente es algo que no espera, un manjar sumamente raro, pues se trata de un chile poblano, cubierto de una salsa blanca (que olía a nuez de Castilla) y semillas rojas de la granada. Verde, blanco y rojo. Con los cubiertos de plata, parte un pedazo, descubre que el relleno es un guiso de carne de puerco con fruta picada y piñones. Con duda lo prueba, y en cuanto llega a su paladar, siente una explosión magistral de sabor. Es dulce y ácido, es americano e hispánico, la salsa de nuez, o mejor dicho, la nogada, tiene una sutileza impecable. Todos los sabores se complementan; sin perderse, se hacen uno.

Esto es, piensa Agustín, no sólo un placer de los mismos ángeles, sino una verdadera representación de México.

Sus hombres, al igual que las monjas. también se deleitan de aquel platillo, y Agustín pregunta por la receta para compartirla con su esposa. Las religiosas, con mucho gusto, se la dan, mientras vuelven a llenar las copas de vino.

Ana María, quién ya había probado aquella receta cuando era niña, cierra los ojos y disfruta el sabor, que le permite viajar, a sus primeros años. Al menos, por un momento.

A inicios de septiembre, Agustín lleva al Ejército Trigarante, con dieciséis mil hombres a la Ciudad de México, pero no entra, sino que monta un cuartel en Azcapotzalco. Ahí recibe a militares de todo el país.

Es ahí donde contempla los estragos de la guerra. Cuando camina por el campamento, descubre, tanto en los soldados realistas como en los insurgentes el resultado de los once años de la guerra: hombres con cicatrices en el rostro, con parches en alguno de los ojos, o que habían sufrido el corte de alguna mano o de alguna pierna. Algunos de ellos no tienen buenos zapatos o botas, o ropa sin remiendo o roturas. Lo que más le sorprende a Agustín es la mirada que tienen, cristalina, pero rota, como la de un vitral destruido. Son los ojos de aquellos que han vivido una guerra, y llorado por la muerte.

El 15 de septiembre, se hace público el reconocimiento de O'Donojú como nuevo Jefe Político Superior. ¡Qué diferencia al 15 de septiembre de 1808!

El primer acto de O'Donojú es liberar a los simpatizantes de la Independencia y restablecer la libertad de prensa, lo que permite que comiencen a contarse públicamente, historias sobre el cura Hidalgo, sobre Morelos, sobre la esposa del corregidor de Querétaro en la conspiración, sobre Allende, sobre Leona Vicario, y hasta sobre el apoyo insurgente que la Güera Rodríguez ofreció a la causa.

Al día siguiente, O'Donojú visita de nuevo a Iturbide. Se hacen proclamas a favor de la unión y la libertad, se elevan cantos y oraciones en las todas las iglesias del reino. ¡Qué diferencia al 16 de septiembre de 1810!

Nueva España agoniza.

## CAPÍTULO 36
# Día más feliz
## 1821

HOY 27 DE SEPTIEMBRE, es el día más feliz en la historia de México. Agustín está nervioso, y al mismo tiempo seguro de que la mejor forma de ganar es enfrentar su miedo y vivir el momento, o al menos disfrutar su triunfo.

Decide vestirse de civil, no de militar como el resto; lleva pantalones claros, un abrigo negro de terciopelo, sus mejores botas de montar y una camisa de blanco algodón. Hoy, Agustín cumple treinta y ocho años.

Avanza desde Tacubaya, seguido por su Estado Mayor y comitiva. Vicente Guerrero está ahí con sus hombres, lo mismo que Vicente Filisola que José Antonio Echávarri, y el ya notorio veracruzano Antonio López de Santa Anna.

A las diez de la mañana llegan a la entrada de la Ciudad de México, el arco de piedra donde empieza la calle de Plateros, ahí lo espera el alcalde, José Ignacio Ormaechea. Agustín baja del caballo, y estrecha la mano de aquel hombre de patillas grandes.

—Vine de acuerdo con lo que hemos pactado... —dice Agustín.

—Y se quedará con mucho más. Con todo el honor y reconocimiento que se merece, me gustaría entregarle las llaves de la ciudad. Usted entrará triunfal, como el cura Hidalgo no pudo hacerlo hace once años. Usted logró con la tinta, lo que otros no pudieron a través de la pólvora.

Ormaechea hace una seña para que uno de sus hombres, un joven escuálido se acerque con una charola de plata, en la cual están las Llaves de la Ciudad de México. Agustín las toma por un momento y las vuelve a dejar en la charola.

—No puedo aceptar lo que corresponde a tantos hombres y mujeres que han luchado por el bien de México, en cada lado del campo de batalla; a los que están vivos y a los que el ángel de la muerte los llevó al Reino de los Cielos.

—Es usted más sabio de lo que parece o aparenta —responde Ormaechea.

Agustín monta de nuevo y espolea.

Su caballo retoma el curso. El resto de los hombres hace lo mismo.

Avanzan por la calle de Plateros, pero desde las primeras casas que pasan ven las calles llenas de personas, de todas las edades y colores, rostros de niños apretados contra las ventanas, jóvenes doncellas en los balcones; se oyen gritos de honores y vivas a Agustín de Iturbide.

El aire está lleno de papelitos que caen como en una deliciosa lluvia en verde, blanco y rojo. De los balcones y las ventanas, cuelgan guirnaldas tricolores, listones, vestidos. Así es como todos celebran la muerte de Nueva España, sus últimos momentos, la agonía de un reino que alguna vez perteneció a España.

Más bien, aquella risa y alegría; ese momento de felicidad que todos experimentan no es otra cosa que el nacimiento de un éxtasis llamado México.

El sol brilla en lo alto, y Agustín no pierde la oportunidad de detenerse en un balcón que conoce bien, pues ahí se encuentra la criatura más hermosa de todo el reino, en un vestido de seda rosa que no deja nada a la imaginación. Sus pesados rulos dorados son el complemento perfecto al collar de brillantes que lleva al cuello. Sí, Agustín sabe que debe parte de su triunfo a la intervención de la Güera Rodríguez y, aun sabiendo que todos los presentes los reconocen equivocadamente como amantes, saca una rosa del bolsillo interior de su abrigo, y se la ofrece. No hay necesidad de palabras.

Agustín continúa por la calle de Plateros, ora sonriendo a los hombres que lo festejaban en medio de los adornos tricolores, ora sonrojado por escuchar su nombre tantas veces.

Al llegar a la Plaza de Armas, intenta buscar a su esposa y a sus hijos entre la muchedumbre, pero no puede distinguirlos. Imagina que están ahí, felices, aplaudiendo. Agustín da gracias a Dios, se persigna al pasar frente a la Catedral, y admira las cuatro fuentes que coronan las esquinas de la plaza, lo mismo que el Caballito de Manuel Tolsá en el centro

En el balcón del Real Palacio está Juan de O'Donojú. También aplaudiendo.

Agustín desmonta, entra por los portones del Real Palacio, como lo había hecho en 1808, pero esta vez no lo hace en secreto. Sube por las escaleras de piedra, y unos criados lo guían hasta el balcón donde lo espera el virrey. Desde ahí, tanto Agustín como O'Donojú levantan las manos.

El pueblo ruge de felicidad.

—¡Mexicanos! —grita Agustín, más de una vez hasta lograr un poco de silencio para continuar su discurso bajo el rayo blanco del sol otoñal —ya están en el caso de saludar a la patria independiente como anuncié en Iguala; ya recorrí el inmenso espacio que hay desde la esclavitud a la libertad, y toqué los diversos resortes para que todo americano manifestase su opinión escondida. Ya me ven en la capital del imperio más opulento sin dejar atrás ni ríos de sangre, ni campos talados, ni viudas desconsoladas, ni desgraciados hijos que llenen de maldiciones al asesino de su padre; por el contrario, recorridas quedan las principales provincias de este reino, y todas uniformadas en la celebridad han dirigido al Ejército Trigarante vivas expresivos y al cielo votos de gratitud. Se instalará una Junta que gobierne; se reunirán las Cortes; se sancionará la ley que debe haceros venturosos, y yo os exhorto a que olviden las palabras alarmantes y de exterminio, y sólo pronuncien unión y amistad íntima.

Tras un aplauso unánime, Juan de O'Donojú, con voz temblorosa, grita:

—¡Mexicanos! ¡Ha terminado la guerra!

Agustín añade:

—Mexicanos, ya conocen el modo de ser libres, a ustedes les corresponde el de ser felices.

Bajan ambos del balcón, y sólo entonces Agustín reconoce a Ana María, la abraza, y besa largamente. Juntos, acompañados de don Juan de O'Donojú, entran a la Catedral. Es mediodía. El arzobispo Fonte mismo escolta a Agustín y a su esposa hasta el asiento reservado para el virrey.

La mayoría de los soldados regresan a los cuarteles, sólo los militares importantes, como Vicente Guerrero, logran entrar al templo. En pocas ocasiones, la Catedral ha tenido tanta asistencia.

De un momento a otro, la dulce música de la orquesta llena el aire, las notas del órgano resuenan en cada rincón, y el coro canta el famosísimo tedeum, para dar gracias a Dios.

*Te Deum laudamus:*
*te Dominum confitemur.*
*Te aeternum Patrem,*
*omnis terra veneratur.*

Al terminar, el mismo arzobispo grita:

—¡Vivan, por don celestial, la Religión, la Unión y la Independencia!

Y todos los presentes gritan: ¡Viva!, mientras Agustín siente la mano cálida de su esposa, y sonríe al crucifijo sangrante. En silencio, ambos le agradecen a Dios, y sienten su respuesta en una brisa fría que entra por una de las puertas laterales.

La tarde del 28 de septiembre, el cielo transforma su añil en pálido rosa, y el sol se hunde en el horizonte iluminando la Ciudad de México. Agustín se reúne en el Real Palacio con los hombres más notables de Nueva España. Don Juan de O'Donojú no está presente, despertó con dolores en el cuerpo, y los médicos le recomendaron que se mantuviera en cama.

Tampoco están ahí Vicente Guerrero, Antonio López de Santa Anna, Guadalupe Victoria, o Andrés Quintana Roo. Sin embargo, están ahí Juan Francisco Azcárate, uno de los principales instigadores de la revuelta de 1808 para formar una Junta de Notables que protegiera Nueva España de Pepe Botella; también Juan Bautista Raz y Guzmán, quien había presidido la asociación secreta de Los Guadalupes. Así que, de cierta forma, la insurgencia está representada. Al menos así lo cree Agustín, quien ve a todos los hombres reunidos, ilustres y preparados, como padres del nuevo imperio.

Juan José Espinosa de los Monteros es el hombre encargado de redactar varios borradores del Acta de Independencia que habrán de firmar, de acuerdo con las indicaciones que le había dado Agustín la noche anterior.

Cuando finalmente está listo, Agustín levanta el papel, y ante autoridades religiosas, políticas, y miembros de la clase alta, lee:

Acta de Independencia del Imperio Mexicano, pronunciada por la Junta Soberana congregada en la Capital el 28 de septiembre de 1821.

La Nación Mexicana que, por trescientos años, ni ha tenido voluntad propia, ni libre uso de la voz, sale hoy de la opresión en que ha vivido.

Los heroicos esfuerzos de sus hijos han sido coronados, y está consumada la empresa, eternamente memorable, que un genio, superior a toda admiración y elogio, por el amor y gloria de su Patria, principió en Iguala, prosiguió y llevó al cabo, arrollando obstáculos casi insuperables.

Restituida, pues, esta parte del Septentrión al ejercicio de cuantos derechos le concedió el Autor de la Naturaleza y reconocen por inenajenables y sagrados las naciones cultas de la tierra; en libertad de constituirse del modo que más convenga a su felicidad; y con representantes que puedan manifestar su voluntad y sus designios; comienza a hacer uso de tan preciosos dones, y declara solemnemente, por medio de la Junta Suprema del Imperio, que es Nación Soberana, e independiente de la antigua España, con quien, en lo sucesivo, no mantendrá otra unión que la de una amistad estrecha, en los términos que prescribieren los tratados; que entablará relaciones amistosas con las demás potencias y cuantos actos pueden y están en posesión de permitir las otras naciones soberanas: que va a constituirse, con arreglo a las bases que en el Plan de Iguala y Tratados de Córdoba, estableció, sabiamente, el Primer Jefe del Ejército Imperial de las Tres Garantías; y en fin que sostendrá, a todo trance, y con sacrificio de los haberes y vidas de sus individuos, (si fuere necesario) esta solemne declaración, hecha en la capital del Imperio a veinte y ocho de septiembre del año de mil ochocientos veinte y uno, primero de la Independencia Mexicana.

Cuando Agustín termina de leer, hay un aplauso general en aquel salón; y uno a uno, pasan los treinta y cinco hombres a firmar el papel. Dejan un lugar que dice Lugar de la firma de O'Donojú, para cuando el antiguo Jefe Político de Nueva España mejorara su salud. El primero, desde luego, fue Agustín, quien escribe su nombre mientras recuerda los libros que leyó de niño, y se imagina las pirámides y tlatoanis, a los antiguos guerreros mexicas, y se pregunta si el nuevo imperio mexicano podría dar gloria al antiguo.

Este día, oficialmente, Nueva España da su último aliento, y nace el Imperio Mexicano, con una Junta Provisional Gubernativa que habrá de decidir cómo se gobernará la nueva nación. Entre los firmantes del Acta de Independencia, se decide que Agustín será el presidente de la junta.

Sólo falta anunciarle a España que la Independencia de México se ha llevado a cabo y, de acuerdo con los Tratados de Córdoba, pedir la intervención de un miembro de la Casa de los Borbones para gobernar al nuevo Imperio.

# CAPÍTULO 37

# Se viste de negro

## 1821

DICEN QUE TODOS LOS HOMBRES que consiguen el éxito sueñan con que las mismas preguntas emergen de las tinieblas. ¿De verdad merezco los aplausos? ¿Soy un fraude? ¿Alcancé la cima a través de mi trabajo o solamente una cuestión de suerte? La popularidad de Agustín crece cada día, es invitado constantemente a tertulias, se le ofrecen homenajes, se dan misas en su honor, y preside asuntos de gobierno, junto al resto de la Junta Gubernativa.

Como le resulta muy complicado volver a la Hacienda de Chalco, o regresar a su casa en Valladolid, renta una casa de la calle de Plateros que era conocida como el Palacio de los Marqueses del Jaral de Berrio y de los Condes de Moncada, pero que, a partir de su mudanza, será conocido como Palacio de Iturbide. Un verdadero caserón de cantera y tezontle rojo, de cuatro plantas y grandes balcones. Una estructura colonial de aquellas en las que el varón Humboldt pensaba cuando describió la Ciudad de México como la ciudad de los Palacios.

Sin embargo, aquella estructura laberíntica de piedra, crucifijos, muebles viejos y criados, no alcanza a ahuyentar las preguntas con las que Agustín sueña todas las noches. Ni siquiera los apasionados encuentros con los redondeados muslos de Ana María, han logrado atenuar sus inseguridades.

Y no sólo aparecen aquellas preguntas en sus sueños, también una figura rota de la Virgen de los Remedios, y el cadáver de don Juan de O'Donojú. Y no es cosa común, pues recuerda que unos días atrás buscaron a Agustín para decirle que O'Donojú se sentía mal, como punzadas en el pecho. Algunos médicos lo revisaron y le indicaron que se trataba de una pleuresía, aunque los criados del Real Palacio de inmediato exclamaron que aquello podría ser cosa de brujería. Sea cual fuere la razón, Juan de O'Donojú murió en escasas horas, y Agustín no llegó a verlo.

¡Qué pronto ha terminado la existencia de quien fuera, de alguna forma el último virrey de Nueva España!

Se le rinden homenajes. La ciudad, que días antes había celebrado en tricolor la Independencia de México, se viste de negro para despedir a Juan de O'Donojú. Se organiza una procesión entre el Palacio Imperial, otrora Real Palacio y la Catedral, donde será enterrado con honores. Quizás en un homenaje sobrenatural, el cielo nublado, no permite a la luz del sol dar brillo a los altares dorados, que lucen opacos con sus pinturas al claroscuro y santos vestidos de apolillado terciopelo.

Agustín quiere llorar, mas no puede. No fue capaz de sentir suficiente tristeza para expresarla. Para aparentar un poco, lleva un pañuelo blanco con el que ocasionalmente se tallaba los ojos secos.

Después de oficiar una misa de cuerpo presente, Juan de O'Donojú es enterrado en la capilla de los reyes. La Junta pide que se le otorgue a la viuda una pensión de doce mil pesos mientras esté en México.

El reino entero está esperando la respuesta del Imperio español sobre el Acta de Independencia y la posibilidad de enviar un borbón a gobernar el imperio mexicano, y al mismo tiempo levanta sus copas y organiza bailes en honor al hombre que ellos consideran su nuevo Moisés, el Inmortal Libertador: Agustín Cosme Damián de Iturbide y Aramburu.

# CAPÍTULO 38
# Un águila coronada
## 1824

OTORGARLE DOCE MIL PESOS a la viuda de don Juan de O'Donojú fue un exceso. Me hubiera gustado concederle algo para que viviera en lo que regresaba a España, pues el Imperio no podía solventar tales gastos. Tras la Independencia del Imperio Mexicano, la nueva nación contaba únicamente con unos cuantos pesos, y una magnífica deuda de 76 millones de pesos, la cual alcanzó esa increíble proporción por los once años de guerra civil.

Los funcionarios virreinales no quisieron abandonar sus cargos, y las tropas acuarteladas pidieron sueldos por los años de la guerra, pero que no se podían pagar. Además, los soldados españoles que permanecían leales a Fernando VII se habían resguardado en San Juan de Ulúa, en Veracruz; donde Antonio López de Santa Anna los vigilaba muy de cerca para evitar cualquier intento de reconquista.

Mientras esperábamos la respuesta de España, respecto a nuestra Acta de Independencia, y nuestra petición de ser gobernados por un borbón con instrucción y experiencia, la euforia nacional creció. Todos querían vestirse de tres colores. En los pocos retratos que se pintaron en aquella época, las damas lucían plumas de color verde blanco y rojo. Asimismo, hubo un fervor por proponer proyectos de nación, lo mismo por convertir las ciudades más importantes del imperio en representaciones de la Grecia clásica, la Roma imperial o hasta de la Gran Tenochtitlan, que proponer una ley donde todos los solteros contrajeran matrimonio tan rápido como fuera posible, con el propósito de poblar el norte del país, antes de que los Estados Unidos de América comenzasen a tener ideas de quedarse con esa zona del Imperio mexicano.

Comencé a sospecharlo cuando me llegaron los primeros reportes de que grupos masónicos del rito escocés y del rito de York habían llegado a México, pero de momento no le di importancia.

Y es que un asunto importante que se debía tratar en la regencia era la de establecer un nuevo símbolo que representara el nuevo imperio. Hubo quien pidió que se mantuviera el escudo de armas del imperio español, y otros pidieron que se tomara a la Virgen de Guadalupe en medio de franjas blancas y azules, como bien sabes, los colores de los primeros insurgentes; pero el verde, el blanco y el rojo, ya se consideraban los colores del nuevo México.

Recordé, entonces, una vieja leyenda sobre cómo se fundó la gran Tenochtitlan, es decir, la historia de un pueblo errante que descubre, por mandato divino, un águila, parada sobre un nopal, devorando una serpiente, y discutiendo este asunto con la junta, en octubre de 1821 se publicó lo siguiente:

Manifestando la necesidad de determinar el escudo de armas imperiales, y los sellos que deben servir para la autenticidad de ciertos papeles, y las que hay también de fijar el pabellón nacional, ha resuelto lo primero: que las armas del imperio para todas las clases de sellos, sea solamente el nopal nacido de una peña que sale de la laguna, y sobre él parada, en el pie izquierdo, un águila. Lo segundo: que el pabellón nacional y banderas del ejército deberán ser tricolores, adoptándose los colores verde, blanco y encarnado en fajas verticales, y dibujándose en la blanca un águila; todo en la forma que presenta el adjunto diseño.

No incluimos la serpiente, al considerarlo un símbolo de maldad, que nos remitía al maligno en el bíblico Jardín del Edén. Un par de meses después, incluimos la corona imperial al publicar el siguiente decreto a principios de 1822:

Habiendo tomado en consideración la soberana junta provisional gubernativa del imperio, la necesidad que hay de determinar el escudo de las armas imperiales, y los sellos que deben servir para la autenticidad de ciertos papeles, como asimismo la de fijar el pabellón nacional, ha tenido a bien decretar y decreta: lo primero, que las armas del imperio, para toda clase de sellos sea solamente el nopal nacido de una peña que sale de la laguna, y sobre él parada en el pie izquierdo, un águila con corona imperial: lo segundo, que el pabellón nacional y banderas del ejército deberán ser tricolores, adoptándose perpetuamente los colores verde, blanco y encarnado en fajas verticales, y dibujándose en la blanca un águila coronada.

Como se pactó en el Plan de Iguala y en los Tratados de Córdoba, se gobernó el Imperio Mexicano bajo la Constitución de Cádiz, pero de acuerdo con esos mismos documentos, en cuanto el Imperio Español rechazó el Acta de Independencia del Imperio Mexicano, nos vimos en la necesidad de escoger un gobernante. ¿Quién entre los mexicanos, podría ser Emperador? ¿Quién tendría, no sólo experiencia de gobierno, sino amor por la tierra que lo vio nacer? ¿Quién sería capaz de ponerse ante el Dios de los Ejércitos y jurar defender, con la vida misma, a México si se ve amenazada por una nación enemiga? ¿Quién gozaría del clamor de un pueblo lastimado por la guerra? ¿Quién sería capaz de asegurarse que la santa religión católica se mantuviera como la única fe del pueblo? ¿Acaso hay o habrá un hombre así en México? No me gustaría que fuera, éste, un siglo perdido, y que las diferencias políticas azoten a la nación, de tal forma, que sólo conozca una guerra civil tras otra.

Nombres para ocupar dicho cargo, se habló de Guadalupe Victoria o Vicente Guerrero. Entre los vivas y las proclamas a mi persona, también comenzó a sonar mi nombre para ocupar dicho cargo. Yo ya había cumplido con mi ideal de ver a mi patria libre del sometimiento de otra nación, había dado muerte a Nueva España para el nacimiento de México. Incluso había cumplido con la profecía hecha por la Güera Rodríguez de convertirme en padre, pues me consideraba padre de la nación que había liberado, y para muchos hombres del pueblo así era... no sé si sería capaz de ocupar un trono. Cuando me preguntaban, yo decía que no.

Me preguntaba hijo mío, ¿estaría listo para tomar una decisión así? ¿El trono de México sería para mí?

Ningún reino o nación de la Santa Alianza, o que fuera gobernado por un monarca del linaje de Borbón, aceptaría la Independencia de México. Existíamos como patria nueva, hijo mío, pero nadie nos lo reconocía. Es la desgracia de las naciones que sienten la libertad por primera vez, el rechazo de quiénes la han tenido siempre, o de quienes nunca se han sabido esclavos. Como te escribí antes, hubo un sentimiento creciente entre los españoles que habían decidido quedarse en América, pues ya no se sentían parte de España, ni tampoco de México. De repente, muchos hombres y mujeres se quedaron sin patria de la noche a la mañana. Todo esto mientras crecía el mito alrededor del cura Hidalgo, sobre todo acerca de la arenga del 16 de septiembre de 1810 que inició la guerra.

Parecía que la guerra civil por la Independencia de México se había convertido, poco a poco, en un mito que no ha dejado de crecer, y no creo que lo haga en doscientos o trescientos años.

Como libertador de la patria, se me otorgó una pensión ridícula de varios miles de pesos. Teniendo yo ninguna necesidad de aceptarla, la cedí al ejército del imperio, ya conformado por las tropas realistas e insurgentes, pero aquel gesto, aunque simbólico, sirvió únicamente para dos cosas. La primera fue en hacer crecer el descontento de los militares, pues no pudieron cobrar la pensión cedida, como tampoco lo hacían con sus sueldos. La segunda, que mi nombre creciera en popularidad.

De acuerdo con Valentín Gómez Farías, un hombre cabal de Guadalajara, en la región de Nueva Galicia, y que era uno de los primeros diputados del nuevo Congreso Constituyente que se había formado, muchos hombres de toda Nueva España pedían que yo me coronara. Rechacé, por supuesto, dicho honor; a pesar de los reclamos de tu madre. También José Joaquín Fernández de Lizardi, un escritor que había adquirido fama en 1816 y 1817 al publicar una obra conocida como El Periquillo Sarniento, había expresado en varias tertulias que nuestra Independencia era vana, si no se le permitía al hombre que la había conseguido, ser emperador.

Siempre que, en público, se hablaba del tema, yo respondía que sería el nuevo Congreso Constituyente quien escogería un nuevo gobernante. Más tarde, ya en privado, mi querida Ana María me reclamaba duramente diciendo: "Si los hombres que importan en este imperio te defienden y quieren darte los máximos honores que jamás haya tenido un novohispano, déjalos. Tal vez hablan en nombre del Dios de los Ejércitos".

Pero con el paso de los meses, ese Congreso Constituyente, convocado por la Junta, no había escogido un monarca para el Imperio Mexicano, ni había comenzado a trabajar en una nueva Constitución. Era yo, sin buscarlo, el único candidato, pero el congreso no estaba de acuerdo. En mi opinión, pensaban que darle poder a un hombre con tanta popularidad sería adverso al porvenir del imperio.

Quizás los retrasos en el Congreso se debían a la influencia perniciosa de los masones del rito escocés, pues tenían adeptos entre los diputados y los antiguos insurgentes. Ambos pedían que se dejara a un lado las formalidades del Imperio Mexicano, y comenzáramos a pensar, mejor, en una República Mexicana. No creí que la idea fuera viable ni diera suficiente poder a la nueva nación. Tampoco mis amigos y familiares. En esa pregunta sobre cuál debía ser el futuro de México, la opinión de la mayoría aún era: ser un imperio.

Luego, todo se vino al traste una fatídica noche de mayo de 1822, en la cual el ejército volvió a las calles, se encendieron las antorchas, y se cargaron los fusiles. El Congreso Constituyente quedaría entre la espada y la pared; y todos los habitantes del Imperio permanecerían en vilo.

Mañana, hijo mío, escribiré dicha historia.

Tu padre, Agustín de Iturbide
Bury Street en Londres a 1 de abril de 1824

# CAPÍTULO 39

# No me hagan hacer
# lo que no quiero hacer

## 1822

Es 18 DE MAYO, a la hora exacta en que la luz de la Ciudad de México se desvanece, y los edificios surgen entre las sombras como una pintura de acuarela. El sargento Pío Marcha del regimiento de Celaya avanza por el cuartel, dispuesto a realizar el plan que ha tramado por varios días. Aunque se ha asegurado que sus amigos lo apoyarán, le duele el estómago y se le indigesta la carne con papas que comió por la tarde.

A lo lejos se escuchan las campanadas de la catedral, como círculos de hojalata que se abren invisibles en el aire, y luego se disipan. Ésa es la señal para organizar su pequeña revuelta. Los amigos y compañeros del sargento Pío Marcha salen de los cuartos, abren los salones de armas, rompen sillas y enredan sábanas húmedas en alcohol, luego les prenden fuego para hacer de antorchas improvisadas.

Entre gritos, fuego y armas cargadas, salen a las calles de la Ciudad de México, dispuestos a todo. El brillo de las antorchas queda reflejado en las mismas ventanas, donde viejos y doncellas se asoman asustados, creyendo que ha estallado la guerra otra vez. Muchas cenas permanecieron en silencio.

Crece el miedo.

Agustín se encuentra en el segundo piso de su casa, en un pequeño cuarto de techos altos. La noche se antoja tranquila. Ni siquiera se escucha a los transeúntes o el andar de los coches de caballos. A la mesa están también, Ana María, Vicente Filisola y la esposa de éste.

Juegan a las cartas con una baraja española impresa años atrás en Madrid. Apenas si recuerdan los tiempos de la guerra.

Agustín toma una copa de cristal y bebe vino de Jerez. Es entonces que comienza a escucharse un alboroto terrible en las calles, y las campanillas del reloj del vestíbulo suenan diez veces.

—Una trifulca en la calle —exclama la esposa de Filisola.

—Sin duda ha vuelto a estallar la guerra —comenta Filisola.

—Mejor vuelve a sentarte, querido —añade Ana María—, deja que los gendarmes de las calles se encarguen de poner orden.

Agustín no puede hacerlo, pareciera que toda la noche se le ha metido por la nariz, y le llena el cuerpo de estrellas, le abre los poros, le calienta los muslos, y le salta el corazón. ¿Ha escuchado bien los gritos de la turba? Pronuncian su nombre.

Levanta el saco que descansaba en el respaldo de la silla, mientras el ruido de los gritos se hace cada vez más fuerte, hasta que es imposible ignorar que están ahí, frente al Palacio de Iturbide. En aquel enjambre de voces llenas de júbilo, el sargento Pío Marcha gritaba: ¡Viva Agustín I!

Y la turba respondía: ¡Viva!

¡Viva Agustín I!

¡Viva! ¡Viva!

Agustín se vuelve a sus amigos para preguntarles, en el silencio, qué hacer. Filisola es el primero en hablar, y lo hace con mucha seguridad.

—Si no sales, lo considerarán un desaire, y el pueblo es un monstruo cuando se cree despreciado y se irrita.

La esposa de Filisola añade:

—Haga usted un nuevo sacrificio, don Agustín, ¿no ve que la patria peligra cuando no hay un pastor que la lleve por un lugar seguro?

Su querida Ana María exclama:

—En la gloria política, un momento de indecisión significa la muerte.

Agustín tiene un miedo terrible, como si en lugar de huesos tuviera serpientes de cascabel, y una sonaja por corazón. Va a un campo de batalla diferente al de la guerra, pues la política tiene tanta sangre como pólvora. La de una nación nueva, como México, no es diferente. Con pasos lentos, como si sus botas tuvieran las pesas de un reloj, sale al balcón, y se cubre de noche. Al fin puede ver los rostros de todos los hombres que conforman esa turba, las antorchas encendidas que llevan, los fusiles al hombro, las sombras bajo los ojos, y los gritos de: ¡Viva Agustín I!

Todos los rumores sobre su popularidad son verídicos. No hay hombre vivo, en todo México, más querido que Agustín de Iturbide.

—¡Compañeros! —grita Agustín, y los hombres tardan en guardar silencio— La corona de este gran imperio es demasiado pesada para cualquiera que quiera usarla. Se lo pido; no me hagan hacer lo que no quiero hacer.

De inmediato comienzan a bufar, y a gritar por el enojo. Es una turba que se sabe despreciada, y él siente pesada la opinión de aquellos hombres, de sus amigos hasta de su esposa. Todos piden lo mismo.

En un momento de duda, Agustín vuelve al salón donde sus amigos y su esposa lo esperan con incredulidad. Ante ellos, sólo se alza de hombros.

—No sé lo que debo hacer.

—Es lo que querías —le dijo Vicente Filisola— desde el día que comenzaste a escribir tu Plan de Independencia de la América Septentrional y buscaste apoyo en la Güera Rodríguez. Ese día comenzaste a forjar tu corona, y los grilletes que te habrían de condenar a la historia. Que ningún mexicano tenga sosiego, mientras la patria no tenga rumbo. Si no eres tú, ¿quién? ¿O tú crees que Vicente Guerrero va a respetar tu legado si le dan la corona a él? Y darle la corona es un decir, ellos quieren… una república mexicana. No tiene el garbo de decir: Imperio Mexicano. Tú, lo soñaste. Tú deberías gobernarlo.

—Hay que calmar a la turba antes de que suceda una desgracia —agrega Ana María.

Agustín suspira. Cierra los ojos, traga saliva. Le tiembla la respiración. ¿Está listo? ¿Está seguro de lo que hace? Sale de nuevo al balcón, donde es recibido por los gritos y aplausos, por las antorchas y los fusiles. La turba tarda en calmarse, a la expectativa de lo que Agustín tiene que decir.

—¡Mexicanos! Me honra su petición de tomar la corona y definir los destinos de mi nueva patria. Es un cargo que no pedí, pero sé que conlleva una gran responsabilidad y una recompensa que no puede ser pronunciada en palabras. Yo haré lo que diga el pueblo, el ejército y el congreso; pues sólo a ellos corresponde otorgar esa corona.

Es decir que sí, sin decir que sí; y suficiente para que los alzados consideren que Agustín ha aceptado.

En las próximas horas estallan las dianas, se escuchan los repiques de la Catedral; fuera de la Ciudad de México las salvas de cañón, y continúan los gritos durante la noche. Como el día en que entró a la capital para consumar la Independencia de México, los balcones se llenan de guirnaldas en verde, blanco y rojo; se interrumpen las obras de teatro, las misas y las tertulias para gritar vivas a Agustín I, mientras éste celebra con una copita de licor y Ana María imagina los vestidos que usará en cuanto sea coronada emperatriz.

A la mañana siguiente, en la puerta de Agustín aparece la siguiente proclama:

Mexicanos: me dirijo a ustedes como un ciudadano que anhela el orden y ansía vuestra felicidad infinitamente más que la suya propia. Las vicisitudes políticas no son males cuando hay por parte del pueblo, prudencia y moderación.

El ejército y el pueblo de esta capital acaban de tomar un partido: al resto de la nación corresponde aprobarlo o reprobarlo. Yo en estos momentos no puedo más que agradecer su resolución, y rogarles, sí, mis conciudadanos, rogarles, pues los mexicanos no necesitan que yo les mande, que no se dé lugar a la exaltación de las pasiones, que se olviden resentimientos, que respetemos a las autoridades, porque un pueblo que no las tiene o las atropella, es un monstruo. Yo les pido que dejemos para momentos de tranquilidad la decisión de nuestra forma de gobierno. No seamos insensatos.

La nación es la patria: la representan hoy sus diputados: escuchemos lo que tienen que decir. No demos un escándalo al mundo. La ley es la voluntad del pueblo; nada hay sobre ella. Entiéndanlo, y denme la última prueba de amor, que es cuanto deseo, y lo que colma mi ambición.

Dicto estas palabras con el corazón en los labios; háganme la justicia de creerme sincero y su mejor amigo.

Agustín de Iturbide

Antes de que los rayos dorados den vida al nuevo día de la Ciudad de México, los diputados son sacados de sus camas, y apurados, sin desayuno a la Cámara para una sesión extraordinaria. Hombres y mujeres salen a las calles con cuchillos y navajas, para apoyar a su candidato a emperador. Antes, habían demostrado que no les interesaba la política, pero aquel día de mayo, inundan las tribunas.

A los diputados les hace falta un poco de café para despertar. Ya de levita y corbata, van abriendo los ojos conforme se enteran de lo que sucedió la noche anterior frente a la casa de Iturbide. Luego leen la proclama de Agustín.

Crecen los gritos de la turba, aún con cuchillos en la mano, gritan ¡Viva Agustín I!

Los diputados se miran sin saber qué hacer, están de acuerdo con la corona de Agustín, pero piden tiempo para consultar a las diferentes poblaciones del Imperio para ver si están de acuerdo con el nuevo emperador.

La gente, sin embargo, continúa sus gritos: Agustín I, Agustín I… cada vez más fuertes. El edificio que hace las veces de Cámara de Diputados está rodeado por la gente, y los legisladores comienzan a temer por su vida.

Sin más preámbulos, deciden confirmar que están de acuerdo con que el Libertador de México, Agustín de Iturbide, se convierta en el primer gobernante y emperador del México Independiente, con sesenta y siete votos contra quince (y varios diputados ausentes).

Sin embargo, las acusaciones de la ilegalidad de la votación comienzan ese día, al no haber quórum suficiente para designar un monarca.

Agustín está en casa, acompañado de su esposa y sus hijos. Agradece que sus padres y su hermana Nicolasa permanezcan en Valladolid, pues la Ciudad de México es un polvorín con tantas personas gritando en la calle. Ahí, en la sala fastuosamente arreglada, permanece quieto. Ya ni sabe cuántas horas lleva sin dormir, escuchando el péndulo del reloj ir de un lado al otro, y los rezos de Ana María que pasa las cuentas del rosario, casi sin detenerse a pensar en las oraciones que repite como autómata. Los criados, ante la tensión, limpian la casa en el más absoluto silencio.

—Hubiera ido al congreso para que me vieran —dice Agustín de repente.

—¿No habrías puesto presión innecesaria en los diputados? Ellos saben hacer su trabajo.

—¡Ellos son unos vagos! Llevan meses en el cargo, y no han podido escoger un monarca para este imperio, o han comenzado a trabajar en una nueva constitución. Nos independizamos en septiembre, y ahora, en mayo, no estamos cerca de dejar de regirnos por la Constitución de Cádiz. Espero que el futuro de nuestro México sea diferente, y que un día los diputados no sean lastres para el porvenir de la patria.

A Agustín le duele la cabeza por las horas sin sueño. Se detiene por un momento, y añade:

—Si llego a ser emperador, convocaré a un nuevo congreso que sólo se preocupe por escribir la primera constitución mexicana.

Ana María estira el cuello y dice:

—Se oyen gritos en la calle, tal vez no aceptaron tu corona.

—Que vayan los criados a la puerta y nos den razón de lo que sucede —responde Agustín.

Así lo hacen, y vuelven acompañados de varios hombres que se metieron a la casa sin permiso. Gritan que el congreso ha cedido en favor de Agustín I, y piden que el nuevo emperador vaya al Congreso a ratificar su cargo. Agustín pide que le preparen un coche de caballos, y le advierte a su Ana María que se quede en casa con los niños, y que si no vuelve al anochecer, se vaya a Valladolid con la familia Iturbide.

Agustín sale de la casa y se impresiona por la muchedumbre que lo espera y lo aclama. Se siente Cristo entrando a Jerusalén, mientras el pueblo grita Hosanna. El cochero da la orden y los caballeros avanzan, tan sólo unos metros, pues no se puede más. Se apea del coche y camina, son las mismas personas las que lo llevaron hasta las puertas del Congreso, donde los diputados, con su temblor pusilánime, lo esperan para poder retirarse.

Ahí, Valentín Gómez Farías, se adelanta a sus compañeros. Abraza a Agustín largamente y estrecha su mano.

—¡Mis felicitaciones! Señor Iturbide, ha logrado el cargo más grande que se le puede otorgar a un mexicano. Ha llegado el tiempo de jurar. Pase por aquí, que tenemos una Biblia preparada.

Le presentan aquel texto del grueso de un tabique, envuelto en piel negra. Agustín respira con dificultad y lee:

—Yo, Agustín, por la Divina Providencia, y por nombramiento del Congreso de representantes de la nación, emperador de México, juro por Dios y por los santos evangelios, que defenderé y conservaré la religión católica, apostólica y romana, sin permitir otra alguna en el imperio; que guardaré y haré guardar la Constitución que formará dicho Congreso, y entre tanto la española en la parte que está vigente, y asimismo las leyes, órdenes y decretos que ha dado y en lo sucesivo diere el repetido Congreso, no mirando en cuanto hiciere, sino al bien y provecho de la nación; que no enajenaré, cederé, ni desmembraré parte alguna del imperio; que no exigiré jamás cantidad alguna de frutos, dinero ni otra cosa, sino las que hubiere decretado el Congreso; que no tomaré jamás a nadie sus propiedades, y que respetaré sobre todo la libertad política de la nación y la personal de cada individuo; y si en lo que he jurado, o parte de ello, lo contrario hiciere, no debo ser obedecido, antes aquello en que contraviniere sea nulo y de ningún valor. Así Dios me ayude, y sea mi defensa, y si no me lo demande.

Truenan los aplausos, y ahí, entre la muchedumbre, Agustín descubre a su esposa. No le hizo caso para ver el momento de triunfo de su esposo. Corre hacia él, y lo abraza; hundiendo su rostro en el pecho de su amado. Con lágrimas de alegría y un susurro: los niños están a salvo en casa.

Agustín declara en voz alta:

—Quiero, mexicanos, que si no hago la felicidad de mi nueva nación, si olvido algún día mis deberes, cese mi Imperio; observen mi conducta, seguros de que, si no soy para ella digno de ustedes, hasta la existencia me será odiosa; que el gobernante es para el pueblo y no el pueblo para el gobernante.

Ese día, y muchos más, se alzan copas y cuchillos, se escriben odas y reclamos; y se comienzan los preparativos para la coronación de Agustín de Iturbide.

El arzobispo de México, Pedro José Fonte y Hernández Miravete, no está de acuerdo y, en protesta, sale de la Ciudad de México.

# CAPÍTULO 40
## *Imperator in aeternum*
### 1822

ANA MARÍA HUARTE DE ITURBIDE ya no es una mujer que pueda presumir de su juventud y, por más que Agustín le repita en sus noches de pasión que aún la desea como el primer día, está decidida a lucir mejor que nunca. Se acerca el día de la coronación, y ella desea que todos los detalles estén perfectos. Por eso, pide que las mejores costureras de la Ciudad de México la visiten para confeccionarle un vestido. El mensaje es claro: tiene que lucir mejor que la Güera Rodríguez, que seguramente estará entre el público y robará las miradas de los jóvenes solteros y casados.

Pasa horas posando para que le tomen las medidas de sus brazos rollizos, sus poderosos muslos, y hasta de su cuello largo. Al mismo tiempo, se preparan pinturas para los nuevos emperadores, pero la falta de dinero hace estragos. El Estado Mexicano no puede costear los materiales para una nueva pintura, mucho menos para pagar el tiempo a los artistas. De modo que lo que se hace es tomar retratos que queden de españoles que dejaron América con la Independencia de México, y volver a pintarlos. De esta forma, el cuadro de la reina de España se convierte en Ana María Huarte de Iturbide, y para agregarle detalles de la algarabía popular, se le agregan plumas verdes, blancas y rojas. Otros miembros de la corte hacen lo mismo. El uso de los tres colores se mezcla con el patriotismo y Agustín no puede creer que ha sido una inspiración suya, alegoría a la fe, la esperanza y la caridad.

Por su parte, Agustín no está para probarse trajes, y capas de armiño. Aunque sí dedica parte de su día a los preparativos para la ceremonia. Lo que más le interesa es lo que discute el Congreso sobre el funcionamiento del nuevo Imperio.

A veces llega de la calle con noticias como:

—Ya se decide que nuestro Agustín será el heredero, y que sus hermanos, recibirán tratamiento de príncipes. Mi padre el príncipe de la Unión y Nicolasa la princesa de Iturbide. Pobre, ya se le va la cabeza, a veces dice incoherencias y habla con personas que no están ahí. Yo creo que es la soltería, termina por trastornar a cualquier hija de Dios. Ah, se me olvidaba. También se aprobó la moneda oficial del imperio.

A lo que Ana María atina a responder:

—Si vamos a ser una nueva nación, vamos a hacerlo a lo grande, como antes. Que Dios se fije en nosotros y que los reyes del Antiguo Testamento nos envidien.

—¿Con qué dinero? No tenemos para pagar sueldos de funcionarios, los soldados quieren su paga de diez años y todavía no estoy en el gobierno como para aumentar los impuestos a traición. ¿Te acuerdas cuál fue uno de los gritos de guerra del cura Hidalgo? Se pronunció en contra de los tributos desmedidos, yo no puedo hacer eso al pueblo para que la Corte Mexicana parezca merengue de pastel.

Ella baja del banquillo en donde una costurera le vuelve a medir las pantorrillas.

—¿Y con qué se supone que nos van a coronar, la corona de espinas de algún santo Cristo de la Catedral? Todo gobierno que empieza con burlas está destinado ser una farsa cómica. ¡Una sátira de postín! Mira Agustín, cuando un bufón llega al palacio, el bufón no se convierte en rey, el palacio se convierte en un circo. No hagas de tu imperio un circo, busquemos quién pague la corona.

—Ya escribí al Monte de Piedad, nos prestarán algunas de las joyas más preciadas que tienen en prenda. Las montarán en las coronas que nos regalarán artesanos del norte. Al día siguiente de la coronación tendremos que regresarlas al Monte de Piedad. Te prometo que en cuanto las finanzas del reino estén sanas, lo primero que haré será comprar la corona que te mereces. Como emperador y emperatriz de México, nosotros y nuestros descendientes. Estarán presentes los candelabros de la Colegiata de Guadalupe y uno que otro lujo. También ya los mandé pedir. No podemos hacer más fastuosa ceremonia, no podemos.

Ana María no responde, vuelve a su banquito, donde aprieta los labios y alarga el cuello. Respira aceleradamente para contener el enojo.

Agustín, se acerca a ella, tratando de encontrarle la mirada, pero ella no se inmuta.

—Ya están trabajando en el trono de oro, le pondrán cojines en terciopelo púrpura, de acuerdo con mi deber real, y mi derecho.

Pero Ana María se mantiene orgullosa, callada e imagina lo bien que se verá su vestido cuando sea coronada emperatriz.

El domingo 21 de julio, Agustín despierta antes de que el sol aparezca en el horizonte. Está solo soñando con palacios del lejano reino de Liorna, fastuosamente ataviados en un verano caluroso. Abre los ojos y se sienta en la cama. Acostumbrado a la oscuridad, nota que el pequeño reloj que descansa en la cómoda marca las cuatro de la mañana.

Estira los brazos, bosteza, y hasta carraspea un poco. Tiene la boca seca, pero no quiere tomar del agua que le han dejado en una jarra de vidrio junto a la puerta. Con su ropa de dormir, se asoma a la ventana y ve sobre los tejados de las demás casonas. México luce como Nueva España en sus estructuras de piedra, en sus caminos de terracería, en su olor a humedad y encierro, a carbón y a orina, a jabón y a mierda, a lo religioso y lo pagano, a los dioses nuevos y a los antiguos, a las pirámides que existieron en tiempos lejanos y a los palacios que parecen muertos. Ahí está México.

Pronto escucha que lo llaman a la puerta para informarle que su baño está listo y, como años antes había hecho la bella María Josefa, Agustín entra a un cuarto cerrado donde lo espera una tina de agua caliente. Se desnuda, las cicatrices de la guerra no se le han borrado, se puede ver a través del vello que cubre su pecho atlético. Se sumerge, el agua estaba impregnada de alguna hierba mentolada que se mezcla con el vapor. Pasa una pastilla de jabón por sus axilas, la pelvis y el espacio entre los muslos. Parecía una especie de ritual para despojarse de su humanidad, pues está por vivir un momento glorioso.

Se queda en el agua hasta que se siente tibia, aunque tiembla por el nerviosismo. Se seca con un trapo, se cubre con una toalla y regresa hasta su habitación, donde lo espera un barbero de Tacubaya que le va a cortar el pelo, a rasurar, y a darle forma a sus patillas. El barbero le pregunta si quiere polvos de arroz para maquillar su rostro. Agustín dice que no es necesario.

Ana María espera que su esposo se vista de forma elegante, pero Agustín no quiere. Ha decidido portar su uniforme de coronel del regimiento de Celaya. Se lo plancharon durante la noche con agua de colonia para que oliera bien. Del otro lado de la puerta escucha a su esposa correr de un lado a otro mientras exclama que sus hijos no están listos, que Nicolasa debía ponerse menos maquillaje, y que José Joaquín no encontraba los zapatos.

Antes de las diez de la mañana truenan las salvas de veinticuatro cañones. Agustín se encuentra con Ana María en el vestíbulo de la casa. Ella lleva el vestido largo de seda pálida con adornos tejidos de oro y plata que su costurera le hizo con tanto esmero, y se ha ataviado con las joyas que alguna vez habían sido de su difunta madre. Todos los hijos de Agustín van bien vestidos: su primogénito Agustín, Sabina, Juana María, Ángel, María de Jesús, María Dolores, y Salvador.

Agustín y Ana María salen y se encuentran con un coche abierto. Suben y avanzan por la calle de Plateros, mientras el resto de la familia Iturbide y la nueva corte imperial va en otros coches. Los balcones están decorados, lo mismo que las ventanas. Una vez más, las personas salen a la calle a gritarle y vitorearlo. A Agustín le parece incómoda esta situación, pues es la tercera vez que sucedía en menos de un año, y parecía irreal, una exageración, una farsa.

Llega a la entrada de la Catedral de la Ciudad de México, donde desciende del coche. Se mantiene unos momentos fuera del templo, deslumbrado por el sol veraniego. Su espalda se le empapa de sudor. En un momento de duda, se vuelve hacia su esposa, y ella, con una sonrisa le susurra:

—Todo estará bien.

La toma del brazo y juntos entran a la Catedral por la puerta principal. Quedan sumergidos por la belleza de los altares churriguerescos y barrocos, por los destellos dorados que se ven por doquier. Se deleitan con las notas del órgano y el coro de niños que canta en latín. Está ahí el cabildo eclesiástico para recibirlos: los obispos de Puebla, Durango, Oaxaca y Guadalajara para informarles que el arzobispo se niega a aceptar a Iturbide como emperador de México, y que no lo coronaría, ni permitiría que el resto de los obispos lo hiciera. No les importaba que Agustín prometiera defender la fe y proteger los bienes de la Iglesia católica. Fonte quiere a un Borbón en el poder.

—Que te corone otro, entonces, hay mucha polilla con poder en esta Catedral —responde Ana María.

—Ya me las arreglaré con él apenas tenga la oportunidad, la fe siempre ha dependido del poder, tanto como el poder depende de la fe.

El obispo de Guadalajara hace una reverencia, y les ofrece un poco de agua bendita para que se persignen con ella.

—Ha sido acordado ya, yo celebraré la misa, pero será el presidente del Congreso quien lo coronará.

Y así es acordado, al calor de los cirios y las melodías del órgano. Después del percance, continúa la procesión.

En las bancas están los hombres y mujeres más notables de todo el Imperio: españoles y americanos de las clases más privilegiadas, religiosos de buena casta, y militares de grado alto; la crema y nata del nuevo Imperio Mexicano. Muchos de ellos visten ropajes similares a los que usó la corte francesa en la coronación de Napoleón Bonaparte, según los grabados que llegaron a México.

Agustín se siente incómodo, pues todos los añadidos a la Catedral se han pedido prestados para que ésta luzca suntuosa; pero él aparenta comodidad con la espalda recta y la frente en alto. La mejor forma de ocultar el miedo es aparentar orgullo, y eso a un militar se le da muy bien. Así, pues, en el Altar Mayor se celebra una misa en latín, en la que Agustín se siente parte del mismísimo cielo. Lo invade un sentimiento raro, y supone que es porque la presencia de Dios se mueve entre ellos en forma de brisa, ora dándole vida a las llamas de los cirios, ora soplando frío sobre el mármol y los crucifijos.

Todos los ojos están puestos en Agustín, de la misma forma en que una novia roba la atención de sus invitados el día de su boda. Durante la homilía, el obispo de Puebla compara la designación de Agustín como emperador a la de Saúl como rey de Israel. En los breves silencios que se intercalan en las respuestas de la misa, se puede escuchar el crujir de las bancas y el suspiro de los presentes. Es una ceremonia que dura varias horas.

Antes de terminar la misa, el presidente del Congreso, Rafael Mangino, pasa al frente para ofrecer un discurso.

—¡Mexicanos! Hoy se colocará la nueva piedra angular del edificio político y cuya construcción se llama México. No tengo duda alguna, como ninguno de ustedes debe tenerla, de que la caridad fervorosa que proviene del corazón de nuestro nuevo emperador, su celo por la observancia de la Constitución y las leyes, la conservación de la fe católica como única religión de la nación, y el ilustrado esfuerzo por mantener y promover el arte y la ciencia, permita mantener, conservar y defender la Independencia de México.

Acto seguido toma la corona que descansa sobre el altar, y la levanta. Agustín se acerca al altar, y se arrodilla, con las manos al pecho.

La expectativa es grande.

Todos los presentes se inclinan hacia delante para ver mejor el momento en que Mangino exclama: "Yo te corono, emperador Agustín I, regente del Imperio Mexicano. Que Dios te cuide".

Agustín cierra los ojos en el momento en que siente la pesada carga sobre su cabeza; no sólo metálica, sino política.

Ahí está, el momento más glorioso de toda su vida, y no es capaz de sentir la misma excitación que su esposa, pero de que está feliz, no hay duda alguna.

Cuando Agustín se levanta, Mangino le susurra:

—Nomás tenga cuidado, su excelencia, váyase con cuidado, no se le vaya a caer la corona.

—Cuando está bien ceñida, no tiene por qué caerse.

Gobernado por un sentimiento que florece de los órganos y el triunfo personal, toma la corona más pequeña y la coloca sobre la cabeza de su esposa para hacerla Emperatriz de México. Luego condecora a generales y damas de honor con la Orden de Guadalupe, en honor a la aparición de la Santísima Virgen en el Cerro del Tepeyac. Hay más discursos, aplausos y oraciones. En total, la ceremonia dura cinco horas, en las cuales las damas no dejan de mover el abanico, y los hombres de secar el sudor de su frente con pañuelos de algodón.

Al terminar todas las formalidades, el obispo grita fuerte y claro:

—*Vivat Imperator in aeternum!* ¡Vivan el emperador y la emperatriz!

Y todos los presentes gritan al unísono:

—¡Viva!

Unos dicen que el Imperio Mexicano ya ha escogido a su gobernante, otros dicen que a su bufón.

México nunca será igual.

## CAPÍTULO 41

# Volvió a causar escándalo
# en el pueblo

## 1824

AGUSTÍN SABE que le quedan pocas cartas por escribir, y está perturbado porque leyó por tercera ocasión "Bosquejo Ligerísimo de la Revolución en México".

Quizás por eso, la letra de la siguiente carta no sale con el garbo de siempre, sino en letras deformes y renglones torcidos.

*Quiero que sepas, hijo mío, Agustín, que cuando el Congreso soberano, secundando los deseos del ejército y el pueblo, me elevó al puesto más alto del Imperio Mexicano; no supe cómo encontraron en mí ser merecedor de tamaño honor; en tal concepto me ciñeron la corona, pero ¡cuán lejos estaba de considerar un bien lo que sobre mis hombros impusieron y que era en realidad un peso que me abrumaba!*

*Carecía de la fuerza necesaria para sostener el cetro; lo repugné, y cedí al fin por evitar males a mi Patria, próxima a sucumbir de nuevo, si no a la antigua esclavitud, a los horrores de la anarquía. Sin un líder, ¿cómo podría construirse una nueva nación?*

*Los días previos a mi coronación estuve pensando en la historia de Moisés tras haber liberado a su pueblo de Egipto. Mientras se encontraba en el Monte Sinaí, los israelitas se preguntaban si no estaban mejor en su cautiverio de Egipto, añorando el yugo y las cadenas. Consideré que muchos mexicanos deseaban volver al orden de Nueva España, aunque se tratara de tributos desmedidos y desigualdad entre todas las castas.*

De la misma forma, permití que para la coronación se organizara un evento fastuoso, fuera de la época en la que nos encontrábamos, sólo para aparentar mi liderazgo desde el principio.

A la mañana siguiente, con mucha vergüenza, devolvimos las joyas de la corona al Monte de Piedad, y muchos de los adornos que habíamos pedido en préstamos a diferentes personas. La ceremonia fue una farsa, pero costó poco dinero al pueblo, puesto que no teníamos excedentes para gastar.

Por cuestiones de darle una identidad al nuevo gobierno, se comenzó a arreglar el Real Palacio, otrora casa de los Virreyes, pensé en utilizarlo de casa para mí y para mi descendencia. Además, viendo que no seríamos gobernados por un hombre de la Casa Borbónica, mandé desmontar la estatua de Carlos IV, conocida como el Caballito, para que fuera trasladada al claustro de la Universidad, cercano a la Plaza del Volador. Lo mismo sucedió con las fuentes. Sólo quedó un gran espacio desnudo, sobre el que, tal vez algún día, podamos construir un monumento a la Independencia de México, tal vez una columna de piedra, un arco o un obelisco. Recordar la usanza romana, creo yo, no está de más.

¡Vaya Imperio que había heredado! Limitado al norte por las Californias, Nuevo México y Tejas, y al sur por los territorios que se habían adherido y también pedían una plaza en el nuevo Congreso y en la Nueva Nación: Guatemala, Honduras, Salvador, Nicaragua y Costa Rica. Es lamentable decir que, poseer un gran territorio lleno de bondades naturales, no es garantía de una sana economía.

Desde el momento en que la corona se posó sobre mi cabeza, la economía se vio gravemente afectada de nuevo. El comercio se detuvo, y la producción minera bajó su actividad; pues algunos de los hombres más acaudalados del Imperio eran españoles peninsulares, quienes vieron con desconfianza nuestro intento de gobernarnos. Nos deseaban lo mejor, pero preferían trabajar su capital en un lugar más estable. Tomaron sus fortunas y partieron de regreso a Europa. Eso sin mencionar que todavía quedaba un reducto de militares españoles atrincherados en San Juan de

Ulúa, y que amenazaban con reconquistar México para entregarlo a su excelencia, Fernando VII. Antonio López de Santa Anna, subordinado a Echávarri, fue quien se encargó de que esto no sucediera.

Los mexicanos que no estaban de acuerdo con mi imperio, y que no deseaban abandonar el territorio, se unieron a las logias masónicas que seguían el rito escocés. Deseaban una república, querían democracia, que el pueblo escogiera a sus gobernantes. Yo me negué, porque un pueblo joven e ignorante, que piensa con un estómago hambriento, que no ha aprendido de números y letras, que se deja influir por lo que oye en el púlpito, y cree los rumores políticos más increíbles sin preguntarse sin son ciertos; sabrá elegir a alguien que pueda regir el destino de un gran imperio. Y es que un pueblo que no ha madurado no sabe reconocer cómo puede ser gobernado.

Y el Congreso, que en justa medida también ostentaba poder sobre el Imperio Mexicano, es precisamente prueba de que hombres débiles y ambiciosos sólo traen males al país. Con mi subida al trono, parecía que se habían calmado las discusiones políticas, pero pronto la conducta de algunos de los diputados volvió a causar escándalo en el pueblo.

Tuve denuncias repetidas de juntas clandestinas en las que coincidían varios diputados, para formar planes que tenían por objeto trastornar el gobierno. Bien sabían estos hombres facciosos que chocaban con la voluntad popular, pero eso no les importaba. Se resolvieron comenzar el rumor de que yo, Agustín I de México, deseaba el poder absoluto. Ni una sola razón se expuso que pudiera servir de prueba a ese cargo. ¿Cómo podía ser así si no me proclamé emperador en todas las oportunidades que tuve desde que entré a la Ciudad de México en septiembre de 1821? ¿Cómo podía ser así si insistí en la división de poderes en ejecutivo, legislativo y judicial a pesar de ser jefe del primero? Yo, y solamente yo lo consentí. Entonces, no deseaba ser absoluto.

La verdadera razón de la conducta del Congreso no es otra sino el impulso que le daban sus directores, y éstos miraban con odio que yo hubiese hecho la independencia sin ayuda de ellos, cuando quieren que todo se les sea reconocido. Ellos, los diputados, no tuvieron valor ni talentos, pero quieren figurar de algún modo, alucinando a inocentes. A mi parecer, la representación nacional ya se había hecho despreciable, por su apatía a procurar el bien, por su actividad en atraer males, y por su insoportable orgullo. Su trabajo, como Congreso, era escribir una nueva Constitución, para dejar atrás a la de Cádiz, y por más que pasaron los meses, no se discutieron nuevas leyes, ni escribieron una sola línea. Cobraban sin trabajar y no vi con buenos ojos su labor.

Otros, no vieron con buenos ojos la mía.

Agustín, hijo mío, sé que es fácil caer en el lugar común, pero no hace mucho, siendo Emperador de México (sin dejar de sentirme de España), levanté el rostro y me encontré con la luna labrada en destellos de mármol, la misma a la que tantos rezos dedicaron los antiguos mexicanos, y la creyeron llena de vida, sensual, y hasta madre de una gran nación. Esa luna que ahora cuelga sobre la Catedral de la Ciudad de México es la misma que vio Moctezuma antes de morir, la que contempló Hernán Cortés al derrocar un imperio, bajo la que Miguel Hidalgo se durmió mientras imaginaba un pueblo libre. Quizás, mirar de frente a la luna sea como mirar el pasado; o tal vez sea el pasado quien nos juzga a nosotros, los hombres del porvenir.

Te parecerá extraña esta reflexión, pero creo que todo hombre debe preguntarse, en algún momento de su vida, cómo fue su pasado, examinar sus acciones, y preguntarse si éstas pueden llevarlo a algún puerto seguro. Encontrábame en aquellas cavilaciones cuando vinieron a informarme que Felipe de la Garza, gobernador de Nuevo Santander, se había levantado en armas, firmando una proclama el 16 de septiembre de 1822 en contra de mi persona. Entendí que ese evento, sumado a las frecuentes juntas conspirativas de los diputados, y la tibieza con la que los militares tomaban parte ante estos acontecimientos, eran preludio de algo más grande.

Mandé a arrestar a los hombres que eran parte de esta conspiración, por traicionar al supremo gobierno fundamentado en mi persona; y que se combatiera a Felipe de la Garza. Se arrestaron a sesenta y seis personas, entre diputados y militares.

Quería un Imperio fuerte, pero ¿cómo lograrlo? Apenas llevaba unos meses en el poder y me sentía frustrado de no poder hacer más. Los imperios duran mientras los aplausos se oigan, y las revoluciones se apagan, cuando los sueldos se pagan. Ni siquiera había logrado que las otras naciones reconocieran que había una nueva entre ellos: que México ya no era parte de España. Muy tarde me di cuenta de que el Imperio que había construido no era más que una ambición personal que destruía lentamente mi reputación, y que los nobles que aplaudieron mi labor para independizar una nación, no estaban de acuerdo con que yo la gobernara. Muy tarde me di cuenta de que mi gobierno no era sino un frágil castillo de naipes, esperando a que una brisa destruyera toda mi obra.

El aumento a los impuestos no ayudó a mejorar mi popularidad, y hubo quién dijo que yo era el nuevo Carlos IV, y hasta el nuevo Napoleón Bonaparte, pero no había otra forma de obtener ingresos para gobernar el Imperio.

De inmediato hubo reclamos, los diputados que habían sido arrestados, alegaron que tenían fuero, y que por lo tanto, no se le podía tocar con la ley. Yo les recordé que, de acuerdo con las Constituciones de Cádiz, según las cuales nos regíamos, lo que ellos habían hecho con su conspiración, según la cual planeaban secuestrar a toda la familia Iturbide, para argumentar que el congreso había recibido presiones para nombrarme emperador, se trataba, no sólo de una falsedad, sino de una traición en toda regla. Su fuero, entonces, no aplicaba.

La rebelión de Felipe de la Garza fue sofocada rápidamente, y éste huyó a la ciudad de Monterrey, donde fue arrestado, y posteriormente trasladado a la Ciudad de México. No olvidaré nunca nuestro encuentro. Sucedió una noche nublada...

# CAPÍTULO 42

# Fue él quien me traicionó

## 1822

Es una noche nublada, el frío hace crujir las ventanas del Palacio de Iturbide. Ni el fuego crepitando en la chimenea, ni el chocolate caliente logran calentar a Agustín, quién pálido, está desparramado en uno de los sillones, con su traje militar, las botas de montar, y el pelo revuelto. Ana María no puede evitar sonreír ante aquella imagen.

—Estoy cansado —revela de repente—, la gente es muy cruel con mi hermana Nicolasa. En público le aplauden sus conversaciones ridículas de sobremesa, y en privado la llaman romántica y conjeturan sobre si nació tarada o si mis padres la mimaron hasta hacerla así.

—Pobre, le hicieron tanto daño.

—Ahora la ven como moneda de cambio. Figúrate que el otro día que vino Santa Anna, y lo invitamos a cenar sucedió lo que menos esperaba.

—Ya me lo contaste —exclama Ana María, mientras borda a la luz de una vela, mas su esposo continúa.

—Ahí, en el mismo balcón en el que el pueblo me pidió que fuera su emperador, Santa Anna tomaba delicadamente la mano de Nicolasa, y le declaraba su amor con frases torpes sobre la luna y el corazón. ¿Sabes qué creo? ¡Que se trata de pura basura! Sólo la quiere engatusar para casarse con ella y tener un poco de poder, y eso no lo voy a consentir. A México le va a costar muy caro el deseo de poder que tiene Antonio López de Santa Anna. Se pavonea para que las mujeres lo admiren, como si se tratara de su alteza serenísima.

Uno de los criados entra intempestivamente a la sala.

—Su excelencia, traen apresado a un tal Felipe de la Garza para que lo vea usted antes de que lo juzguen por traición.

—Que pase —ordenó, y luego se dirigió a Ana María—, si quieres puedes quedarte.

—A mí no me metas en tus asuntos —exclama ella, deja su bordado sobre una de las mesitas, plancha los pliegues de su vestido con sus manos, y, acariciando su vientre abultado por el embarazo, se retira del salón.

Momentos después entra un hombre joven de unos veinticuatro años, con el cuello alto, las patillas largas, y los ojos claros. Tiene la nariz respingada y los labios gruesos. Quiere hacerse el fuerte levantando el pecho y manteniendo la espalda recta, pero al mismo tiempo tiembla entero, desde la base de la columna hasta las piernas. Todavía va vestido con su traje de militar realista.

Va escoltado por dos alféreces, aunque Agustín sabe que fuera de la casa hay más hombres haciendo guardia.

Agustín se endereza.

—¿Tanto molesta mi imperio que sólo se puede solucionarlo a través de la pólvora? ¿No es la verdadera Independencia de México prueba de que es más fácil llegar a la libertad a través del derramamiento de tinta que de sangre?

—Queremos una república, donde el poder no caiga en manos de un sólo hombre —responde Felipe de la Garza.

—El poder no cae en un sólo hombre, está dividido en diferentes poderes. Yo no puedo gobernar sin el congreso y el congreso no puede hacerlo sin mí. Yo no me meto en las leyes que deberían escribir en una Constitución y que, sin embargo, no hacen, pero piden salarios y pensiones como si fueran arduos jornaleros. Además, ¿por qué esa repentina exigencia de todos por formar una república? Yo nunca los engañé, ni a los militares, ni siquiera a Vicente Guerrero. Desde que escribí el Plan de Independencia de la América Septentrional, ratificado en los Tratados de Córdoba que firmé con Juan de O'Donojú, establecí que nos convertiríamos en un gran imperio. ¿Dónde estaban, entonces, las voces que pedían una república?

—Nos parecía conveniente la Independencia, a cualquier costo.

Agustín rio.

—Entonces no fui yo el que engañó a Vicente Guerrero dándole un abrazo en Acatempan. Fue él quien me traicionó. Fueron todos los que ahora me dan la espalda.

Felipe de la Garza traga saliva antes de responder:

—Yo también, como usted, hago lo que creo que es mejor para México. También creo que podemos convertirnos en una gran nación. Creo que mi camino es diferente al suyo, pero la pasión que me mueve es la misma. Si, por ella, he de morir, que mi sangre ayude a que México encuentre la gloria.

Tal atrevimiento desconcierta a Agustín. Nunca ha escuchado palabras tan valientes expresadas a través del miedo. Se enoja por lo que oye, por supuesto. Tampoco le gusta que lo desafíen de esa manera.

—¡Tal desplante tendrá su consecuencia! —exclama Agustín al levantarse del sillón.

—Que sea la ley quien me quite la vida y no usted —responde Felipe.

Agustín suelta una risotada.

—Sí, y la ley podría mandarte al tribunal del Dios de los Ejércitos para que él juzgue tu traición, pero me ha conmovido ese ardor que llevas en el pecho, ese amor a tu patria, como si fuera una bella doncella. México necesita hombres como tú, y por eso te voy a perdonar la vida.

Bastan esas palabras para que el semblante de Felipe de la Garza cambie de repente, y éste se ilumina. Asiente torpemente, y sonríe.

A modo de despedida, Agustín añade algo más:

—Anda, regresa a tu ciudad y ya quítate de la cabeza que lo que México necesita en este momento es más guerra civil.

Felipe de la Garza no dice más, sus escoltas se lo llevan, y al fin Agustín puede recuperar su velada familiar. Encuentra a su mujer en el otro cuarto, revolviendo las cartas de una baraja española.

—¿Jugamos?

—Nunca has sido bueno para el juego —respondió Ana María—, quizás por eso te ha ido tan bien en el amor.

—Recuerdo que el cura Hidalgo decía eso cuando iba a visitar a mi padre y jugaban por largas horas, mientras bebían de su licor de anís.

—Anda, reparte las cartas y cuéntame la historia. Pediré que nos sirvan más chocolate caliente, a ver si así entramos en calor.

Ana María se levanta y sale un momento de la habitación, mientras una lluvia fina cae en la capital del Imperio Mexicano. El silencio es perturbador, también el presentimiento que Agustín siente en el estómago.

# CAPÍTULO 43

# Todo se fue a la fregada

## 1824

EL ASUNTO de los diputados conspiradores no terminó ahí, y por diversos medios se comentó el incidente en todo el país. Tanto mi padre, como sus amigos, algunos de mis compañeros de armas, y hasta el propio Echávarri, aprovecharon para escribirme algunas notas, recomendándome que disolviera el Congreso. Después de todo, los diputados de un Congreso Constituyente que no discutían una Constitución, pero sí estiraban la mano para recibir dinero, no eran más que lastres para la patria. Tan sólo espero, hijo mío, que los diputados mexicanos que vengan después asistan con cabalidad a las sesiones ordinarias, velen por los intereses del pueblo en lugar de motivos egoístas, estén preparados para servir y para entender los problemas del país y resolverlos, y pensar antes en México que en sus ambiciones políticas.

Juzgué correctas las recomendaciones que me habían hecho. Mi nueva patria no podía detenerse por la ambición de aquellos hombres. Mandé disolver el Congreso. El encargado de hacerlo fue el general Luis Cortázar y Rábago, quien aprovechó la última mañana de octubre de 1822 para informarle de mi decisión al presidente del Congreso Mariano Marín. Éste se negó, borracho de poder como el resto de los diputados. El general Cortázar, y su escolta, les mostraron los mosquetones cargados que llevaban al hombro, y a través del brillo de la boca, y del grosor de la culata, comprendieron que mi gobierno no estaba para juegos. Se les dio un plazo de media hora para desalojar el recinto, y obedecieron a regañadientes.

Pasaron todo noviembre alegando que yo era culpable de que ellos no pudieran hacer su trabajo, y que removerlos del cargo era un atentado en contra de la Constitución que planeaban hacer y de los deseos del pueblo. ¡Patrañas, hijo mío! Cuando un político encuentra más fácil decir excusas que hacer su trabajo, debe ser removido del cargo. No sirve a la patria, sino a su desmesurada ambición. Luego, llegó diciembre... ¡Y todo se fue a la fregada!

*Bury Street en Londres a 8 de abril de 1824*

# CAPÍTULO 44
# A río revuelto
## 1822

ANA MARÍA HUARTE tiene cierta predilección por las festividades de diciembre, pues las ciudades del Imperio Mexicano se llenan de guirnaldas de verde plateado y rojo carmín. En todos los barrios del territorio se organizan bailes populares, posadas en las que se rellenan piñatas con cañas de azúcar, mandarinas, jícamas y colación de dulces, se le cantan las mañanitas a la Virgen de Guadalupe el 12 de diciembre en el lejano pueblo de Tepeyac, y se está por presentar una gran pastorela en honor de los emperadores. Además, los niños van por las calles cantando los distintos villancicos que aprendieron en sus clases de catecismo, y se preparan misas especiales por la temporada de Adviento. Sin mencionar los turrones de almendras, los polvorones, las peladillas, los dulces de yema, y las barras de chocolate.

Es la época en que la cena de Nochebuena se prepara con finos manjares, se desempolva la vajilla de fina porcelana y la cubertería de plata de la familia Iturbide.

Este 1822, Ana María no está para celebrar, pues sufre un gran disgusto mientras coloca las figuras del nacimiento sobre un montón de musgo y heno cerca de la chimenea. Y es que una de las damas de la corte le ha informado, a través de una carta, que doña Josefa Ortiz de Domínguez, ilustre independentista, y quien participó en la Conspiración de 1810 con Miguel Hidalgo e Ignacio Allende, rechazó, una vez más, la invitación a pertenecer a la Corte Imperial. Ana María, sintiéndose ofendida, hace tal coraje que le arde el estómago y le punza la cabeza. De nada le vale el enojo, no puede hacer nada por convencer a doña Josefa, mucho menos a Leona Vicario... y ni hablar de la Güera Rodríguez. ¡Jamás! Ana María quiere a esa mujer lo más lejos posible de su esposo, no sea que le diera por atentar contra el sexto mandamiento.

De cualquier modo, Ana María necesita quejarse con alguien del desprecio que, según ella, ha recibido. Así que va a toda prisa al despacho donde Agustín atiende asuntos de gobierno. Llama a la puerta y entra:

—Te ves enojada, ¿te sucede algo? —pregunta él, mientras ella deja, sobre el escritorio, la carta de rechazo de doña Josefa.

Él no termina de leerla, cuando exclama.

—Yo no puedo obligar a nadie a ser o no ser parte de la Corte. Sus razones tendrá para no acompañarte. Además, mujer, ¿tú crees que tengo tiempo para trivialidades? Estoy por autorizar la impresión de cuatro millones de pesos en billetes que no puedo sustentar de ninguna forma, los comerciantes me presionan por los impuestos y un tal Stephen Austin quiere un permiso para que lo dejemos poner una colonia en Tejas. Además, tengo que organizar un nuevo Congreso para que escriba una Constitución, porque Nicolás Bravo, Vicente Guerrero y Guadalupe Victoria andan presionando con eso.

Ana María responde preocupada.

—Pero tú eres el emperador, tú decides qué pasa o no en el país.

Agustín se levanta del asiento:

—¡Y tú su emperatriz! El país se desmorona porque tú y yo no somos suficientes para mantenerlo. No puedo gobernar, no puedo pagar sueldos, no puedo lograr la paz. Llevo sólo unos meses con esta corona en la cabeza y ya me pesa. ¿Cuántos años más quieres que viva con esta responsabilidad? ¿Veinte? ¿Treinta?

—Las cosas se tienen que calmar, no tenemos que llegar de nuevo a la guerra civil, ni a perder Tejas, si es lo que te preocupa. Es más, tu defensa de la fe católica hará que los hombres que se creen liberales intenten algo contra la Iglesia católica. Un emperador puede gobernar los años que le venga en gana, pero ¿puede un presidente a cargo de una república gobernar treinta años? Eso no lo verá este siglo. Si alguien puede hacerlo eres tú.

—Déjame los asuntos de gobierno a mí. Te recuerdo que el médico te pidió que te mantuvieras en reposo. Hace poco diste a luz.

Escuchan unos golpes en la puerta, y al volverse, Ana María ve a uno de los soldados, escolta de Agustín. Tiene el rostro pálido.

—A ver, usted, pase y dígame que se le ofrece.

El soldado pasa, temblando:

—Su excelencia, me mandaron avisarle que el brigadier Antonio López de Santa Anna, gobernador de Veracruz...

—Sí, yo lo mandé llamar. ¿Ya está aquí?

El soldado niega con la cabeza.

—Pues ¿en dónde está? Le pedí que viniera.

—No va a venir —reitera el soldado—, se enteró que usted planeaba destituirlo de su mando y se levantó en armas contra el Imperio. Dice que usted ya no es el Libertador de México, porque se ha convertido en un villano. Lanzó una proclama en su contra.

Y el soldado muestra un papel que lleva en la mano. Agustín lo toma y comenta:

—Antonio López de Santa Anna le ofrece su apoyo a Guadalupe Victoria para que gobierne México, y dice que con la Independencia se había buscado igualdad, justicia y razón, pero que con mi presencia en el poder eso no se ha logrado. Que no hay una representación real del Congreso, puesto que disolví el Congreso, y dice que está de acuerdo con la idea de República.

Agustín baja el papel y añade:

—¿Él también? ¿Una república mexicana? Vaya bola de cobardes que no lo expresaron en su momento; les convenía aplaudir la idea de Imperio. No cabe duda de que el político mexicano es tibio y convenenciero.

—Quizás debiste dejar que Santa Anna se casara con tu hermana cuanto tuviste la oportunidad —sugiere Ana María.

Comentario que Agustín no toma en gracia, por el cariño que le tiene a la princesa Nicolasa, la cual está destinada a permanecer loca y soltera. Por otro lado, es grave lo que está sucediendo en Veracruz, y Agustín sabe quién es la persona indicada para combatirlo: el general José Antonio de Echávarri.

El resto del mes es particularmente complicado. Mientras Agustín cumple con los ritos propios de la fe, y bautiza al niño con agua fría. Echávarri combate a Antonio López de Santa Anna en Veracruz, y se instala una nueva junta en la que cada región del Imperio manda un representante escogido de manera popular. Reemplazará al Congreso que tanto pedían los amigos de Agustín.

Pronto llegan más noticias, a pesar de las vergonzosas derrotas que está sufriendo Santa Anna en Veracruz, Guadalupe Victoria se ha unido a su causa, y se espera que Vicente Guerrero y Nicolás Bravo hagan lo mismo.

¿Es que acaso México no encontrará la paz?, se pregunta Agustín.

La última tarde de aquel año, Agustín sale al balcón, en donde ve aparecer la luna, como si se tratara de la huella digital de Dios. Tal vez lo era. ¿Dónde está su Creador para proteger ese imperio que le ha entregado en una charola de plata?

¿Es que acaso el peor crimen que puede cometer un héroe es vivir más allá de su heroísmo? El pueblo lo quiere, eso lo sabe muy bien Agustín, pues cada vez que visita Veracruz, Oaxaca, Guanajuato, Puebla o Valladolid, y los pueblos que hay entre la Ciudad de México y aquellas regiones, la gente sale de sus casas a verlo y gritarle vivas. Sin embargo, Agustín sabe que la popularidad es una cosa y gobernar bien es otra.

Suspira, pensando en que además está el país del norte. Estados Unidos se le hace un pueblo ambicioso, con deseos de crecer a costa de otros territorios, y nada le convendría más que una guerra civil en el Imperio Mexicano. Después de todo, como dice su padre, a río revuelto, ganancia de pescadores.

Si tan sólo pudiera ser niño otra vez, y montar a Sansón contra el dragón negro de sus sueños. Comprende que ha cometido el mismo error en el que caen todos los hombres: Agustín ha crecido, no sólo transformando su cuerpo, sino también su alma y corazón.

# CAPÍTULO 45

# Suma repugnancia

## 1823

EL AÑO EMPIEZA con lluvias torrenciales, en gotas que se resbalan por los vitrales de la catedral, en charcos que llenan las calles, y ventiscas frías que recorren la América Septentrional.

Agustín se siente mal, la Ciudad de México luce más gris que nunca y está muy apartado de las batallas que se luchan a lo lejos. El levantamiento de Guadalupe Victoria se extiende hacia Oaxaca, Vicente Guerrero también ha tomado las armas, y Santa Anna se rehúsa a rendirse por más batallas que pierda. El Imperio entero huele a pólvora, a sangre, a guerra...

Su esposa se sienta junto a él en la sala.

—Acábalos a todos, tienes al ejército de tu lado.

—Confío en que Echávarri lo haga, pero no sé si realmente valga la pena. Logré la Independencia sin ríos de sangre, ahora mi imperio es causa de tanta muerte.

—El Imperio está fuerte si tú estás fuerte —responde ella, pero su voz ya no tiene la fuerza de antes.

—Traicioné los principios del Plan de Iguala imponiendo el nuevo plan fiscal, pero no tenía de otra. O subía los impuestos o no tenía un peso para gobernar. Estamos quebrados, con la política rota, y todavía ningún país o reino quiere reconocernos.

—Todos los gobernantes deben tomar decisiones difíciles —concluye Ana María.

Agustín se siente fuera de tiempo, el licor no lo emborracha, la comida no lo sacia, su esposa no puede mantenerlo caliente en las noches de frío, y hasta las viejas historias sobre los mexicas le parecen aburridas.

Luego llega febrero, y todo cambia.

Agustín recurre a quien pudiera ayudarlo a arreglar el Imperio, y cree encontrarlo en la fe. Comienza a ir a la Catedral con más frecuencia para encontrar el favor de Dios, dedica rosarios a la Santísima Virgen por el bien del Imperio. Lee el Catecismo del padre Ripalda, y los pasajes de la Biblia relativos al rey David y al rey Salomón. Espera una señal divina que le confirme que alguien lo escucha en la Corte Celestial... pero aquello no ocurre.

Precisamente después de una comida familiar bastante larga, en la que ningún miembro de la familia Iturbide habla, ni siquiera la princesa Nicolasa que ha estado de visita en algunas tertulias. Agustín se sorprende cuando uno de sus escoltas entra y pide permiso para hablar con el emperador.

—Adelante, habla.

El soldado traga saliva:

—Antonio López de Santa Anna firmó otro Plan en Casa Mata, en Nuevo Santander. Él, junto con Vicente Guerrero, Nicolás Bravo y Guadalupe Victoria desconocen el Imperio.

Agustín suspira con dignidad, se limpia la boca con una servilleta de tela, y bebe, de un golpe, lo que queda de vino en su copa. No busca los ojos de su esposa, ni los de su padre.

—Echávarri se encargará de sofocar las rebeliones.

El soldado carraspea:

—Disculpe, su excelencia, sus generales, José Antonio de Echávarri, Luis Cortázar y Rábago, y José María Lobato también firmaron el Plan de Casa Mata, desconocen el Imperio y piden que se cambie la forma de gobierno a una república.

El soldado no termina aquellas palabras, cuando Agustín siente una ligereza en la cabeza que nunca ha experimentado. El mundo y sus batallas parecen irreales. Sus amigos le han dado la espalda. ¿Cómo luchar? ¿Iría él mismo a los campos de batalla a tratar de ganar como antes?

—Restaura el Congreso, es tu última oportunidad —exclama José Joaquín.

—No tienes más opción —responde Ana María.

Agustín niega con la cabeza y pide que le sirvan más vino, le entran unas ganas de maldecir al cielo.

Se excusa, se levanta de la mesa, y camina con la espalda recta hacia el despacho. Cierra la puerta con calma, aunque por dentro necesita desahogarse, gritar, romper, tirar todos los tomos de librero, llenar páginas y páginas con manchas de tinta, o al menos maldecir al mundo por su desgracia. Por horas revisa mapas del Imperio Mexicano; considera nuevos generales que lo ayuden a luchar, planea estrategias militares... sabe que puede darle la vuelta a esta situación, y levantando papeles, encuentra sus borradores para el Plan de Independencia. Los lee cuidadosamente mientras recuerda a las multitudes gritando su nombre y sabe lo que tiene que hacer.

Decide reinstaurar el Congreso, y vuelve a tomar la pluma. La tinta parece sangre.

Llega marzo, Agustín teme tanto por la vida de Ana María como de su hermana Nicolasa, no sea que los rebeldes fueran a atentar contra ellas. Despierta en las noches con terribles pesadillas y no hay día que no escuche que los rebeldes han ganado un territorio o publiquen una proclama a favor de la República.

Ante esa situación, Agustín, con las manos acalambradas y la quijada tensa, decide poner todos sus deseos en tinta y papel para que sean leídos por el Congreso. Cuando termina, pide que se envíe el documento a sus miembros para que se lea ante todos los diputados; pero parece que éstos no aprendieron con la primera disolución del Congreso. Cuando llega la carta, no hay suficientes diputados para leerla, y por lo tanto se deja para el día siguiente.

En cuanto circulan los rumores de que Agustín ha mandado una carta al Congreso, todos se preguntan cuál es el motivo de esta. ¿Intentará pasar una ley en contra de los rebeldes? ¿Apurará de alguna forma la redacción de la nueva Constitución o, en un hecho inesperado, algún miembro de la casa real de España ha aceptado gobernar el Imperio Mexicano?

Agustín recuerda cuando ese tipo de chismes eran sobre Carlos IV y Fernando VII, no sobre él. No le gusta atraer ese tipo de atención, y se pasa la noche en vela, porque no puede soportar el pensamiento de que tal vez está cometiendo un error.

A la mañana siguiente, Agustín bebe un par de tazas de café, mientras su esposa contempla los platos del desayuno, sin apetito.

—¿Has considerado que pides demasiado de ti y de tu familia? Como general y como emperador...

—Desnúdame... desnuda a todos los reyes del mundo, a los papas y a los apóstoles. ¿Qué te queda? Todos somos hombres. Iguales a los ciudadanos más pobres de cualquier reino. Pedí demasiado, triunfé donde nadie más pudo, ayudé a que naciera un imperio, me convertí en el padre involuntario de una patria huérfana. ¿Fallé o valió la pena? No es lo mismo liberar una patria, que gobernarla.

No muy lejos de ahí, el presidente del Congreso, entre burlas, comenzó a leer en voz alta:

*La corona la admití con suma repugnancia, sólo para servir a la patria; pero desde el momento en que entreví que su conservación podría servir si no de causa, al menos de pretexto para una guerra interna, me resolví dejarla. No hice yo abdicación de ella, porque no había representación nacional reconocida generalmente y por lo mismo era inútil toda gestión sobre la materia, y aún habría sido tal vez perjudicial; hay ya el reconocimiento, y hago por tanto la abdicación absoluta.*

*Mi presencia en el país sería siempre pretexto para desavenencias, y se me atribuirían planes en que nunca pensara. Y para evitar aún la más remota sospecha, me expatriaré gustoso y me dirigiré a una nación extraña.*

*Diez o quince días serán suficientes para arreglar mis asuntos domésticos, y tomar medidas para conducir mi familia en unión mía.*

*Sólo le pediré al Congreso que pague la nación las deudas que he contraído con particulares amigos, que no son de gran consideración; pues aunque el mismo Congreso dejó a mi arbitrio que tomara para mí lo que necesitara y la Junta me hizo una asignación, yo no podía hacer uso de lo uno ni de lo otro, cuando las necesidades de las tropas, empleados y funcionarios públicos llegaban a mi corazón.*

*México 19 de marzo de 1823*

Y los diputados comienzan a burlarse con gritos y risas:

—¡Que el nuevo Moisés se regrese a Egipto!

—¡Y todavía se siente emperador, si no tuvo quórum en el Congreso!

—Su corte es de huehuenches, es la Corte de los Ilusos.

—¡Con ustedes: la caída del Dragón!

—Si dice que salvó a su Patria, ¿por qué no se puede salvar a sí mismo!

Y un grito que resuena como en los últimos días de Nueva España:

—¡Que muera el emperador!

Un viento seco recorre el Imperio Mexicano, levantando hojas, causando silencio, secando las lágrimas que caen en las mejillas de Ana María, mientras Agustín la consuela.

# CAPÍTULO 46

# El poder, la ambición y el amor
## 1823

ANA MARÍA APRIETA LOS PUÑOS cuando ve una taza rota; teme por su vajilla y cubertería de plata, la cual los criados mueven de un lado al otro de la casa, buscando cajones de madera para guardarlos, entre pliegues de tela gruesa para evitar que se rompan en el viaje. Además, debe preocuparse de que todos sus vestidos de seda quepan en los baúles, y que sus collares, aretes y anillos no desaparezcan de su joyero.

Agustín por su parte, camina por su despacho, revisa cuidadosamente el lomo de los libros para saber qué se va a llevar. Algunos libros son de su padre, otros los compró después de la Independencia de México. Sus favoritos son los que narran cómo era la Antigua Tenochtitlan, y las batallas que se habían librado para destruirla. Guarda, también, la silla de montar con la que había cabalgado a Sansón, y el uniforme con el que luchó en el Cerro de la Cruces contra el ejército del cura Hidalgo, también las cartas perfumadas de la Güera Rodríguez y el Catecismo del padre Ripalda que le regaló su difunta madre. Por último, todos los documentos de su juicio donde lo acusaron, falsamente, de tráfico de influencias en 1816.

Si pudiera, le habría gustado guardar sus recuerdos de las largas conversaciones que había tenido con Echávarri bajo las noches estrelladas, la felicidad que había sentido cuando nació su primer hijo, los juegos infantiles con Nicolasa, las tardes multicolor de Guanajuato, el sabor de los chiles en nogada que le habían preparado en Puebla, y la felicidad que sintió el día que, desde un balcón, proclamó la Independencia de Nueva España, junto a don Juan de O'Donojú.

Desde la calle se escucha un tumulto, y varios gritos.

—¿Otra vez con esto? —grita Ana María, mientras uno de los criados tira una figurita de porcelana—, ¿hasta cuándo se van a poner de acuerdo con el Ejército libertador?

—¡Calma, mujer! Apenas entraron ayer, es normal que el pueblo no los quiera. Una cosa es que ganen plazas y triunfe su plan político, y otra que logren que el pueblo no me quiera. Hoy, todavía, soy popular.

—Primero la guerra, luego esto. ¿Cuándo vamos a tener tiempo para nosotros?

—Ni los héroes ni los villanos, ni los reyes ni los emperadores, tenemos tiempo para disfrutar la vida, porque estamos muy ocupados viviendo. Que no te molesten los gritos del pueblo, si pudieran decidir el futuro de su patria, no estaríamos empacando para irnos de México, ni ellos, los que me traicionaron, tomarían el poder. En México, el pueblo no determina su destino, y quiero pensar que eso va a cambiar, no sé si en uno, dos o tres siglos.

Más alboroto fuera de la casa distrae a Ana María.

—Nunca hay suficientes horas en los días de una reina, y sus noches tienen demasiadas. ¿Sabes algo, querido? A pesar de todo, te amo.

—El poder, la ambición y el amor, como maldiciones, no son tan diferentes uno del otro.

Ella se acerca, lo rodea con sus brazos, y lo siente cerca, con su espalda ancha, con sus ojos de dulce marrón, con sus labios gruesos. Lo siente suyo. Al fin y por siempre suyo. Su Agustín.

—¿Qué será de nosotros?

—En unos días Nicolás Bravo nos escoltará lejos, donde termina México y empieza el mar. Nos iremos lejos, donde ningún Borbón pueda encontrarnos, donde ningún traidor me eche en cara la corona que un día aplaudieron. Si Caín pudo ser fugitivo y hallar la felicidad. ¿Por qué yo no?

—Porque quieres demasiado a este país —concluye Ana María.

Agustín va montado en un caballo que le prestaron, incluso en lo cotidiano se muestra lo buen jinete que es. A su lado cabalga Nicolás Bravo, y detrás, dos coches negros en los que van su esposa, sus hijos, su hermana y su padre. Es, ciertamente, un momento melancólico, en que el azul del cielo parece estar hecho de la ceniza más áspera, y la tierra se deshace en terrones secos. Deja atrás, y para siempre, la Ciudad de México, y la ciudad de Valladolid, con la idea de que nunca volverá a pisar sus calles, ni rezar en sus templos. En las dos había nacido, amado; en las dos se había conocido como hombre y mexicano.

Conforme se va alejando, las casas y palacios desaparecen en la bruma de la mañana. A partir de entonces, sólo podrá visitarlos en su memoria, o en sus sueños...

Toda la familia Iturbide es escoltada por guardias del nuevo ejército republicano, dispuestos a asegurarse que se vayan del país para siempre.

Agustín viste de civil, con pantalones negros, una camisa blanca y un abrigo largo. A sólo unos minutos de cabalgar ve los pozos que permanecen secos por los tiempos de la guerra, luego se encuentran con una población deshabitada, con las ventanas rotas, y la fachada principal llena de marcas de balas y quemaduras. Se pregunta quién había sido el causante, si el ejército realista o el ejército insurgente.

Horas más tarde, antes de la hora de comer, llegan a otra población. Desde que lo ven los niños a la entrada, corren a contárselo a todos, y las calles se llenan de personas que gritan vivas a Agustín I. Aplauden con sonrisas grandes, y Agustín, por un momento, se siente un héroe. Mira en silencio a Nicolás Bravo, como pidiéndole permiso para detenerse un rato, pero éste sólo exclama un: ¡Vámonos!

Así que toda la comitiva pasa de largo, mientras los aplausos no cesan.

Vuelve a repetirse la escena en la segunda población que pasan, y de nuevo Agustín es recibido con vivas y aplausos. Nicolás Bravo, molesto por la situación, les ordena a los soldados que eviten las poblaciones y caminos principales, que ya no quiere más vivas, ni demostraciones de afecto al hombre que, en su opinión, nunca debió ser emperador.

Paran por la tarde a comer un poco de pan, y un encurtido de carne que se pasan con vino, y que a Ana María le resulta salado en demasía.

Luego continúan el viaje.

Agustín se despide de los campos verdes y las estrellas, de los volcanes y los ahuehuetes, del mole y el mezcal, de los altares de oro, y de los tedeums de la catedral, de todo aquello que lo construyó. Se despide de sí mismo, y guarda silencio en su interior hasta llegar al puerto.

La verdadera razón por la que Agustín no quiere llegar a Veracruz tiene más que ver con el corazón que con la razón.

Desciende del caballo, y el aire salado lo despeina. Se le humedecen los ojos y respira profundo. Siente un dolor profundo en el pecho cuando se acerca, primero a su hermana regordeta, y la abraza larga y efusivamente.

—¿Cuándo volveré a verte? —pregunta ella con una inocencia casi infantil.

—Confío en Dios en que volveremos a vernos en espíritu —responde él.

Nicolasa torna su sonrisa en puchero, y se seca las lágrimas con el dorso de su mano. Asiente con un sollozo, y reprime la tristeza abrumadora.

Las olas rompen contra el puerto, el viento caluroso sopla entre ellos. Desciende José Joaquín del coche con mucho dolor en los huesos. Desde la muerte de la bella María Josefa su mirada es triste. Agustín contempla las arrugas de su octogenario padre, y no sabe qué decirle.

—Hijo —dice José Joaquín con su voz quebrada—, nunca fuiste lo que yo esperaba de ti, nunca pude comprender por qué no podías quedarte quieto en lugar de salir a conquistar sueños imposibles. Nunca fuiste lo que esperé… pero siempre estuve orgulloso de tus logros. Para mí, siempre serás aquel pequeño que jugaba con solditos de plomo.

Agustín, conmovido, con las mejillas húmedas y los ojos enrojecidos, besa la frente de su padre y lo estrecha con fuerza, como si su sola fuerza de voluntad pudiera alejar el paso del tiempo, las inclemencias de la política y el funesto paso de la muerte. Aspira su olor para recordarlo, y llora sobre el hombro de su padre.

A mediodía, Agustín, su esposa, y todos sus hijos, abordan la fragata inglesa Rawlins con destino a Europa. Ahí, en el vaivén de la olas, mientras México se pierde en el horizonte, hasta parecer un islote, luego una línea marrón y más tarde nada más que un sueño, Agustín comienza a extrañar a su patria y considera escribir su historia en forma de cartas para su hijo Agustín.

# CAPÍTULO 47

# No escribas más

## 1824

SÓLO QUIEN SUEÑA todos los días, encuentra cada mañana una razón para seguir viviendo. No te olvido a mi lado, hijo mío, Agustín, mientras navegábamos lejos de la patria. Los brillos sobre las olas eran como diamantes que aparecían bajo el sol y desaparecían con el viento; durante las noches, el agua era espejo para las estrellas. Mi fugaz imperio había sido un fracaso, y tuve que huir. ¿Cómo pude, entonces, no dejarme aplastar por la pesadumbre y la derrota? Soñando. Recordé que mi madre decía que uno debe vivir cada momento de su vida, pues es diferente y no hay flor que sea capaz de vivir dos primaveras. Si me hubiera dejado llevar por la tristeza, ¿con qué calidad moral podría yo decirle a cada uno de mis hijos que viva con alegría y disfruten del regalo de la existencia que nos otorga Dios?

Partí al exilio queriendo refugiarme en el pueblo del que había venido mi padre, pero aquello hubiera sido un acto suicida. Habiendo llevado a cabo la Independencia de la América Septentrional, era yo un traidor para el Imperio Español. De haber puesto un pie en su territorio, me hubieran arrestado y, probablemente, quitado la vida. Por extensión, todo país en el que gobernara un Borbón me consideraría un enemigo.

Cuando tu madre se enteró, se le llenaron los ojos de lágrimas. Se le caía el mundo, y yo no podía levantárselo. ¿Esperaba ese final cuando la conocí en su juventud? ¿En sus sueños de alcanzar la gloria, consideró que ésta terminaría algún día? No me dijo nada, pero en sus largos silencios sé que su alma me preguntaba a gritos: ¿a dónde iremos, a África o Asia? Considerando mis opciones, la hermana de Napoleón Bonaparte me escribió para ofrecerme en renta su casa en Liorna. Puesto que no pertenecía a Italia, ni estaba gobernada por un Borbón, Acepté. El viaje fue largo, y en sus últimos días estuvo lleno de nerviosismo. ¿Y si mis enemigos interceptaban la fragata? ¿Y si una tormenta nos obligaba a detenernos en algún puerto enemigo?

Al final, comencé a sudar por las noches, a soñar con que pasaba cien años encerrado en una cárcel vacía, a ver, de nuevo, la cabeza del cura Hidalgo en una jaula y colgada de una de las esquinas de la Alhóndiga de Granaditas. Se me quitó el apetito y el color de las mejillas.

No volví a conocer la paz hasta que llegué a Liorna un día lluvioso de verano. La humedad se te metía en los huesos, y te humedecía los labios. Ana María se veía cansada, tal vez se preguntaba cuánto tiempo íbamos a estar en aquella ciudad desconocida, y con un idioma que no hablaba o entendía. Tuvimos que quedarnos cuarenta días en el barco, pues había una enfermedad en el puerto, y podíamos contagiarnos. Así que no pudimos tocar tierra firme por un largo rato.

Sólo cuando el duque de Toscana nos dio permiso, pudimos desembarcar.

Nos instalamos en la casa de Paulina, la hermana de Napoleón (¡Quién lo hubiera dicho en 1808!), y nos mantuvimos encerrados los primeros días. Rezábamos en familia, escuchábamos las campanas de las iglesias, y la brisa entrar por las ventanas. Nos acostumbramos a aquella comida que era tan diferente a la nuestra: a la albahaca aromática, y a la salsa ácida de tomate, a comer con vino, y a extrañar el dulce de las monjas de Puebla.

Amigos de mi padre me escribieron para contarme que Guadalupe Victoria había sido nombrado presidente de la República Mexicana. Que en los discursos de los diputados se hablaba mal de mi corto gobierno, y de mis razones para buscar la Independencia de mi patria. Para opacar mi figura se engrandeció en gran medida la del cura Hidalgo, la de Morelos, la de Guerrero, la de Vicario, y hasta la del propio Guadalupe Victoria. Como no estaba ahí para defenderme, me humillaron.

No quise regresar a México para que mi permanencia ahí no causara más sangre, y decidí escribir un Manifiesto al Mundo. Así, yo, como Libertador de México, respondería a las calumnias de las que era objeto.

Iniciaba de la siguiente forma.

No escribo para ostentar erudición: quiero ser entendido por todas las clases del pueblo. La época en que he vivido ha sido delicada: no lo es menos en la que voy a presentar al mundo el cuadro de mi conducta política. Mi nombre es bastante conocido, mis acciones lo son también; empero, éstas tomaron el colorido que les dieron los intereses de los que las transmitieron a regiones distantes. Una nación grande y muchos individuos en particular se creyeron ofendidos y me denigraron.

Yo diré con la franqueza de un militar lo que fui y lo que soy, lo que hice y por qué: los imparciales juzgarán mejor aún la posteridad. No conozco otra pasión que la de la gloria, ni otro interés que el de conservar mi nombre de manera que no se avergüencen mis hijos de llevarlo.

Tengo por puerilidad perder el tiempo en refutar los libelos que se escribieron contra mí. Ellos están concebidos del modo más a propósito para desacreditar a sus autores —parecen inspirados por las Furias—, venganza y sangre solamente respiran y, poseídos de pasiones bajas sin reflexionar, caen en contradicciones. ¡Miserables! Ellos me honran, ¿cuál fue el hombre de bien que trabajó por su patria a quien no le persiguieron enemigos envidiosos?

Di la libertad a la mía. Tuve la condescendencia, o llámese debilidad, de permitir que me sentasen en un trono que crié destinándolo a otros, y ya en él tuve también valor para oponerme a la intriga y al desorden; éstos son mis delitos, no obstante ellos, ahora y siempre me presentaré con semblante tan sereno a los españoles y a su rey, como a los mexicanos y a sus nuevos jefes: a unos y a otros hice importantes servicios; ni aquéllos ni éstos supieron aprovecharse de las ventajas que les proporcioné, y las faltas que ellos cometieron son las mismas con que me acriminan.

¡Cómo extrañé México mientras escribía esas palabras!

¿Recuerdas lo que te escribí en la primera carta? En Galicia hay una palabra para el mar que te ahoga el alma cuando estás lejos de tu patria y la extrañas con el corazón, o cuando se añora un pasado al que no podrás volver. Esta palabra es: morriña, y es un sentimiento muy común entre los mexicanos que viajan a tierras lejanas. Yo comencé a padecerlo en Liorna.

Terminé mi Manifiesto y pedí que se imprimieran varias copias para que se difundieran en México: ora para defenderme de las calumnias que declaraban sobre mí, ora para convencer a los mexicanos que podía volver a la tierra que me vio nacer, sin que hubiera ambición en mi alma por buscar la corona.

No pudimos estar más que uno meses en el sopor de Liorna. Ana María insistía en que podíamos colarnos en Roma, y ver los tesoros del Vaticano, y por más que yo le insistía en que era peligroso, ella no cedió. Le dio por hablar horas y horas de la Plaza de San Pedro como piedra angular del catolicismo, y leyó los Santos Evangelios. Le apasionaba ver las estatuas de mármol de los santos y rezar sobre las tumbas de los apóstoles, pero no pude cumplir su capricho. Tal vez en otras circunstancias hubiéramos peregrinado por Italia y por Tierra Santa, pero no pude. Le fallé. Les fallé a todos.

El duque de Toscana comenzó a sentir la presión política del resto de los gobernantes europeos. Me querían fuera, preso, muerto... querían que pagara por el peor crimen de todos: haberle arrebatado México a España. Me vino a buscar una tarde, le serví café y me dijo que estaba de acuerdo con mi historia militar y mi breve gobierno, pero no podía mantenerme ahí. Fue muy amable, y mi respuesta también lo fue. No sólo era un exiliado, sino un fugitivo.

Le informé a la hermana de Napoleón que ya no me sería posible seguir pagando renta en su casa. Y me volví a embarcar. ¿Qué sería de Nicolasa y de mi padre octogenario?

Los lugares para esconderme se terminaban. Otra vez debía pasar cerca de la costa española, poniendo en peligro la seguridad de mi familia.

De nuevo, fue un largo viaje de dolores de cabeza, humo en el estómago, manos temblorosas, y ojos rojos. Soñé con la Virgen de Guadalupe en pedestal que se desmoronaba en la noche. Muchas veces la vi, caer y romperse.

Nos sorprendió una tormenta en el Estrecho de Gibraltar, y temí que tuviera que acercarme a la costa. Sin duda, los hombres al servicio de Fernando VII estaban esperando capturarme. No había duda que los servicios que yo había prestado a la patria mexicana le habían puesto un precio a mi cabeza. Respiré cuando nos encontramos de nuevo en alta mar, y navegamos hacia el norte. Sólo en Londres podría encontrar la paz, en aquel idioma cenizo, la cuidad brumosa, que alguna vez fue gobernada por la gran Isabel I, y que los romanos llamaban Britania. Quizás podría pasar desapercibido, sacudirme la fama, y ser un hombre normal otra vez.

Rentamos una casa en Bury Street y ahí vimos pasar los días, la niebla, las nubes plateadas, los pubs que olían a cerveza efervescente, y las cartas que te escribo, de las cuales, espero ésta sea la última. Aún espero que llegue la pensión que me prometió el Congreso, pues no me queda mucho dinero para continuar en el exilio.

He llegado al final.

No escribas más, Agustín de Iturbide, no escribas más. Lo he contado todo, como dije que haría. He dicho la verdad. He puesto las cosas en orden. Todo está aquí, en tinta y papel, para el porvenir. La historia de México es la mía.

Estoy cansado. Muy cansado.

¿Habrá más aventuras o sólo un telón fugaz?

Bury Street en Londres a 10 de abril de 1824

## CAPÍTULO 48
# Un desprestigio tras otro
## 1824

AGUSTÍN TIENE LAS MANOS en los bolsillos y camina por las calles de Londres. No está solo en aquel clima melancólico, lo acompaña un hombre llamado Carlos Beneski, un coronel polaco que había luchado en las guerras napoleónicas, y que se había refugiado en los bares de Londres.

En uno de ellos, una tarde plomiza de marzo se había percatado que en una de las mesas había un hombre bebiendo sólo, por su descripción física sabe que se trataba nada más y nada menos que de Agustín de Iturbide: el libertador de México.

Se le acerca con una sonrisa, y se sienta en la mesa sin pedir permiso. A una mozuela que enseña los hombros descaradamente le pide dos cervezas.

—*What do you want?* —pregunta Agustín.

—Hablo español, señor Iturbide —responde Carlos Beneski.

—Bueno, pues entonces ¿qué carajos quiere conmigo? —insiste el otrora emperador.

—En toda Europa se cuentan vuestras hazañas en el campo de batalla, vuestros amoríos con la Güera, vuestras proezas bajo las sábanas, y la ruin forma en cómo el imperio quedó convertido en sólo una memoria. Es usted querido y admirado por lograr lo que pocos sueñan: la libertad de una patria.

Agustín le da un trago largo al tarro de cerveza para terminar lo que hay, y se seca los labios con el dorso de la mano. Una luz grisácea se cuela por las ventanas.

Así se conocen Agustín y Carlos Beneski, y platican largamente sobre política en América.

Siendo que es uno de los pocos hombres en la ciudad con el que puede hablar en español, Agustín hace de Beneski un hombre de su confianza, y discuten sobre México, sobre la España del siglo XVIII, sobre las políticas de Carlos IV y Fernando VII, y hasta la flemática personalidad que tienen los ingleses, en contraste al carácter latino, tan lleno de fuego en el alma.

Por eso, aquella tarde, en que Agustín y Carlos Beneski caminan por las calles de Londres, con las manos en los bolsillos y el viento frío sobre la cara, nadie se extraña de aquel par que va a uno de sus bares favoritos a comentar los nuevos intentos del rey Fernando VII de acabar con la Constitución de Cádiz. Les pareció que ese martes había más personas en la calle. Por lo mismo, pasan de largo el bar inglés, y van hasta uno francés al final de la calle. Sobre la puerta de entrada cuelga un letrero que decía: *La montagne interdite*.

Entran, toman una de la esquina y se sientan pidiendo dos copas de vino. Agustín se afloja la bufanda gruesa que llevaba al cuello.

—¿Qué es lo que me ibas a enseñar?

Carlos Beneski obtiene, del bolsillo interno de su abrigo, un libro grueso de tapas marrones. En el título se leía claramente: *Bosquejo ligerísimo de la revolución de México: desde el grito de Iguala hasta la proclamación imperial de Iturbide*; y su autor era Vicente Rocafuerte.

—¿Usted también leyó esas mentiras? —preguntó Agustín.

—Se han ensañado con usted, señor Iturbide. Un desprestigio tras otro. Según me han dicho, esos libros los imprimen en Filadelfia, pero los distribuyen en todo México. Me lo envió un amigo en Veracruz que no sabe que yo soy amigo de usted. Insisten en llamar Padre de México a Miguel Hidalgo, y quitarle todo mérito. ¿No puede un país tener dos padr...?

Agustín se inclina sobre la mesa.

—Shhhh... espera, las paredes tienen oídos. No se preocupe, me hicieron llegar ese libro en Italia. Conozco lo que dice. Los masones me atacan con palabras.

Carlos Beneski calla. Hablan de México en una mesa cercana. Alcanza a escuchar la frase: *reconquérir le Mexique...* y escucha atentamente.

—Están confirmando mis sospechas, señor Iturbide. Hoy le quería hablar también de rumores que recorren Europa. Naciones de la

Santa Alianza: Austria, Prusia y Rusia quieren apoyar a Fernando VII para que reconquiste México. Ya teniendo Nueva España de regreso, podría recuperar el resto de América para sí.

Agustín siente el peso del mundo en su pecho; deja a su amigo con la palabra en la boca, y sale del bar.

Va pálido.

# CAPÍTULO 49
# Adiós, hijo mío...
## 1824

AGUSTÍN SE ENFRENTA a su viejo amigo, el papel. Nunca espera escribir esas palabras.

Le duele un poco el pecho, desde el nacimiento del cuello, hasta el ombligo. Moja la pluma en el receptáculo de tinta y, mojando sus labios con la lengua, comienza a escribir con suma tristeza:

*Vamos a separarnos, hijo mío, Agustín, pero no es fácil calcular el tiempo de nuestra ausencia: tal vez no volveremos a vernos. Esta consideración traspasa el corazón mío y casi parece mayor mi pesar a la fuerza que debo oponerle: ciertamente me faltaría el poder para obrar, o el dolor me consumiría, si no acudiese a los auxilios divinos, únicos capaces de animarme en circunstancias tan exquisitas y críticas. A tiempo mismo que mi espíritu es más débil, conozco que la Providencia Divina se complace en probarme con fuerza: si, hijo mío, quisiera entregarme a meditaciones y a cierto reposo cuando los deberes me impelen y el amor me obliga a hablar, porque nunca necesitarás más de mis consejos y advertencias que cuando no podrás oírme, y es preciso que te proporcione en pocos renglones que leas frecuentemente los recuerdos más saludables y más precisos, para que por ti mismo corrijas tus defectos y te dirijas sin extravíos al bien. Mis consejos aquí serán, más que otra cosa, una indicación que recuerde, lo que tantas veces y con la mayor eficiencia, te he dado.*

*Te hallas en la edad peligrosa porque es la de las pasiones más vivas, la de la irreflexión y de la mayor presunción. En ella se cree que todo se puede.*

Ármate con la constante lectura de buenos libros y con la mayor desconfianza de tus propias fuerzas y de tu juicio.

No pierdas de vista cuál es el fin del hombre; estando firme en él, recordándolo frecuentemente, tu marcha será recta: nada importa la crítica de los impíos y libertinos: compadécete de ellos y desprecia sus máximas, por lisonjeras y brillantes que se presenten. Ocupa todo el tiempo en obras de moral cristiana y en tus estudios. Así vivirás más contento y sano, y te encontrarás en pocos años capaz de servir a la sociedad a que pertenezcas, a tu familia y a ti mismo. La virtud y el saber son bienes de valor inestimable que nadie puede quitar al hombre. Los demás valen poco y se pierden con mayor facilidad que se adquieren.

Es probable que cada día seas más observado, por consiguiente tus virtudes o tus vicios, tus buenas cualidades o tus defectos, serán conocidos de muchos, y ésta es una razón auxiliar para conducirte en todo lo mejor posible.

Es preciso que vivas muy sobre tu genio: eres demasiado seco y adusto, estudia para hacerte afable, dulce, oficioso; procura servir a cuantos puedas, respeta a tus maestros y gentes de la casa en que vas a vivir, y con los de tu edad se también comedido sin familiarizarte.

Procura tener por amigos a hombres virtuosos e instruidos, porque en su compañía siempre ganarás. Ten una deferencia ciega, y observa muy eficaz y puntualmente las reglas y plan de instrucción que se te prescriba. Sin dificultad, te persuadirás de que varones sabios y ejercitados en el modo de dirigir y enseñar a los jóvenes, sabrán mejor que tú lo que te conviene. No creas que sólo puede aprenderse aquello a lo que somos inclinados naturalmente: la inclinación contribuye, es verdad, para la mayor felicidad; pero también lo es que la razón persuade, y la voluntad obedece. Cuando el hombre conoce la ventaja que ha de producir la obra, y se decide practicarla, con el estudio y el trabajo vence la repugnancia y destruye los obstáculos.

¿Qué puedo decirte de tu madre y hermanos? ¿Qué de tu patria? Todo ha quedado escrito en innumerables cartas y recuerdos.. Ya sabes que soy el dragón derrotado: el emperador de la Nueva Tenochtitlan; para mis acusadores, un hombre sin trono; para los que aplauden un patricio inmolado: yo soy porque labré mi fortuna de acuerdo con los desvaríos de mi alma caliente, ora con el dominio de mi espada criolla, ora con los versos de mi discurso elocuente; yo soy porque aprendí a mamar elogios, vomitar reproches, recoger aplausos y portar una corona tan falsa como un sepulcro blanqueado. Yo, sin embargo, soy como una vela moribunda que no ha terminado de consumirse.

Por tanto yo, el libertador de México, el otro padre de esta patria mestiza (española e indígena por igual hasta el fin de los tiempos) he dejado una estirpe huérfana, no de sangre, sino de espíritu. Sé que será otro quien ocupe el cargo de Padre, Creador de México, o Benemérito de la Independencia. Los mexicanos me recordarán con rencor, con un odio infundado, porque la única forma de destruirme es pisoteando mi memoria con infundios, pero será en el porvenir; porque el pasado, y el de México, no puede cambiarse. Yo le di la libertad a México, y mis razones fueron tan humanas como honorables.

Recuerda, hijo mío, Dios nada hace por acaso; y si quiso que nacieses en tiempo oportuno para instruirte y ponerte en disposición de serles útil, tú no debes desentenderte de tal obligación y deberes; por el contrario, ganar tiempo con la multiplicación de tareas, a fin de ponerte en aptitud de desempeñar con lucimiento los deberes de un buen hijo y de un buen hermano. Si al cerrar los ojos para siempre, estoy persuadido de que tu madre y tus hermanos encontrarán en ti un buen apoyo, tendré el mayor consuelo del que es susceptible mi espíritu y mi corazón; pero si por desgracia fuere lo contrario mi muerte sería en extremo amarga, y me borraría tal consideración mucha parte de la tranquilidad de espíritu que en aquellos momentos es tan importante, y tú debes desear y procurar a tu padre en cuanto a ti dependa.

Adiós, hijo mío muy amado: el Todopoderoso te conceda los bienes que te deseo y a mí el inexplicable contento de verte adornado de todas las luces y requisitos necesarios y convenientes para ser un buen hijo, un buen hermano, un buen patriota, para desempeñar dignamente los cargos que la Divina Providencia te destine.

Tu padre, Agustín de Iturbide
Bury Street en Londres a 27 de abril de 1824

# CAPÍTULO 50

# Sanguinario, ambicioso, hipócrita, soberbio, falso

## 1824

AGUSTÍN DE ITURBIDE dice que no desembarcará hasta que no se sienta seguro. Revisa su reloj de bolsillo y anuncia que faltan unos minutos para las diez de la mañana. Aunque el bergantín en el que viaja está detenido, se siente un vaivén quieto acompañado por un ruido lejano, el choque de olas contra la costa, en ocasiones musical. Sin cerrar los ojos, Agustín se imagina la espuma deshaciéndose en la arena.

—Cuando hable con el gobernador de Nuevo Santander, estoy seguro que podré garantizar su seguridad y la de vuestra honorable esposa, don Agustín —exclama Carlos Beneski.

—Ya no es Nueva Santander, de acuerdo con las últimas disposiciones este territorio ahora se llama Tamaulipas —añade Ana María, mientras mueve el abanico con una mano, y acaricia su vientre con la otra; ya va en el sexto mes de embarazo.

—Tamaulipas —repite Agustín, como si saboreara cada sílaba, luego añadió con cierta nostalgia—, poco queda de Nueva España, de los ideales que llenaron mis clases en el Seminario Tridentino, cuando un viejo loco intentaba enseñarme gramática, y yo soñaba con montar en Sansón y escapar. Ojalá, Nuestro Señor me conceda vida para seguir al servicio de México.

—El gobernador sabrá entender sus razones para volver a México con la espada lista para batirse contra cualquier enemigo. Ya verá que nos ofrecerá un salvoconducto para llegar a la capital —continúa Carlos Beneski.

Agustín lo piensa largamente, frunce el ceño. Ana María detiene el muñequeo del abanico, y apenas abre los labios, pero se contiene de hablar, tiene la boca seca; gruesas perlas de sudor resbalaban por su cuello pálido.

—Entonces, sigamos con el plan acordado —concluye.

Carlos Beneski asiente, silencioso, y deja el camarote.

El bergantín cruje en su vaivén, se respira sal en el aire.

Agustín mantiene el semblante serio, aunque está nervioso. No se ha mareado en el viaje entre Inglaterra y el norte de México, pero ahora lo llena tal miedo que se le revuelve el estómago con el pan y el queso del desayuno. Con un suspiro, se inclina sobre la mesa de caoba gastada que tiene frente a él. Toma el libro de Rocafuerte con su mano derecha y lo hojea con descuido.

—No sé cómo puedes leer en el mar —comenta Ana María, tragando un poco de saliva en un intento por contener las náuseas—, yo veo letras y cojo un mareo que, si no me pongo a chupar un limón, devuelvo el estómago. ¿Leíste lo que escribió ese señor?

—Muchas veces. Escucha esto, querida —responde Agustín, y abre el libro en la página 246, la esquina estaba doblada; entonces lee en voz alta—, he concluido mi ligerísimo bosquejo, por él verán mis conciudadanos quién es el vil americano que ha intentado usurpar la dominación del Septentrión, y por los medios que lo ha conseguido. Sanguinario, ambicioso, hipócrita, soberbio, falso, verdugo de sus hermanos, perjuro, traidor a todo partido, connaturalizado con la intriga, con la bajeza, con el robo y con la maldad, nunca ha experimentado una sensación generosa, ignorante y fanático, aún no sabe lo que es patria, ni religión, entregado al juego y a las mujeres cuando no está planeando alguna maldad, sólo se complace en el vicio, sólo tiene por amigos a los hombres más prostituidos, a los más jugadores y más infamados por su moralidad. Su alma atroz sólo se electriza al aspecto del crimen, la tiranía y la avaricia...

—¡Mentiras! —interrumpe Ana María.

Agustín le sonríe y deja el libro a un lado. El grito de su esposa le parece un poco infantil, impropio de ella. Sabe cuánto le afecta el cansancio, el barco en movimiento, el breve exilio de Liorna, los recuerdo del fugaz imperio. Agustín comprende todo eso, y siente compasión por ella, un delirio loco por la textura de sus labios tan femeninos, y sus mejillas coloradas.

—¡Vamos! Sé razonable, mujer. Se levantaron para echarnos del poder, ¿Realmente esperabas un libro amable? Este monigote Rocafuerte y sus compinches sólo me llaman por nombres, juegan a acumular insultos no a probar acusaciones. Este libro es para historiadores flojos y periodistas sin escrúpulos, está hecho para mancillar mi nombre, no para contar verdades. Si quisieran escribir sobre mis decisiones en el campo de batalla, el juicio, o mi gobierno breve, lo hubiera escrito así tal cual fue. Para eso escribí mi Manifiesto, mi historia, mi vida, cómo viví la guerra, por qué me enfrenté al cura de Dolores, y las decisiones que me obligaron a aceptar la corona de México. Hice otro tanto en diferentes cartas que le escribí a nuestro hijo mayor, y que seguramente ya estará leyendo en Londres. Le dije que esperara unos meses para leerlas, pero ya lo conozco es igual que tú...

Ana levanta la mirada y baja el abanico.

—Porque tu hijo, a diferencia de muchos hombres, siente curiosidad por el mundo que lo rodea. Tal vez sean tus letras la forma en cómo te conozca de verdad.

—Ése es mi propósito, mujer —responde Agustín, y le echa una mirada a su reloj de bolsillo. Disgustado, cierra la tapa y lo guarda.

Ana vuelve a agitar el abanico, su piel palidece, luciendo tierna, y con las mejillas rosadas.

—¿Tardará mucho, don Carlos?

—Lo mejor será que saques el rosario para pasar el tiempo como pasas cuentas. Así calmarás tus náuseas. ¿Quieres que te pida algo de comer?

—Estoy mareada —responde ella.

—Lo pediré de todas formas ¿Un plato de fruta o un poco más de queso? Sí, creo que es lo mejor. Comerás cuando tengas hambre.

—¿Tardará mucho, don Carlos? —insiste ella, y Agustín, para no responderle, se hace de una página en blanco y comienza a escribir en ella:

Mexicanos: al llegar a sus playas, después de saludarlos con el más vivo afecto y cordialidad, mi primer deber es darles a conocer los motivos por los que he vuelto de Italia e Inglaterra; espero que permanezcan dóciles a mi voz y que den a mis palabras el ascenso que merezco, pues siempre he hablado con la verdad.

Los ofendería si tratara de persuadirlos que la España está protegida por la Santa Alianza, y que no se conformó ni se conformará con la pérdida de la joya más preciosa que pudiera apetecer a un gobierno europeo: México. No pueden por tanto, comprender las oscuras maquinaciones que se mueven en Europa y dentro de América para volver a dominarlo; mas yo, que con mi visita a Europa me vi en estado de saber mucho y conocer más sobre este punto.

Su inminente ruina no me es indiferente; y he aquí, mexicanos, los motivos por los que vuelvo a México.

Vengo no como emperador, sino como un soldado y como un mexicano, vengo como el primer interesado en la consolidación de nuestra independencia y libertad; vengo atraído por el amor que debo a la nación, y olvidando las calumnias atroces con que quisieron denigrar mi nombre.

Quiero contribuir con mis palabras y espada para sostener la independencia y libertad mexicana, o a no sobrevivir a la nueva y más ominosa esclavitud que con empeño le procuran naciones poderosas.

Pretendo también mediar en las diferencias que existen entre ustedes, y que los arrastrarán a la ruina: restablecer la paz, sostener el gobierno que desee la voluntad nacional, sin restricción alguna, y promover la prosperidad de nuestra Patria. Mexicanos: pronto les dirigiré nuevamente la palabra.

Vuestro amigo más sincero,

Agustín de Iturbide


Cuando el reloj de bolsillo de Agustín le indica que faltan unos minutos para las cinco de la tarde, comienza a desesperarse. Frente a él, en la mesa tiene dispuestas seis filas de cartas en azar aparente, pero que en realidad se trata de un complejo juego de solitario que aprendió en Londres. Es lo que más le gusta de los naipes, le ayuda a ordenar las ideas. Ana, en cambio, está dormida, con el abanico en la mano, y el pecho apretado en su vestido de un verde cenizo.

Escuchan varios golpes a la puerta. Ana se despierta de golpe y Agustín indica que pueden entrar. Aumenta el rumor de las olas al bañar la costa.

Carlos Beneski entra ensopado, con la camisa empapada de sudor. Se ve apurado, un poco nervioso por la forma en cómo le tiemblan los labios.

—Nos esperan los caballos —dice.

—¿Y el Congreso? ¿Qué dijo el Congreso? —pregunta Agustín.

—Como lo platicamos, señor Iturbide, les dije que viajaba en compañía de un inglés para establecer una comunidad aquí, en Tamaulipas. Me dieron permiso, y me ofrecieron los caballos.

—Entonces procederemos conforme al plan. Ana, ¿podrías prestarme uno de tus mantones para cubrirme la cara?

Ella, a regañadientes, le da el que tiene colgado sobre la silla, y Agustín, tomándolo con cuidado, lo usa para cubrirse la cabeza, dejando libre sólo los ojos. El pedazo de tela está impregnado con un aroma suave, tan propio de la misma Ana María, un dulzor exótico que despierta los sentidos más eróticos de Agustín, y él se lamenta que no tuviera tiempo de estar en privado con su esposa, a quien sólo besa largamente.

—Volveré antes de lo que crees, cuenta los atardeceres para que vuelvas a encontrarte en mis sábanas.

Sólo con el rostro cubierto, Agustín sale de su camarote y se dirige a uno de los botes de estribor. Se sienta junto con Carlos Beneski, y uno de los criados utiliza las pesadas cuerdas para bajar el bote hasta el mar. El agua salpica por el viento, la sal de ésta se hace presente.

—Cuando usted ordene —dice don Carlos.

Agustín sólo asiente, de modo que los criados comienzan a remar hasta la costa, lo cual no es tarea fácil, pues la fuerza del mar hace estragos en el movimiento del bote. El borde del agua parece encenderse en momentos breves, casi instantáneos, como si se encendieran con fuego y se apagaran con la misma espuma. Agustín estira la mano hacia el agua para que las yemas de sus dedos se mojen un poco.

En unos pocos minutos llegan a la playa, Agustín escucha el arrastre rugoso del bote de madera contra la arena, y no tiene que cerrar los ojos para imaginarse la escena. Estar en la patria que lo vio nacer le despierta la imaginación, los sentidos, le aviva los recuerdos, de momentos fugaces, como el torso de su amada Ana María asomada en el balcón por primera vez, y de todas las flores con las que llenó la Catedral de Valladolid el día de su boda.

Uno de los criados ayuda a Agustín a bajar del bote, pues tiene poca visibilidad con el trapo ese en la cabeza, pero no quería que le vieran el rostro. Al menos no hasta que lea su carta y anuncie su propósito ante el Congreso. Agustín se hunde un poco en la arena húmeda por el peso de su musculatura, y así camina hasta dos caballos que lo esperan más allá. El aire enfría, sopla con más fuerza y sal.

—¿Preparado? —pregunta don Carlos.

Agustín asiente. Sabe que la playa está vacía, apenas lo alcanza a ver por el trapo que le cubre los ojos, y el pesado sombrero negro que oculta sus rulos. Los criados ayudan a ambos hombres a montar en los caballos y sin más cabalgan a través del campo, hasta el horizonte incendiado por el atardecer. Avanzan por un campo amarillo, silencioso.

—¿A Padilla? —pregunta Agustín, impostando su voz.

—Es peligroso que lo vean en el pueblo, tengo una casa donde podemos pasar la noche y mañana pensaremos en algo.

Así que desvía el curso hacia la izquierda y Agustín lo sigue, cabalgando con tal maestría que vuelve a sentirse ese joven viril de quince años, montado en Sansón, jinete experto. En pocas palabras, recuerda todas aquellas batallas en las que enemigos y aliados se refirieron a él como el "Dragón de Hierro". En su largo andar de dos horas encuentran un par de soldados que hacen guardia, una familia asturiana que juega cerca de un árbol, y un coche de caballos que carga telas hacia la Ciudad de México.

Agustín tiene miedo de que lo arresten en el camino y lo manden de regreso a Europa, pues no sabe cuál es la posición del gobierno mexicano hacia él.

Cuando el sol se ha consumido en el horizonte, y el cielo se transforma en un listón púrpura que se extiende como una manta, Agustín y Carlos llegan a la puerta de hierro manchado con óxido verde. Desmontan los dos y pasan. Después de caminar por un camino de piedras rotas se encuentran ante una casa vieja de un piso. Está oscura, las ventanas rotas, la puerta cruje; cuando entran, la falta de muebles se hace notoria, una vez que sus ojos se han acostumbrado a la oscuridad. Las paredes están cuarteadas, en el piso marcos rotos de pinturas ennegrecidas por el tiempo, pero en las que se alcanza a distinguir un Jesucristo de camino al calvario.

—Ya se puede quitar el trapo, don Agustín —dice Carlos.

Pero Agustín niega con la cabeza.

—Todavía no, y no es conveniente que uses mi nombre, recuerda que las paredes tienen oídos.

Y sigue examinando ese lugar, sólo para asegurarse de que estén solos. Aquel salón lleva a otro, igual de vacío; también a pasillos y habitaciones que crujen por el frío.

Cuando Agustín vuelve al salón principal descubre que Carlos ha encendido un par de cirios blancos.

—No tenemos leña para la chimenea, pero no creo que haga mucho frío por la noche. Siéntese, don Agustín, tengo aguardiente de anís en una anforita de plata, y dos buenos pedazos de pan. Al menos podremos ahuyentar un poco el hambre hasta mañana.

—Y, ¿entonces? —pregunta Agustín.

—Mañana veremos qué podemos desayunar —responde el otro.

—Hablaba sobre nuestra misión. ¿Qué haremos? Ya desembarcamos, ahora necesitamos decirles a los mexicanos que la Santa Alianza planea recuperar sus territorios. México no debe volver a ser Nueva España. Nos ha costado mucho nuestra libertad.

—Dejemos mañana al mañana, por hoy cenemos lo que nos queda, y mañana ya nos encargaremos del destino del país.

Carlos le ofrece un trozo de pan a Agustín. Éste come, no sin antes beber de la anforita para calentarse. Agustín recuerda por qué es en la noche donde uno encuentra el verdadero silencio, las reflexiones profundas, con la boca cerrada es cuando habla la mente.

Cuando terminan, tienden unas mantas sobre el piso y se acuestan.

Apagan las velas. Agustín ve su reloj de bolsillo, pasan las ocho de la noche.

Recuesta su cabeza en una de las mantas, y cierra los ojos. ¿Cuánto tiempo está así? Le cuesta dormir sabiendo que su esposa lo espera en el barco, que sus hijos están lejos, que su plan de volver a México es apresurado, y que las paredes crujen, el viento sopla, y los grillos, y el cielo.... y al fin, después de mucho rato, cae en la inconsciencia.

Tres golpes fuertes lo despiertan.

Agustín abre los ojos y se lleva las manos a la cabeza mientras se sienta sobre las mantas.

—¿Quién vive? —pregunta Carlos Beneski.

Se escuchan otros tres golpes sobre el portón, y este último queda roto de un golpe más fuerte. Agustín y Carlos se levantan, al tiempo que varios soldados entran a la casa. En la oscuridad, es imposible ver el rostro de alguien, sólo se siente el miedo eléctrico en el aire.

Uno de ellos se acerca a Agustín.

—¿Eres Agustín Cosme Damián de Iturbide y Aramburu?

Agustín permanece orgulloso.

—Se trata de un caballero inglés —interviene Carlos Beneski, pero pronto recibe un golpe en el estómago que lo hace doblarse del dolor.

—¿Eres Agustín Cosme Damián de Iturbide y Aramburu? —insiste el soldado.

Ante el silencio, el soldado le quita a Agustín el mantón con el que cubre la cabeza y oculta sus facciones. Agustín no puede ocultar más su rostro, ni sus rizos, ni su miedo. Menos cuando el soldado se le acerca tanto que puede reconocerlo.

—Usted es el Dragón de Hierro —exclama en un susurro.

—Y tú eres Felipe de la Garza. Si estás aquí, es porque te perdoné la vida.

El soldado suelta una risotada.

—Más le valía haberme fusilado cuando tuvo la oportunidad. Además, cualquiera que lo vea montar un caballo, sabrá quién es. Nadie monta como Agustín de Iturbide, el Dragón de Hierro. Desde que lo vi en el campo, esta tarde, supe que usted había vuelto al país... y que podíamos hacer efectiva la ley.

—¿Qué ley?

—Pregúntele a él —Felipe de la Garza señala a Carlos Beneski.

Agustín se vuelve a su amigo, pero éste no responde, sólo baja la mirada.

Felipe de la Garza se vuelve hacia los soldados.

—Vámonos, a este emperador lo esperan en el Congreso de Padilla. La noche apenas empieza.

# CAPÍTULO 51

# Un recuerdo de tu infortunado...

## 1824

FRENTE A VARIOS MIEMBROS del Congreso de Padilla, Agustín toma el papel en sus manos. Le tiembla todo el cuerpo. Se acerca a una de las lámparas de aceite y lee en silencio, el edicto del Congreso Mexicano:

El soberano congreso general constituyente se ha servido decretar lo que sigue:

1. Se declara traidor y fuera de la ley a Agustín de Iturbide, siempre que bajo cualquier título se presente en cualquier punto de nuestro territorio. En este caso queda por el mismo hecho declarado enemigo público del estado.
2. Se declaran traidores a la federación, y serán juzgados conforme a la ley de 27 de septiembre de 1823, cuantos cooperen por escritos o de cualquier otro modo a favorecer su regreso a la República Mexicana.
3. La misma declaración se hace respecto de cuantos de alguna manera protegieran las miras de cualquier invasor extranjero, los cuales serán juzgados con arreglo a la misma ley.

Agustín levanta la cabeza con un temblor en el cuello, y su mirada queda fija en Felipe de la Garza.

—¿Una ley contra un solo hombre? No, esto no está bien... Me engañaron... yo no sabía. Nadie me avisó del edicto.

—La ignorancia de la ley no exime su cumplimiento —atina a decir Felipe de la Garza—. Ahora debemos decidir sobre su vida.

—¡Yo no sabía! ¡Carajo! ¿Por qué nadie me avisó? Déjenme ir con mi mujer, volver al barco. Me iré y no volverán a saber de mí. Déjenme ir. Puedo defender a México de otras formas.

Felipe se acerca a Agustín, de tal forma que sólo unos milímetros los separan. El joven soldado no tiene más que odio y desprecio por el hombre que alguna vez fue emperador.

—No, usted y sus engaños le han salido muy caros a la república. México nunca ha tenido emperador. Su gobierno fue falso. Engatusó al Congreso para que le dieran la corona. Tiene usted algo de culpa en la derrota y fusilamiento del cura Morelos. Usted no es padre de patria alguna. Se aprovechó de su espada para satisfacer sus ambiciones.

—¿Qué? ¡Eso es falso! Fui el emperador de esta patria —reclama Agustín.

—Ya no, señor Iturbide. Más vale que lo entienda, así sabrá por qué no lo queremos en el país, pues traicionó a México, y somos una patria que busca un rumbo lejos de sus villanías...

Agustín busca en sus bolsillos la carta que escribió horas antes en el barco.

—¡España quiere hacerse de México una vez más! —interrumpe a Felipe de la Garza; éste toma el papel y lo lee con detenimiento.

Se hace el silencio en aquel salón gris, velas en los escritorios y lámparas en las paredes. Después de tiempo largo, Felipe de la Garza dobla la carta y la guarda en uno de sus bolsillos.

—Ya se lo dije, señor Iturbide, más le valía haberme fusilado cuando tuvo el momento. Su esposa se hubiera ahorrado mucha tela negra, bueno... si se decide que su acto de traición lo llevará al paredón de fusilamiento, o tal vez sólo esté algunos años en la cárcel— luego se dirige a los hombres que lo rodean—. ¡Soldados! Lleven a Agustín de Iturbide y a Carlos Beneski a la Hacienda de Palo Alto, donde esperarán la resolución del edicto. Ya leeremos con calma esta carta y analizaremos si lo que dice es verdad.

—Tengo derecho a defenderme en un juicio y exponer la razón detrás de mis acciones al frente del ejército y del Imperio Mexicano.

Carlos Beneski interviene:

—Declaro francamente ante Dios que ve los corazones, que nunca hubiera acompañado al alguna vez emperador de México si lo hubiera creído un déspota enemigo de la libertad.

De nada le sirve, Felipe de la Garza no tiene más que hacer una seña con la mano para repetir su orden. Sesenta soldados rodean a los dos hombres, y los empujan fuera de la sala del Congreso.

Agustín se pregunta si es necesario que tantos soldados lo custodien. Es excesivo, desde luego. Ya no es un general combatiendo a los rebeldes insurgentes, tampoco el emperador de otrora. Sólo es Agustín, un hombre que, como cualquier otro, debe esconder muy bien su miedo a la muerte.

Solo al aire libre, Agustín siente la noche fresca, el cielo salpicado por estrellas blancas, cadavéricas, que por un momento parecen tener vida, y al siguiente permanecen estáticas, muertas. Al igual que la luna, color de hueso.

Agustín no insiste en el juicio, sabe que nadie le hará caso, más bien reza... a la Santísima Virgen de Guadalupe, a la Santísima Virgen de los Remedios, a su difunta madre, y a cuanto nombre recuerda del santoral. Alberga, pues, la esperanza, de que la decisión del Congreso de Padilla sea que lo dejen huir. Sabe que tiene amigos en todo el país, que quienes le aplaudieron velarán por su bienestar. Está convencido que sus razones para volver a México tendrán el poder suficiente para salvar su vida.

Lo llevan caminando hasta una hacienda cercana, un edificio opaco que se levanta a la mitad de la noche como un pequeño castillo, aunque no es tan mala prisión después de todo. Al menos no estará en la cárcel, rodeado de salitre, humedad, y prisioneros de guerra.

Entra por la puerta principal, y ve la sombra de una rata correr por la otra esquina. Agustín sigue a uno de los soldados por un pasillo que conduce a varias de las habitaciones. Por un momento, Agustín parece olvidar su vida entera, como si aquella fuera parte de un sueño del que apenas despierta. Todos sus amores, sueños, pesadillas, deseos, cada vez que un padrenuestro salió de su boca. ¿Fue real? ¿El imperio? ¿Su boda con Ana María, las noches de fiebre en que creía que moriría?

Entra a la habitación y le dejan una vela para que pueda estar acompañado, al menos, de una luz; Agustín revisa su reloj. Faltan varias horas para el amanecer. La cama que han dispuesto para él está limpia, aunque mal tendida. Se sienta en ella porque no puede dormir, cada vez que cierra los ojos ve a su esposa.

Abre la puerta de la habitación y pide que le lleven unas hojas de papel y un poco de tinta. Desea escribirle unas líneas, al menos para hacerle saber que está bajo arresto. Pasan un par de horas antes de que le lleven el encargo.

Es tanta la pena de saber si morirá pronto o no, que la noche le parece infinita, la posibilidad de morir le parece igual de grave que la idea de vivir y escapar. Comienza a escribir una carta para su querida Ana María, quizás con la idea de recordarle su amor y devoción, pero cada vez que empieza a escribir ante aquella luz mortecina, se le quiebra la letra y se le olvidan las palabras. La incertidumbre de las próximas horas no le permite pensar claramente, así que tira el papel.

Frío es lo único que siente, ¿o tiembla por el miedo? Ya ni siquiera es capaz de reconocer sus propios sentimientos.

A eso de las tres de la mañana, Agustín mira su reloj de bolsillo y con tranquilidad acepta al soldado que entra para darle un poco de pan y agua.

—¿Se ha decidido algo sobre mi persona?

—Aún se discute en el Congreso...

Agustín se resuelve a esperar lo peor, y se prepara para conocer al Dios que le dio vida, y al que ha rezado tantas veces antes de dormir.

Un día completo pasa Agustín en ese cuarto, escuchando el tañido lejano de la iglesia del pueblo. No quiere comer, pasa las cuentas del rosario, sin pronunciar un solo ave maría. Sólo contempla las piedrecillas minúsculas pensando en cómo éstas tienen el poder de invocar a la Santísima Virgen.

Cada vez que uno de los soldados entra para darle de comer, o preguntarle si necesita algo, Agustín les pregunta lo mismo:

—¿Se ha decidido algo sobre mi persona?

Recibe la misma persona.

—Aún se discute en el Congreso...

Y Agustín vuelve a sus recuerdos, al atardecer que se posa sobre la ciudad. Como cuando era joven, se sienta en el escritorio, recargando la barbilla en la palma de su mano, mientras imagina, no dragones púrpuras, sino lo feliz que hubiera sido quedándose en el exilio.

Pero tengo que defender a México, se excusa... y vuelve a los recuerdos añejos que le ayudan a pasar el tiempo.

Cierra los ojos, y se deja ir a otro mundo.

Sueña, como tantas veces antes, con el piso de cuadros blancos y negros, y flotando encima de ellos una jaula pequeña. Dentro, la cabeza putrefacta del cura Hidalgo que mira a Agustín con las cuencas vacías.

—Bien hecho, Agustín, emperador al final. ¿Quién lo hubiera creído? —la voz del cura Hidalgo parece venir de un pantano encharcado—. Si hubieras aceptado la faja de teniente general cuando te la ofrecí, hubiéramos compartido los aplausos de la posteridad. El final hubiera sido el mismo: traición y muerte. La gloria te la llevaste en vida, yo la gozo en la muerte.

—Hice lo que tenía que hacer. ¿Quién eres para juzgarme?

—Los muertos no pueden juzgar a los vivos, como los vivos acusan a los muertos con odio. No debes temer al último momento, ya no estarás para lo que venga, pues soñarás, te lo prometo, con una historia muy diferente. Al final, la Güera Rodríguez tuvo razón, te dejó ser padre de México, al igual que yo lo soy. Ahora es tiempo de partir, Dios te está esperando.

—Sólo una cosa… —suplica Agustín.

—No. No puedes postergarlo más… es momento de despedirse de la carne y vivir sin tiempo.

La jaula, el piso, y el mundo quedan sumidos en la noche, hasta que el sol inunda la patria.

Con las primeras notas de luz que arroja la segunda mañana, Agustín moja la punta de su pluma en la tinta negra, y comienza a escribir calmadamente:

*Ana, santa mujer de mi alma:*
*La legislatura va a cometer en mi persona el crimen más injustificado. Dentro de pocos momentos habré dejado de existir y quiero dejarte en estos renglones para ti y para mis hijos todos mis pensamientos, todos mis afectos. Cuando des a mis hijos el último adiós de su padre, les dirás que muero buscando el bien de mi adorada patria. Huyendo del suelo que nos vio nacer, y donde nos unimos, busca una tierra no proscrita donde puedas educar a nuestros hijos en la religión que profesaron nuestros padres.*

*El señor Lara queda encargado de poner en buenas manos, para que los recibas, mi reloj y mi rosario, única herencia que constituye el recuerdo de tu infortunado.*

*Agustín*

Cuando termina, espera que se seque la tinta, y luego se vacía los bolsillos. Deja su rosario, y el reloj que le ha dado su padre cuando apenas moría el siglo. Se los da a José Antonio Gutiérrez de Lara, capellán auxiliar del Congreso del estado, y el confesor que le llevaron en esas últimas horas.

Agustín se sienta en la cama, el sacerdote lo mira con lástima.

—¿Quiere confesarse, señor Iturbide?

Éste asiente, y traga saliva. Le cuesta trabajo encontrar las palabras.

—Sí, confesaré mis pecados, pero no me arrepiento de haberlos cometido. Dios Padre, en su infinita misericordia, se aseguró de que cada pecado viniera acompañado de su penitencia. Cuando un hombre se equivoca, crece; cuando se cae, debe renacer para levantarse. Por eso, todo hombre con temor de Dios debe agradecer que tiene vida para pecar, para caer, para equivocarse, para fallar, para ser, en pocas palabras, humano. Vine a este mundo humano, me iré de este mundo humano... y que el Creador me juzgue.

El confesor lo mira con sus ojos cansados y marcados por la edad.

—Entonces, ¿desea o no confesarse?

—Sí, lo deseo.

Agustín se arrodilla junto a la cama y se persigna.

Durante la siguiente hora confiesa todo lo que había hecho en su vida, las mujeres que hizo fusilar durante la Guerra de Independencia, entre otros importantes actos de su vida. Cuando termina, siente un vacío, porque no tendrá más oportunidad de pecar o confesarse.

El sacerdote sale de la habitación con la carta para Ana María Huarte, el reloj de bolsillo y el rosario. Agustín se queda solo, sentado en la cama, sin forma de medir el tiempo más que las campanadas, y las sombras moviéndose por la habitación.

Agustín de Iturbide no rechaza el desayuno que le llevan: pan del día anterior, un chocolate caliente de Valladolid y unos dulces de leche quemada. Da gracias a Dios antes y después de comer, y le pide al Cielo que le permita vivir y ver una vez más a su amada Ana María, a su hermana Nicolasa, a su viejo padre, y a los hijos que había dejado en Londres.

Y toda la mañana repite el Credo para pasar el tiempo:

—Creo en Dios, Padre Todopoderoso, creador del cielo y de la tierra.

Apenas como un murmullo que deja de tener sentido de tanta repetición... o más bien es la vida la que deja de tener sentido. Ya ni siquiera sabe si cree, o sólo dice creer. Tampoco si eso importaba para la fe.

Pasadas las tres de la tarde entra Felipe de la Garza a la habitación, Agustín se queda sentado en la cama.

—¿Mi destino se ha decidido?

—Lo hemos discutido en el congreso —responde Felipe de la Garza—, hemos tomado en cuenta su carta y su historia. También su historial militar. Tiene muchos hombres que lo apoyan, señor Iturbide.

—Entonces mi pasado habrá salvado mi futuro.

Felipe de la Garza sacude la cabeza.

—Su compañero, Carlos Beneski, sólo estará un tiempo en prisión. Lo siento por usted, porque será fusilado antes de que caiga la noche.

—Entonces mi muerte es ya inevitable.

Felipe de la Garza no quiere permanecer en ese silencio incómodo y sale a preparar la ejecución.

Agustín de Iturbide arrastra los pies en el lodo, la camisa húmeda bajo los brazos, los puños tan apretados que siente que se le va la sangre de los dedos, ¿o es acaso el miedo de enfrentar a la muerte? Pero él está calmado, en su fe halla la fortaleza de despedirse de la vida.

El sol desaparece en el horizonte, gigante, naranja, quizás arrastrado por el viento marino. La legislatura de Padilla está desierta, salvo por ocho soldados con los fusiles preparados, Felipe de la Garza, y José Antonio Gutiérrez de Lara. Todos quietos, mirando a Agustín con compasión y lástima.

Agustín es colocado frente a un muro, y desde ahí contempla el mundo por última vez.

—¿Alguna última voluntad? —le pregunta Felipe de la Garza.

Agustín se lleva las manos a los bolsillos y saca tres onzas de oro. Pide que las repartan entre la tropa. Se queda quieto en lo que cumplen su encomienda.

Cuando llega el turno de vendarle los ojos, Felipe de la Garza juega con un paño blanco entre sus dedos, como arrepintiéndose de lo que está por suceder. Agustín tranquilo, toma la tela y la amarra sobre sus ojos.

—Dese la vuelta, señor Iturbide.

—No —responde tajante—, la muerte no se enfrenta de espaldas a la vida.

Agustín, completamente cegado, y aparentemente tranquilo, espera en silencio, como si el tiempo fuera una tortura. El frío se le mezcla con el miedo, se siente desnudo, juzgado, débil; de alguna forma expuesto. Deja de sentir la ropa sobre su piel, percibe su alma eléctrica. Imagina, en un extraño delirio, que los soldados que están frente a él no son tales, sino los espíritus en pena del cura Hidalgo, de Morelos, de Juan de O'Donojú, de Tomasa Estévez, y otros que aún están vivos como Ana María, la Güera Rodríguez, y Vicente Rocafuerte. Todos están en espera de la orden con la que pueden ejecutar su venganza.

En aquel momento incómodo. Agustín levanta la barbilla y exclama:

—¡Mexicanos!, en el acto mismo de mi muerte, les recomiendo el amor a la patria y observancia de nuestra santa religión; ella es quien nos ha de conducir a la gloria. Muero por haber venido a ayudarlos, y muero gustoso, porque muero entre ustedes: muero con honor, no como traidor: no quedará a mis hijos y su posteridad esta mancha: no soy traidor. ¡No!

Luego, besa un crucifijo que le ofrece José Antonio Gutiérrez de Lara, y bebe un vaso de agua.

Felipe de la Garza se acerca al pelotón, y exclama con voz potente:

—Preparen…

Hay una pausa larga.

—Apunten…

Agustín aprieta los labios y puños, su corazón arroja un último latido de vida.

—¡FUEGO!

La descarga hace eco en el cielo.

Agustín cae sobre la tierra, dos balas le deshacen el rostro, pero la que lo mata entra por el costado izquierdo; un viento seco sopla sobre el cuerpo.

Huele a pólvora y a carne quemada.

De la nada, aparece un colibrí rojo que aletea entre los presentes y se aleja volando.

# Epílogo

## 1838

LA IGLESIA ESTÁ VACÍA, abandonada. El techo está compuesto por maderas podridas que apenas cubren el recinto que alguna vez tuvo bancas de madera y altares de oro.

Dos hombres encapuchados entran en ella y se descubren el rostro.

—¿Ésta es la iglesia? —pregunta el primero.

—Aquí lo escondieron para que nadie destruyera sus restos —responde el otro.

Caminan hasta el fondo y empujan la mesa del altar. Descubren un cúmulo de tierra negra, de la cual brota un poco de hierba.

Ponen manos a la obra, se hacen de un pico y una pala para desenterrar el ataúd de madera que con mucho esfuerzo arrastran por el piso. Por un momento, dudan de quién es el cuerpo y se miran en silencio.

—¿Crees que sea él? —pregunta el primer hombre.

—Será mejor asegurarnos —responde el otro, y utiliza las mismas herramientas para romper el ataúd y abrirlo.

La tapa se abre con lentitud. Un olor fétido y húmedo inunda el ambiente.

Les decepciona encontrar un cúmulo de huesos dentro de un traje monacal.

—¡Al demonio! Nos hemos equivocado. No se trata de Iturbide, sino de un monje cualquiera.

—No seas tonto, después de que fusilaron a Iturbide como traidor, trajeron su cuerpo aquí. Su esposa lo reconoció y sugirió que lo enterraran aquí disfrazado de monje para protegerlo.

—Mejor se lo hubiera llevado a Washington, ¿para qué lo queremos aquí?

El segundo hombre cierra la tapa del ataúd.

—Porque el presidente Bustamante quiere rendirle honores y enterrarlo en la Catedral de la Ciudad de México. Ya están preparando la urna de cristal para los huesos.

Siguen empujando el ataúd, hasta que el silencio reina en la iglesia.

En la Ciudad de México se preparan los festejos para recibirlo con honores.

# Cronología

**1783**
- *27 de septiembre*: Agustín Cosme Damián de Iturbide y Aramburu nace en Valladolid, ciudad que hoy lleva el nombre de Morelia.
- *1 de octubre*: Agustín de Iturbide es bautizado en la Catedral de Morelia.

**1788**
- *Primavera*: Agustín de Iturbide comienza estudios de primaria y secundaria en el seminario de Valladolid.

**1798**
- *Verano*: Agustín de Iturbide abandona sus estudios en el seminario de Valladolid, para dedicarse a administrar la Hacienda de Quirio, propiedad de su padre.

**1800**
- *Primavera*: Agustín de Iturbide se integra en el servicio militar como alférez del regimiento provincial de Valladolid.

**1805**
- *27 de febrero*: Agustín de Iturbide y Ana María Huarte contraen matrimonio.

**1807**
- *Principios de agosto*: Agustín de Iturbide es enviado al Cantón de Xalapa, en caso de un posible ataque de Inglaterra. Se encuentran en el mismo lugar, Ignacio Allende, y otros hombres que luego se unirán a la causa insurgente.
- *30 de septiembre*: nace el primogénito de Agustín de Iturbide: Agustín Jerónimo de Iturbide y Huarte.

**1808**
- *14 de agosto*: se da a conocer en América que Carlos IV, rey de España, ha abdicado en favor de José Bonaparte.

- *20 de agosto*: se publica la *Representación del Ayuntamiento de México*, obra de Francisco de Azcárate y Francisco Primo de Verdad, que postula el retorno de la soberanía al pueblo representado por el ayuntamiento.
- *16 de septiembre*: hombres armados encabezados por Gabriel Yermo entran al Real Palacio y arrestan al virrey Iturrigaray. Agustín de Iturbide se encuentra en la Ciudad de México, éste aparece en una lista de apoyo a Pedro de Garibay, hombre que tomará el poder en Nueva España hasta 1810.
- *Durante octubre*: la familia Iturbide apoya económicamente a Pedro de Garibay.

### 1809

- *21 de diciembre*: Agustín de Iturbide participa en el desmantelamiento de una conspiración de Valladolid, organizada por el teniente José Mariano Michelena y el capitán José María García Obeso.

### 1810

- *14 de septiembre*: Francisco Javier Venegas y Saavedra toma el cargo de virrey de Nueva España, cargo que se convertiría en Jefe Político Superior de Nueva España.
- *16 de septiembre*: Miguel Hidalgo y Costilla, en Dolores, llama a la insurrección para evitar que Nueva España sea entregada a la España de José Bonaparte.
- *28 de septiembre*: las tropas insurgentes asaltan Guanajuato, y la Alhóndiga de Granaditas. Aquello se vuelve una masacre.
- *Principios de octubre*: Miguel Hidalgo le escribe a Agustín de Iturbide para ofrecerle el cargo de Teniente General en el Ejército Insurgente, éste lo rechaza.
- *30 de octubre*: batalla en el Monte de las Cruces, y triunfo de las tropas insurgentes. Miguel Hidalgo decide, a última hora, no entrar a la Ciudad de México y vuelve a Valladolid. Agustín de Iturbide lucha en el bando realista.
- *Finales de noviembre*: Agustín de Iturbide es capitán de la compañía de Huichapan del batallón de Toluca por demostrar valor en la batalla del Monte de las Cruces.
- *30 de diciembre*: nace la primera hija de Agustín de Iturbide: Sabina de Iturbide y Huarte.

### 1811

- *30 de julio*: Miguel Hidalgo es fusilado en Chihuahua.

**1812**

- *4 de marzo*: Félix María Calleja del Rey toma el cargo de Jefe Político Superior de la Nueva España.
- *10 de marzo*: nace la segunda hija de Agustín de Iturbide: Juana María de Iturbide y Huarte.
- *5 de junio*: Agustín de Iturbide logra capturar a Albino García Ramos, quien causaba disturbios en El Bajío. Será fusilado un mes después.

**1813**

- *10 de marzo*: nace la segunda hija de Agustín de Iturbide: Juana María de Iturbide y Huarte.
- *24 de diciembre*: Agustín de Iturbide vence a José María Morelos y Pavón en la Batalla de las Lomas de Santa María.

**1814**

- *14 de febrero*: Agustín de Iturbide sufre su única derrota durante la primera etapa de la Guerra de Independencia, a manos de Ignacio López Rayón. De acuerdo con el historiador Lucas Alamán, Agustín de Iturbide le expresa a Vicente Filisola un deseo independentista.
- *9 de agosto*: es fusilada la seductora de tropas, Tomasa Estévez.
- *25 de diciembre*: nace la tercera hija de Agustín de Iturbide: Josefa de Iturbide y Huarte.

**1815**

- *4 de marzo*: Agustín de Iturbide es vencido por Ignacio López Rayón en el Cerro de Cóporo. De acuerdo con el historiador Lucas Alamán, esa noche Agustín de Iturbide declara a Vicente Filisola estar de acuerdo con la Independencia de México.
- *22 de diciembre*: José María Morelos y Pavón es fusilado.

**1816**

- *20 de septiembre*: Juan José Ruiz de Apodaca y Eliza toma el cargo de Jefe Político Superior de Nueva España. Éste toma nota de las denuncias que el padre Antonio Labarrieta, amigo de Miguel Hidalgo, ha hecho en contra de Agustín de Iturbide por supuestos casos de extorsión a comerciantes de Guanajuato y crueldad en su forma de hacer la guerra, destaca el caso de las mujeres de Pénjamo. Estas acusaciones no habían tenido importancia durante el gobierno de Félix María Calleja.
- *2 de octubre*: nace el segundo hijo de Agustín de Iturbide: Ángel de Iturbide y Huarte.
- *14 de noviembre*: Agustín de Iturbide es depuesto de su mando, y enjuiciado. Es absuelto, pero no se le regresa el mando.

**1817**

- *Durante el año*: Agustín de Iturbide administra su hacienda del Estado de México, y se dedica a la vida familiar. Acude a tertulias en la Ciudad de México, en una de las cuales conoce a María Ignacia Rodríguez de Velasco, mejor conocida como la Güera Rodríguez. Comienzan los chismes de su relación romántica, no hay evidencia histórica de la misma.

**1818**

- *Durante el año y hasta 1820*: Agustín de Iturbide trabaja en el borrador de su Plan de Independencia de la América Septentrional.
- *22 de febrero*: nace la cuarta hija de Agustín de Iturbide: María de Jesús de Iturbide y Huarte.

**1819**

- *Otoño*: nace la quinta hija de Agustín de Iturbide: María de los Dolores de Iturbide y Huarte.

**1820**

- *31 de mayo*: Juan Ruiz de Apodaca jura la Constitución de Cádiz.
- *Durante mayo, junio, julio y agosto*: se llevan a cabo supuestas reuniones secretas en el Oratorio de San Felipe Neri, conocido como el templo de la Profesa, para detener la influencia de la Constitución de Cádiz.
- *17 de julio*: nace el tercer hijo de Agustín de Iturbide: Salvador María de Iturbide y Huarte.
- *22 de agosto*: se expide una orden para liberar a los insurgentes que se encontraban presos, entre ellos a Nicolás Bravo e Ignacio López Rayón.
- *9 de noviembre*: Agustín de Iturbide es nombrado sustituto de José Gabriel de Armijo, como Jefe de los Ejércitos del Sur, para combatir a Vicente Guerrero.
- *16 de noviembre*: Agustín de Iturbide sale de la Ciudad de México, con las órdenes de combatir a Vicente Guerrero en Teloloapan.
- *3 de diciembre*: muere María Josefa de Aramburu, madre de Agustín de Iturbide.
- *Durante diciembre*: Agustín de Iturbide y Vicente Guerrero intercambian cartas.

**1821**

- *10 de febrero*: Agustín de Iturbide y Vicente Guerrero se entrevistan en Acatempan, una población que hoy se ubica en el Estado de Guerrero.
- *24 de febrero*: Agustín de Iturbide proclama su Plan de Independencia de la América Septentrional en Iguala, a partir de este momento se conocerá

como Plan de Iguala; y organiza el ejército Trigarante para defender las tres garantías: religión, unión e independencia.

- *3 de marzo*: a través de una proclama, el virrey Apodaca pide a la población no dar lectura al Plan de Iguala.
- *14 de marzo*: El virrey Apodaca anuncia que Agustín de Iturbide estaba fuera de la protección de la ley. Además plantea un indulto a todos aquellos que hayan jurado el Plan de Iguala.
- *Durante abril, mayo, junio y julio*: Agustín de Iturbide escribe a militares y políticos de toda Nueva España, sin importar su bando en la guerra, para pedirles su adhesión al Plan de Iguala. Su misión es exitosa.
- *24 de agosto*: Agustín de Iturbide se reúne con Juan de O'Donojú, Jefe Político Superior de la Nueva España, en Córdoba y conversan sobre la Independencia de México. Ambos firman los Tratados de Córdoba.
- *28 de agosto*: Agustín de Iturbide visita a las monjas del convento de Santa Mónica, quienes preparan un platillo en su honor: los chiles en nogada.
- *27 de septiembre*: Agustín de Iturbide entra a la Ciudad de México, vestido de civil, acompañado por el Ejército Trigarante. Lo hace por la calle de Plateros, hoy Madero, hasta el Real Palacio y, desde el balcón proclama el fin de la guerra con Juan de O'Donojú.
- *28 de septiembre*: se firma el Acta de Independencia con representantes de la Sociedad Mexicana. Juan de O'Donojú no se presenta a causa de una enfermedad. Al terminar la firma, se establece la Junta Gubernativa, con Agustín de Iturbide a cargo.
- *8 de octubre*: muere Juan de O'Donojú, último Jefe Político de la Nueva España, en la Ciudad de México.
- *Durante octubre*: Agustín de Iturbide se muda al Palacio de los marqueses de Jaral de Berrio, hoy conocido como Palacio de Iturbide, protegido por Fomento Cultural Banamex.

## 1822

- *5 de enero*: Guatemala se anexa a México.
- *13 de febrero*: España declara ilegales los Tratados de Córdoba.
- *24 de febrero*: se crea el primer Congreso Mexicano, con representantes de cada provincia. Agustín de Iturbide criticará siempre sus intereses.
- *18 de mayo*: Agustín de Iturbide es proclamado emperador en la Ciudad de México por un grupo de soldados.
- *19 de mayo*: Agustín de Iturbide es confirmado como Emperador del Primer Imperio de México por el Congreso Mexicano. No hay quórum suficiente.
- *21 de julio*: Agustín de Iturbide y Ana María Huarte son coronados en la Catedral de la Ciudad de México.

- *26 de agosto*: Agustín de Iturbide ordena el arresto de sesenta y seis personas que conspiraban en su contra, entre ellos hay varios diputados.
- *27 de agosto*: el Congreso Mexicano se siente atacado. Felipe de la Garza escribe una carta a Agustín de Iturbide para apoyar a los diputados del Congreso.
- *Durante septiembre*: Felipe de la Garza se levanta en armas y es arrestado. Agustín de Iturbide le perdona la vida.
- *31 de octubre*: Agustín disuelve el Congreso, pues no han podido escribir la Constitución.
- *Principios de noviembre*: Agustín de Iturbide manda llamar a México a Antonio López de Santa Anna para deponerle el mando de Veracruz.
- *30 de noviembre*: nace el cuarto hijo de Agustín de Iturbide: Felipe de Iturbide y Huarte.
- *2 de diciembre*: Antonio López de Santa Anna se levanta en armas en Veracruz, Agustín de Iturbide envía a José Antonio Echávarri a combatirlo.
- *6 de diciembre*: Guadalupe Victoria muestra su apoyo al movimiento de Guadalupe Victoria.
- *16 de diciembre*: Antonio López de Santa Anna le propone a José Antonio Echávarri que se le una, pero éste responde argumentando que Santa Anna no es más que un falso republicano.
- *31 de diciembre*: ante la presión de los comerciantes, Agustín de Iturbide manda imprimir papel moneda sin respaldo.

## 1823

- *3 de enero*: Agustín de Iturbide da permiso a Stephen Austin para colonizar Texas.
- *1 de febrero*: Antonio López de Santa Anna proclama el Plan de Casa Mata en contra del Primer Imperio Mexicano, en cuestión de días se le suman Nicolás Bravo y Vicente Guerrero. Hombres cercanos a Agustín de Iturbide, como José Antonio Echávarri, también se sumarán.
- *4 de marzo*: Agustín de Iturbide restaura el Congreso Mexicano.
- *19 de marzo*: Agustín de Iturbide abdica a la corona.
- *7 de abril*: el Congreso Mexicano declara nulo el Primer Imperio Mexicano.
- *11 de mayo*: Agustín de Iturbide junto con Ana María, sus ocho hijos y diecinueve sirvientes, se embarca en la fragata inglesa Rawlins para exiliarse en Europa.
- *24 de junio*: Guatemala se separa de México.
- *2 de agosto*: Agustín de Iturbide y su familia llegan a Liorna, Italia. Tardan en desembarcar, a causa de una cuarentena en el puerto. Rentarán la casa de campo de Paulina Bonaparte. No se le permite entrar a Roma.
- *27 de septiembre*: Agustín de Iturbide termina de escribir su defensa ante las acusaciones, dicho documento se llama *Manifiesto al Mundo*.

- *Mediados de octubre a noviembre*: los borbones hacen presión sobre las autoridades de Liorna para que expulsen a Agustín de Iturbide de la ciudad.

## 1824

- *1 de enero*: Agustín de Iturbide se instala en Londres, renta una casa en Bury Street.
- *Principios de febrero*: Agustín se entera que la Santa Alianza (Austria, Rusia y Prusia) planean ayudar a España a reconquistar México.
- *13 de febrero*: Agustín de Iturbide anuncia al Gobierno Mexicano de sus intenciones de volver al país para defenderlo.
- *22 de abril*: el Congreso Mexicano establece, a través de un decreto, que Agustín de Iturbide es un traidor y está fuera de la ley, y será fusilado si llega a pisar suelo mexicano. No se notifica a Agustín de Iturbide.
- *14 de julio*: Agustín de Iturbide desembarca, junto con el coronel polaco Carlos Beneski, en Soto la Marina.
- *15 de julio*: Agustín de Iturbide es reconocido por su forma de montar.
- *16 de julio*: Agustín de Iturbide es arrestado y enviado a Padilla, y ahí explica, ante el Congreso y Felipe de la Garza sus razones para volver.
- *19 de julio*: siguiendo el decreto del Congreso Mexicano, Agustín de Iturbide es fusilado.
- *20 de julio*: Ana María Huarte se entera de la muerte de Agustín de Iturbide. Lo manda vestir con un traje monacal y lo entierra en una capilla de Padilla.
- *24 de octubre*: nace el quinto hijo de Agustín de Iturbide: Agustín Cosme de Iturbide y Huarte.

## 1838

- *20 de octubre*: Anastasio Bustamante, presidente de México, ordena que los restos de Agustín de Iturbide sean trasladados a la Ciudad de México y se inhumen con honores en la Capilla de San Felipe de Jesús. Ahí son exhibidos en una urna de cristal, donde permanecen hasta hoy.

# Plan de Independencia
# de la América Septentrional

¡Americanos! bajo cuyo nombre comprendo no sólo á los nacidos en América, sino á los europeos, africanos y asiáticos que en ella residen: tened la bondad de oírme. Las naciones que se llaman grandes en la extensión del globo, fueron dominadas por otras; y hasta que sus luces no les permitieron fijar su propia opinión, no se emanciparon. Las europeas que llegaron á la mayor ilustración y policía, fueron esclavos de la romana, y este imperio, el mayor que reconoce la historia, asemejó al padre de familia, que en su ancianidad mira separarse de su casa á los hijos y los nietos por estar ya en edad de formar otras, y fijarse por sí, conservándole todo el respeto, veneración y amor, como á su primitivo origen.

Trescientos años hace, la América Septentrional, que está bajo la tutela de la nación más católica y piadosa, heroica y magnánima. La España la educó y engrandeció, formando esas ciudades opulentas, esos pueblos hermosos, esas provincias y reinos dilatados que en la historia del universo van á ocupar lugar muy distinguido. Aumentadas las poblaciones y las luces, conocidos todos los ramos de la natural opulencia del suelo, su riqueza metálica, las ventajas de su situación topográfica, los daños que origina la distancia del centro de su unidad y que ya la rama es igual al tronco, la opinión pública y la general de todos los pueblos es la de la independencia absoluta de la España y de toda otra nación. Así piensa el europeo, así los americanos de todo origen.

Esta misma voz que resonó en el pueblo de Dolores el año de 1810, y que tantas desgracias originó al bello país de las delicias por el desorden, el abandono y otra multitud de vicios, fijó también la opinión pública de que la unión general entre europeos y americanos, indios é indígenas es la única base sólida en que puede descansar nuestra común felicidad. ¿Y quién pondrá duda en que después de la experiencia horrorosa de tantos desastres no haya uno siquiera quien deje de prestarse á la unión para conseguir tanto bien? ¡Españoles europeos!, vuestra patria es la América, porque en ella vivís, en ella tenéis á vuestras amadas mujeres, á vuestros tiernos hijos, vuestras haciendas, comercio y bienes. ¡Americanos!, ¿quién de vosotros puede decir que no desciende de español? Ved la cadena dulcísima que nos une;

añadid los otros lazos de la amistad, la dependencia de intereses, la educación é idioma y la conformidad de sentimientos, y veréis son tan estrechos y tan poderosos, que la felicidad común del reino es necesario la hagan todos reunidos en una sola opinión y en una sola voz.

Es llegado el momento en que manifestéis la uniformidad de sentimientos, y que nuestra unión sea la mano poderosa que emancipe á la América sin necesidad de auxilios extraños. Al frente de un ejército valiente y resuelto he proclamado la independencia de la América Septentrional. Es ya libre, es ya señora de sí misma, ya no reconoce ni depende de la España ni de otra nación alguna; saludadla todos como independiente, y sean vuestros corazones bizarros los que sostengan esta dulce voz, unidos con las tropas que han resuelto morir antes que separarse de tan heroica empresa. No le anima otro deseo al ejército que el conservar pura la santa religión que profesamos y hacer la felicidad general. Oíd las bases sólidas en que funda su resolución:

1ª. La religión católica, apostólica, romana, sin tolerancia de otra alguna.

2ª. Absoluta independencia de este reino.

3ª. Gobierno monárquico templado por una Constitución análoga al país.

4ª. Fernando VII, y en sus casos los de su dinastía ó de otra reinante, serán los emperadores, para hallarnos con un monarca ya hecho y precaver los atentados funestos de la ambición.

5ª. Habrá una Junta ínterin se reúnen Cortes que hagan efectivo este plan.

6ª. Ésta se nombrará gubernativa y se compondrá de los vocales ya propuestos al señor virrey.

7ª. Gobernará en virtud del juramento que tiene prestado al rey, interin éste se presenta en México y lo presta, y hasta entonces se suspenderán todas ulteriores órdenes.

8ª. Si Fernando VII no se resolviere á venir á México, la Junta ó la Regencia mandará á nombre de la nación, mientras se resuelve la testa que deba coronarse.

9ª. Será sostenido este Gobierno por el ejército de las Tres Garantías.

10ª. Las Cortes resolverán si ha de continuar esta Junta ó sustituirse una Regencia mientras llega el emperador.

11ª. Trabajarán, luego que se unan, la Constitución del imperio mexicano.

12ª. Todos los habitantes de él, sin otra distinción que su mérito y virtudes, son ciudadanos idóneos para optar cualquier empleo.

13ª. Sus personas y propiedades serán respetadas y protegidas.

14ª. El clero secular y regular, conservado en todos sus fueros y propiedades.

15ª. Todos los ramos del Estado y empleados públicos subsistirán como en el día, y sólo serán removidos los que se opongan á este plan, y sustituidos por los que más se distingan en su adhesión, virtud y mérito.

16ª. Se formará un ejército protector, que se denominará de las Tres Garantías, y que se sacrificará del primero al último de sus individuos, antes que sufrir la más ligera infracción de ellas.

17ª. Este ejército observará á la letra la ordenanza, y sus jefes y oficialidad continuarán en el pie en que están, con la expectativa, no obstante, á los empleos vacantes y á los que se estimen de necesidad ó conveniencia.

18ª. Las tropas de que se componga se considerarán como de línea, y lo mismo las que abracen luego este plan, las que lo difieran y los paisanos que quieran alistarse, se mirarán como milicia nacional, y el arreglo y forma de todos lo dictarán las Cortes.

19ª. Los empleos se darán en virtud de informes de los respectivos jefes, y á nombre de la nación provisionalmente.

20ª. Ínterin se reúnen las Cortes, se procederá en los delitos con total arreglo á la Constitución española.

21ª. En el de conspiración contra la independencia se procederá á prisión sin pasar á otra cosa hasta que las Cortes dicten la pena correspondiente al mayor de los delitos, después del de lesa majestad divina.

22ª. Se vigilará sobre los que intenten sembrar la división, y se reputarán como conspiradores contra la independencia.

23ª. Como las Cortes que se han de formar son Constituyentes, deben ser elegidos los diputados bajo este concepto. La Junta determinará las reglas y el tiempo necesario para el efecto.

Americanos: he aquí el establecimiento y la creación de un nuevo imperio. He aquí lo que ha jurado el ejército de las Tres Garantías, cuya voz lleva el que tiene el honor de dirigírosla. He aquí el objeto para cuya cooperación os invita. No os pide otra cosa que lo que vosotros mismos debéis pedir y apetecer: unión, fraternidad, orden, quietud interior, vigilancia y horror á cualquier movimiento turbulento. Estos guerreros no quieren otra cosa que la felicidad común. Uníos con su valor, para llevar adelante una empresa que por todos aspectos (si no es por la pequeña parte que en ella ha tenido) debo llamar heroica. No teniendo enemigos que batir, confiemos en el Dios de los ejércitos, que lo es también de la paz, que cuantos componemos este cuerpo de fuerzas combinadas de europeos y americanos, de disidentes y realistas, seremos unos meros protectores, unos simples espectadores de la obra grande que hoy he trazado, y que retocarán y perfeccionarán los padres de la patria. Asombrad á las naciones de la culta Europa; vean que la América Septentrional se emancipó sin derramar una sola gota de sangre. En el transporte de vuestro júbilo decid: ¡Viva la religión santa que profesamos! ¡Viva la América Septentrional, independiente de todas las naciones del globo! ¡Viva la unión que hizo nuestra felicidad!

Iguala, 24 de febrero de 1821.
Agustín de Iturbide

# Acta de Independencia
# del Imperio Mexicano

La nación mexicana que por trescientos años, ni ha tenido voluntad propia, ni libre el uso de la voz, sale hoy de la opresión en que ha vivido. Los heroicos esfuerzos de sus hijos han sido coronados y está consumada la empresa eternamente memorable, que un genio superior a toda admiración y elogio, por el amor y gloria de su patria, principió en Iguala, prosiguió y llevó a cabo, arrollando obstáculos casi insuperables.

Restituida, pues, cada parte del Septentrión al ejercicio de cuantos derechos le concedió el autor de la naturaleza, y reconociendo por inajenables y sagrados las naciones cultas de la tierra, en libertad de constituirse del modo que más convenga á su felicidad, y con representantes que pueden manifestar su voluntad y sus designios, comienza á hacer uso de tan preciosos dones y declara solemnemente, por medio de la Junta Suprema del Imperio, que es una Nación Soberana é independiente de la antigua España, con la que en lo sucesivo no mantendrá otra unión que la de una amistad estrecha en los términos que prescribieren los tratados; que entablará relaciones amistosas con las demás potencias, ejecutando respecto a ellas, cuantos actos pueden y están en posesión de ejecutar las otras naciones soberanas; que va á constituirse con arreglo á las bases que en el Plan de Iguala y Tratado de Córdoba estableció sabiamente el primer jefe del Ejército Imperial de las Tres Garantías, y en fin que sostendrá, á todo trance, y con el sacrificio de los haberes y vidas de sus individuos (si fuere necesario) esta solemne declaración hecha en la Capital del Imperio a 28 de septiembre de 1821, primero de la Independencia Mexicana".


Los miembros de la Suprema Junta Provisional Gubernativa:

- Don Antonio Joaquín Pérez Martínez, obispo de la Puebla de los Ángeles.
- Don Juan de O'Donojú, teniente general de los ejércitos españoles, Gran Cruz de las Órdenes de Carlos III y San Hermenegildo.
- Don José Mariano de Almanza, consejero de Estado.

- Don Manuel de la Bárcena, arcediano de la Santa Iglesia Catedral de Valladolid y gobernador de aquel obispado.
- Don Matías Monteagudo, rector de la Universidad Nacional, canónigo de la Santa Iglesia Metropolitana de México y prepósito del Oratorio de San Felipe Neri.
- Don José Isidro Yáñez, oidor de la Audiencia de México.
- Don Juan Francisco Azcárate, abogado de la Audiencia de México y Síndico segundo del Ayuntamiento Constitucional.
- Don Juan José Espinosa de los Monteros, abogado de la Audiencia de México y agente fiscal de lo civil.
- Don José María Fagoaga, oidor honorario de la Audiencia de México.
- Don Miguel Guridi y Alcocer, cura de la Santa Iglesia del Sagrario de México.
- Don Francisco Severo Maldonado, cura de Mascota, en el Obispado de Guadalajara.
- Don Miguel Cervantes y Velasco, marqués de Salvatierra y Caballero Maestrante de Ronda.
- Don Manuel de Heras Soto, conde de Casa de Heras, teniente coronel retirado.
- Don Juan Lobo, comerciante, regidor antiguo de la ciudad de Veracruz.
- Don Francisco Manuel Sánchez de Tagle, regidor del Ayuntamiento y secretario de la Academia de San Carlos.
- Don Antonio Gama, abogado de la Audiencia y colegial mayor de Santa María de todos los Santos de México.
- Don José Manuel Sartorio, bachiller clérigo presbítero del Arzobispado.
- Don Manuel Velázquez de León, secretario que había sido del virreinato, intendente honorario de provincia, tesorero de bulas, nombrado en España director de Hacienda pública en México y consejero de Estado.
- Don Manuel Montes Argüelles, hacendado de Orizaba.
- Don Manuel Sotarriva, brigadier de los ejércitos nacionales, coronel del regimiento de infantería de la Corona y caballero de la Orden de San Hermenegildo.
- Don José Mariano Sandaneta, marqués de San Juan de Rayas, Caballero de la Orden Nacional de Carlos III y vocal de la Junta de censura de libertad de imprenta.
- Don Ignacio García Illueca, abogado de la Audiencia de México, sargento mayor retirado y suplente de la diputación provincial.
- Don José Domingo Rus, oidor de la Audiencia de Guadalajara, natural de Venezuela.
- Don José María Bustamante, teniente coronel retirado.

- Don José María Cervantes y Velasco, coronel retirado. Fue conde de Santiago Calimaya, cuyo título cedió a su hijo don José Juan Cervantes, por ser incompatible con otros mayorazgos.
- Don Juan María Cervantes y Padilla, coronel retirado, tío del anterior.
- Don José Manuel Velázquez de la Cadena, capitán retirado, señor de Villa de Yecla (España) y regidor del Ayuntamiento de México.
- Don Juan Horbegoso, coronel de los ejércitos nacionales.
- Don Nicolás Campero, teniente coronel retirado.
- Don Pedro José Romero de Terreros, conde de Jala y Regla, marqués de San Cristóbal y de Villa Hermosa de Alfaro, gentil hombre de cámara con entrada y capitán de albarderos de la guardia del virrey.
- Don José María Echevers Valdivieso Vidal de Lorca, marqués de San Miguel de Aguayo y Santa Olaya.
- Don Manuel Martínez Mancilla, oidor de la Audiencia de México.
- Don Juan B. Raz y Guzmán, abogado y agente fiscal de la Audiencia de México.
- Don José María Jáuregui, abogado de la Audiencia de México.
- Don Rafael Suárez Pereda, abogado de la Audiencia de México y juez de letras.
- Don Anastasio Bustamante, coronel del Ejército de Dragones de San Luis.
- Don Ignacio Icaza, que había sido jesuita.
- Don Manuel Sánchez Enciso.

Los miembros de la Regencia del Imperio:

- Agustín de Iturbide, Presidente.
- Juan O'Donojú, Segundo regente.
- Manuel de la Bárcena, Tercer regente.
- José Isidro Yáñez, Cuarto regente.
- Manuel Velásquez de León, Quinto regente.

# Bibliografía

Humboldt, Alejando de, *Ensayo Político sobre el Reino de la Nueva España*, 7ª. edición, 2ª. reimpresión, Editorial Porrúa, 2014.

Iturbide, Agustín de, *Manifiesto del General D. Agustín de Iturbide, Libertador de México*, Edición de la Voz de México, 1871.

Krauze, Enrique, *Siglo de Caudillos, de Miguel Hidalgo a Porfirio Díaz*, 1ª. reimpresión en Biblioteca Histórica Enrique Krauze, Tusquets Editores, septiembre 2015.

Navarro y Rodrigo, Carlos, *Vida de Agustín de Iturbide*, Editorial América, 1919.

Lemoine, Ernesto, *Insurgencia y República Federal 1808-1824*, 3ª. edición, Editorial Porrúa, 1995.

Paula y Arrangoiz, Francisco de, *México desde 1808 hasta 1867*, reimpresión, Editorial Porrúa, 1999.

Rocafuerte, Vicente, *Bosquejo Ligerísimo de la Revolución en México*, Imprenta de Teracrouef y Naroajeb, 1824.

Robertson, William Spence, *Iturbide de México*, 1ª. edición electrónica, Fondo de Cultura Económica, 2013.

Torre Villar, Ernesto de la, *Los Guadalupes y la Independencia*, reimpresión, Editorial Porrúa, 1985.

Varios autores, *Nueva Historia Mínima de México*, decimotercera reimpresión, El Colegio de México, 2016.


Sitios web

"Imperio de Agustín de Iturbide", charla impartida en El Colegio del Estado de Hidalgo por la doctora Guadalupe Jiménez Codinach, de Fomento Cultural Banamex. Disponible en: https://youtu.be/vLWIN4h1B6Q

Genealogía completa de Agustín Cosme Damián de Iturbide: https://gw.geneanet.org/genemex?lang = es&n = de + iturbide + y + aram buru&p = agustin

# Índice

Esta obra se imprimió y encuadernó
en el mes de octubre de 2023,
en los talleres de Impregráfica Digital, S.A. de C.V.,
Av. Coyoacán 100–D, Col. Del Valle Norte,
C.P. 03103, Benito Juárez, Ciudad de México.